管理者财务进阶指南：

报表分析＋财务管控＋成本透视＋业财融合

王美江◎著

人 民 邮 电 出 版 社

北京

图书在版编目（CIP）数据

管理者财务进阶指南：报表分析+财务管控+成本透视+业财融合 / 王美江著. -- 北京：人民邮电出版社，2022.10
ISBN 978-7-115-59759-5

Ⅰ．①管… Ⅱ．①王… Ⅲ．①企业管理－财务管理 Ⅳ．①F275

中国版本图书馆CIP数据核字(2022)第138366号

内 容 提 要

对企业管理者来说，要想企业持续稳定发展，就必须做好全面管理和精细化管理。管理者的经验和思维不能局限在自己的专业范畴内，而是要拥有更全面的思维能力，比如财务思维能力就是管理者不可或缺的。在数字化管理的今天，管理者只有具备了财务思维，才能在企业管理中用更宽阔的视野审视企业，从而游刃有余地管控资金、成本、费用等要素，使企业竞争力更强。

本书从企业管理者的财务思维出发，从多个层面和角度，全面分析企业管控的各个方面，帮助读者提升自己的财务思维能力，更好地管理企业。

◆ 著　　　　王美江
　　责任编辑　李士振
　　责任印制　周昇亮

◆ 人民邮电出版社出版发行　　北京市丰台区成寿寺路 11 号
　　邮编　100164　　电子邮件　315@ptpress.com.cn
　　网址　https://www.ptpress.com.cn
　　河北京平诚乾印刷有限公司印刷

◆ 开本：720×960　1/16
　　印张：21.75　　　　　　　　2022 年 10 月第 1 版
　　字数：358 千字　　　　　　2022 年 10 月河北第 1 次印刷

定价：89.80 元

读者服务热线：(010)81055296　印装质量热线：(010)81055316
反盗版热线：(010)81055315
广告经营许可证：京东市监广登字 20170147 号

企业要做大做强，管理者就不能不懂财务。

究竟什么是财务思维呢？财务思维不是对账目的管理理念，而是对经济活动的掌控方式；财务思维不是计算数据的公式，而是创造价值的逻辑。管理者只有看清财务思维的本质，方能在工作中大显身手。

通过财务思维解读财务报表，管理者可以清楚企业的经营状况，制定正确的发展战略，充分展现企业价值，顺利开拓企业未来。不过遗憾的是，目前仍有大量管理者认为，财务思维仅是财务人员的工作思维，管理企业更应注重领导力与创新力。

事实上，现代成功企业家最大的优势并不在于他们的领导力与创新力，而是他们看待问题的思维。成功者习惯从不同的角度看待问题，丰富的视角可以帮助其看清事物本质，做出正确选择。

运用财务思维正是管理者审视企业的重要角度，从这一角度出发，管理者可以看到企业真实的一面，了解准确的信息。本书正是基于这样的考量，希望能帮助更多企业管理者解析企业经营、领导企业发展。

本书针对企业管理者需要掌握的财务知识进行了多角度的分析，通过系统的讲解，有助于管理者迅速了解财务变动对企业发展产生的影响、财务报表对企业管理带来的帮助、财务数据隐藏的关键信息，利用财务手段创造可观利润。

本书对财务相关知识进行了清晰、透彻、准确、详细的论述，内容涵盖财务报表、成本控制、现金流管理、财务杠杆运用、融资创新、纳税筹划等财务知识。本书以图文并茂的写作形式、言简意赅的写作风格，深入浅出地提出了企业管理者自我提升的方法。

希望本书可以帮助广大企业管理者带领企业找到发展契机、成功之道。由于编者水平有限，书中难免存在疏漏之处，恳请广大读者批评指正，在此致以诚挚的谢意！

编者

2022.8

目录

第一章　没有财务思维，你怎么能做好管理

1.1　管理者为什么要读懂财务报表……………………………………　2

　　1.1.1　企业财务报表的作用与构成……………………………　2

　　1.1.2　企业常用的财务分析方法………………………………　11

　　1.1.3　对标管理在财务报表管理中的应用……………………　14

　　1.1.4　管理者必须掌握的财务报表阅读原则…………………　16

1.2　项目开发运营与企业投资的回报率关系…………………………　19

　　1.2.1　总资产净利率……………………………………………　23

　　1.2.2　权益乘数…………………………………………………　26

1.3　管理者的财务管理责任……………………………………………　30

　　1.3.1　企业层面财务管理：利润管理与现金流管理……………　30

　　1.3.2　项目层面财务管理：项目财务预算管理…………………　36

第二章　管理者财务管理指标与平衡策略

2.1　企业管理者都该懂的财务十大报表………………………………　41

　　2.1.1　损益分析表………………………………………………　41

　　2.1.2　产品损益分析表…………………………………………　42

　　2.1.3　部门损益分析表…………………………………………　43

　　2.1.4　客户损益分析表…………………………………………　44

　　2.1.5　员工损益分析表…………………………………………　44

　　2.1.6　利润趋势分析表…………………………………………　45

2.1.7　资产负债表分析表 ···················· 48

2.1.8　应收款分析表 ······················· 49

2.1.9　存货分析表 ························· 49

2.1.10　现金流分析表 ······················ 50

2.2　**管理者应该掌握的五大财务管理关键** ············ 52

2.2.1　投资项目分析与成本管理思维 ·············· 53

2.2.2　充分利用财务数据的分析指导 ·············· 56

2.2.3　全面预算管理 ······················· 60

2.2.4　企业的财务管理风险 ··················· 62

2.2.5　财务管理的预警机制 ··················· 64

2.3　**股东回报率三要素** ····················· 67

2.3.1　盈利能力：利润表 ···················· 67

2.3.2　资产效率：资产负债表 ················· 67

2.3.3　经营风险：现金流量表 ················· 68

2.4　**企业现金、利润、应收账款的三角平衡** ·········· 69

2.4.1　企业现金与利润 ····················· 70

2.4.2　利润与应收账款 ····················· 70

2.4.3　企业现金与应收账款 ··················· 71

2.5　**向财务要利润：财务转型为盈利型财务** ·········· 72

2.5.1　财务基础打造 ······················· 72

2.5.2　财务思维突破 ······················· 74

第三章　如何通过财务管理报告发现企业项目优劣

3.1　**如何通过财务数据理解企业项目的经营情况** ········ 77

3.1.1　企业项目日常经营情况如何反映在财务报告中 ······ 77

3.1.2　财务数字如何架起企业项目畅通无阻的通道 ······· 81

3.1.3　财务数据如何指引企业项目工作方向 ·········· 83

3.2　**企业财务报表的勾稽关系** ·················· 85

3.2.1　利润表的内外部勾稽关系 ················ 88

3.2.2　现金流量表的内外勾稽关系 ··············· 89

　　　　3.2.3　如何理顺财务报表，发现隐藏的利润增长关系 ············· 92

　　3.3　**如何分析企业项目的关键财务数据**············· 95

　　　　3.3.1　日常工作与企业项目的现金流及利润关系 ············· 95

　　　　3.3.2　企业项目有利润无现金时管理者的工作重点 ············· 98

　　　　3.3.3　企业项目有现金无利润时管理者的工作重点 ············· 102

第四章　如何通过财务数据发现项目管理的盲点

　　4.1　**如何从管理角度解读利润表**············· 105

　　　　4.1.1　企业项目利润产生的过程及形成原因 ············· 107

　　　　4.1.2　企业项目各项成本费用如何影响项目利润 ············· 111

　　　　4.1.3　税费对企业项目利润的影响 ············· 113

　　4.2　**如何从战略角度解读现金流量表**············· 114

　　　　4.2.1　企业现金流的三大形成来源与企业项目各部门的关系 ············· 115

　　　　4.2.2　部门工作对企业项目的现金流影响 ············· 119

　　　　4.2.3　如何权衡企业现金流与企业项目利润的关系 ············· 121

　　4.3　**如何从经营角度解读资产负债表**············· 122

　　　　4.3.1　资产负债表的构成 ············· 123

　　　　4.3.2　资产负债表如何反映各部门的经营活动 ············· 127

　　　　4.3.3　资产负债表中的财务数据与各部门的关系 ············· 128

　　　　4.3.4　如何从企业角度分析资产负债表 ············· 133

　　　　4.3.5　财务结构有哪些风险 ············· 135

第五章　财务数据分析的使用价值：如何利用数据价值

　　5.1　**如何加强企业"自我修炼"能力：营运能力分析管理**······ 138

　　　　5.1.1　营运能力三大指标 ············· 138

　　　　5.1.2　营运能力分析管理 ············· 141

　　5.2　**如何提升企业"但求回报"能力：销售能力分析管理**······ 146

　　　　5.2.1　销售能力四大指标 ············· 146

　　　　5.2.2　销售成本的分析与企业各部门的工作管理 ············· 148

　　　　5.2.3　管理费用分析与企业各部门的工作管理 ············· 149

　　　　5.2.4　销售费用分析与企业各部门的工作管理 ···············151

　　　　5.2.5　财务费用分析与企业各部门的工作管理 ···············152

　　5.3　如何增强企业可持续发展能力：盈利能力分析管理········ 154

　　　　5.3.1　如何增强企业项目盈利能力 ························154

　　　　5.3.2　如何通过部门工作增强企业项目盈利能力 ············156

　　　　5.3.3　如何在企业项目经营中提升项目盈利能力 ············159

　　　　5.3.4　如何在日常管理中提升企业项目盈利能力 ············162

第六章　如何做好企业资金管控

　　6.1　企业资金安全管控 ··· 165

　　　　6.1.1　资金安全基本管控措施 ···························· 165

　　　　6.1.2　企业现金管控 ·································· 167

　　　　6.1.3　银行账户管控 ·································· 170

　　　　6.1.4　银行票据管控 ·································· 171

　　6.2　投资活动控制 ·· 172

　　　　6.2.1　投资评估 ······································ 173

　　　　6.2.2　投资执行管理 ·································· 174

　　　　6.2.3　投资收回管理 ·································· 175

　　6.3　资金运营活动控制 ·· 176

　　　　6.3.1　资金运营活动的业务流程 ······················ 176

　　　　6.3.2　资金运营内部控制的关键控制点及控制措施 ········ 177

　　6.4　并购交易控制 ·· 179

　　　　6.4.1　并购交易管理控制流程 ·························· 179

　　　　6.4.2　《并购意向书》编制流程 ······················ 181

第七章　如何做好企业融资渠道与方式创新

　　7.1　企业资金筹集：如何合理确定资金来源结构············ 184

　　　　7.1.1　财务杠杆 ······································ 184

　　　　7.1.2　借贷资金与自有资金 ···························· 187

　　　　7.1.3　决定资金成本的三个方面 ······················ 190

7.2 　企业融资方式与创新 ·· 192
　7.2.1 　内部融资方式 ·· 192
　7.2.2 　外部融资方式 ·· 194
　7.2.3 　企业内外部融资的模式与渠道 ······························ 197
7.3 　如何构建企业低成本融资能力 ···································· 200
　7.3.1 　融资能力的八大关键因素 ···································· 200
　7.3.2 　资本运营 ··· 204

第八章　如何做好企业采购业务管控

8.1 　采购流程控制 ··· 210
　8.1.1 　请购流程及审批 ··· 211
　8.1.2 　采购过程控制 ·· 212
　8.1.3 　验收与付款 ·· 214
8.2 　采购组织结构管理 ··· 215
　8.2.1 　采购组织形式 ·· 215
　8.2.2 　采购岗位设置 ·· 217
8.3 　采购授权及采购责任 ·· 218
　8.3.1 　采购授权 ··· 218
　8.3.2 　采购责任 ··· 218
8.4 　采购主要风险及控制策略 ······································· 220
　8.4.1 　采购主要风险 ·· 220
　8.4.2 　采购风险控制策略 ·· 221

第九章　如何做好企业资产管控

9.1 　存货管控 ·· 224
　9.1.1 　存货管理基础 ·· 224
　9.1.2 　存货管理措施 ·· 225
　9.1.3 　存货盘点技巧 ·· 227

9.2　固定资产管控 ·· 228

　　9.2.1　固定资产管理存在的问题 ························228

　　9.2.2　固定资产购置环节控制 ··························228

　　9.2.3　固定资产使用、维护环节的控制 ············230

　　9.2.4　固定资产处置和转移环节的控制 ············231

9.3　无形资产控制 ·· 232

　　9.3.1　无形资产内部控制目标与授权批准 ·········232

　　9.3.2　无形资产内部控制环节 ··························233

第十章　如何做好企业销售业务管控

10.1　销售业务主要风险点 ······································ 236

　　10.1.1　库存积压 ···237

　　10.1.2　销售款项不能收回或遭受欺诈 ···············237

　　10.1.3　舞弊行为 ···237

10.2　销售环节的关键控制点及控制措施 ················ 238

　　10.2.1　销售计划管控措施 ······························238

　　10.2.2　客户开发与信用管控措施 ·····················238

　　10.2.3　销售定价管控措施 ······························239

　　10.2.4　订立销售合同管控措施 ························239

　　10.2.5　发货管控措施 ·····································240

10.3　收款环节中的关键控制点和控制措施 ············ 241

　　10.3.1　应收款项管理制度 ······························241

　　10.3.2　商业票据的管理 ··································242

　　10.3.3　会计系统控制 ·····································242

　　10.3.4　应收账款坏账的管理 ···························243

10.4　销售交易的管控要点 ······································ 243

　　10.4.1　适当的职责分离 ··································243

　　10.4.2　恰当的授权审批 ··································244

　　10.4.3　充分的凭证和记录 ······························244

　　10.4.4　内部核查程序 ·····································245

第十一章 如何做好企业成本管控

11.1 成本性态管控 ··· 247

11.1.1 什么是成本性态 ··· 247

11.1.2 成本性态特点 ··· 249

11.1.3 成本管控思维 ··· 249

11.1.4 混合成本分解 ··· 251

11.1.5 本量利分析法 ··· 253

11.2 生产成本管控 ··· 256

11.2.1 直接成本和间接成本 ··· 256

11.2.2 直接材料管控 ··· 257

11.2.3 直接人工管控 ··· 259

11.2.4 制造费用管控 ··· 262

11.3 目标成本管控 ··· 264

11.3.1 定额成本法 ··· 264

11.3.2 标准成本法 ··· 265

11.3.3 目标成本法 ··· 266

第十二章 如何做好企业费用管控

12.1 费用分类管控 ··· 269

12.1.1 费用管控概述 ··· 269

12.1.2 费用明细分类 ··· 270

12.2 费用标准管控 ··· 271

12.2.1 费用报销标准分类 ··· 271

12.2.2 费用标准确立 ··· 272

12.2.3 费用标准调整 ··· 273

12.2.4 超标费用特批 ··· 273

12.3 费用报销管控 ··· 274

12.3.1 借支与请款 ··· 274

12.3.2 审核与职责 ··· 276

12.3.3 报销与冲账 ··· 276

12.3.4 风险与抽核 ·················· 288

12.4 常见费用管控 ·················· 289

12.4.1 车辆费用管控 ·················· 289

12.4.2 业务费用管控 ·················· 290

12.4.3 办公费用管控 ·················· 291

12.4.4 差旅费用管控 ·················· 291

第十三章 如何做好企业集团财务管控

13.1 企业集团管控 ·················· 293

13.1.1 企业集团概述 ·················· 293

13.1.2 企业集团管控的意义 ·················· 294

13.1.3 企业集团管控模式 ·················· 294

13.2 企业集团财务管控 ·················· 295

13.2.1 内部控制协同 ·················· 295

13.2.2 架构协同 ·················· 296

13.2.3 人员协同 ·················· 296

13.2.4 资金协同 ·················· 297

13.2.5 预算协同 ·················· 298

13.2.6 核算协同 ·················· 298

13.2.7 信息协同 ·················· 299

13.2.8 考核协同 ·················· 299

13.3 审计稽核管控 ·················· 300

13.3.1 集团管控风险 ·················· 300

13.3.2 内部稽核监管 ·················· 300

13.3.3 外部审计监督 ·················· 301

第十四章 企业税种解析与纳税筹划

14.1 不同税种的纳税筹划思路 ·················· 304

14.1.1 企业所得税纳税筹划 ·················· 304

14.1.2 增值税纳税筹划 ·················· 308

14.1.3 其他税种纳税筹划 ·················· 315

14.2　**增值税管控** ·· 316

14.2.1　什么是增值税 ·· 316

14.2.2　增值税税率 ··· 316

14.2.3　增值税计税方法 ·· 317

14.2.4　增值税规划 ··· 318

14.3　**企业所得税管控** ·· 319

14.3.1　什么是企业所得税 ····································· 319

14.3.2　企业所得税税率 ··· 320

14.3.3　企业所得税缴纳 ··· 320

14.3.4　企业所得税要点 ··· 321

14.4　**税收风险管控** ·· 324

14.4.1　税收认知风险 ·· 325

14.4.2　税收常见风险 ·· 325

第十五章　业财融合：财务与七大业务融合及价值表现

15.1　**财务参与战略管控的价值表现** ··················· 328

15.2　**财务参与投资管控的价值表现** ··················· 329

15.3　**财务参与研发管控的价值表现** ··················· 330

15.4　**财务参与销售管控的价值表现** ··················· 331

15.5　**财务参与生产管控的价值表现** ··················· 332

15.6　**财务参与采购管控的价值表现** ··················· 333

15.7　**财务参与人力资源管控的价值表现** ·············· 334

第一章
没有财务思维，你怎么能做好管理

　　企业有三大财务报表，分别是指资产负债表、利润表和现金流量表。这三张表能基本覆盖企业的资产信息，管理者了解其重要性、学会其分析方法，就能破解企业发展壮大的财务密码。

1.1 管理者为什么要读懂财务报表

在许多著名大型企业，管理者每天工作的第一件事，并不是急于召开日常会议，也不是按部就班地解决问题，而是阅读和分析财务报表。从主要的三大财务报表中，管理者能树立明确的工作目标，掌握新问题，有所侧重地部署与经营。这恰恰说明了，管理者读懂三大财务报表的重要性。

1.1.1 企业财务报表的作用与构成

企业财务报表，是财务报告的主要组成部分，是会计核算、记录交易和事项的客观反映。财务报表能全面反映企业在一定时期内的经营成果、现金流和财务状况。

为了充分利用企业财务报表的价值，管理者需要从作用与构成两方面对其加以认识。

1. 作用

财务报表所提供的会计信息对企业管理具有重要指导作用，主要体现在以下方面。

（1）能全面系统体现企业一定时期内的财务状况、经营成果和现金流。阅读和理解财务报表，有利于企业的所有者和管理者了解本企业内各项任务指标的完成情况，评价各部门经营业绩，更有利于他们及时发现问题，调整经营方向，制定提高管理水平的措施，提高企业经营效益。

（2）当投资者、债权人或其他有关利益方需了解企业财务状况、经营成果和现金流情况时，企业财务报表能帮助他们分析企业的盈利能力、偿债能力、投资收益、发展前景等。这样，他们对企业的投资、贷款、贸易、合作等，都能有明确的决策依据。

（3）财政、税务、市场监管、审计等政府部门，能通过财务报表对企业的经营行为进行检查监督，确定企业是否遵守国家的各项法律、法规和制度，其中尤以税务部门为重。

2. 构成

财务报表包括资产负债表、利润表、现金流量表、所有者（或股东）权益变动表和财务报表附注等。其中，资产负债表、利润表和现金流量表，又被称为三大报表。

（1）资产负债表反映某一时点企业资产、负债及所有者权益的状况，同时反映企业长期偿债能力、短期偿债能力和利润分配能力等。表 1.1-1 为资产负债表样表。表 1.1-2 为资产负债表的四大功能。

表 1.1-1　资产负债表样表

编制单位：　　　　　　　　202×年×月×日

会企 01 表
单位：元

资产	行次	期末余额	年初余额	负债和所有者权益（或股东权益）	行次	期末余额	年初余额
流动资产：	1			流动负债：	36		
货币资金	2			短期借款	37		
交易性金融资产	3			交易性金融负债	38		
应收票据	4			应付票据	39		
应收账款	5			应付账款	40		
预付账款	6			预收账款	41		
应收股利	7			应付职工薪酬	42		
应收利息	8			应交税费	43		
其他应收款	9			应付利息	44		
存货	10			应付股利	45		
其中：消耗性生物资产	11			其他应付款	46		
待摊费用	12			预提费用	47		
一年内到期的非流动资产	13			预计负债	48		

续表

资产	行次	期末余额	年初余额	负债和所有者权益（或股东权益）	行次	期末余额	年初余额
其他流动资产	14			一年内到期的非流动负债	49		
流动资产合计	15		—	其他流动负债	50		
非流动资产：	16			流动负债合计	51		—
可供出售金融资产	17			非流动负债：	52		
持有至到期投资	18			长期借款	53		
投资性房地产	19			应付债券	54		
长期股权投资	20			长期应付款	55		
长期应收款	21			专项应付款	56		
固定资产	22			递延所得税负债	57		
在建工程	23			其他非流动负债	58		
工程物资	24			非流动负债合计	59		—
固定资产清理	25			负债合计	60		—
生产性生物资产	26			所有者权益（或股东权益）：	61		
油气资产	27			实收资本（或股本）	62		
无形资产	28			资本公积	63		
开发支出	29			盈余公积	64		
商誉	30			未分配利润	65		
长期待摊费用	31			减：库存股	66		
递延所得税资产	32			所有者权益（或股东权益）合计	67		—
其他非流动资产	33				68		
非流动资产合计	34		—		69		
资产总计	35		—	负债和所有者（或股东权益）合计	70	—	

表1.1-2 资产负债表的四大功能

序号	功能	具体内容	备注
1	反映资产及其分布情况	资产负债能够反映企业在特定时间点拥有的资产及其分布状况的信息	如企业的流动资产有多少、固定资产有多少、长期投资有多少、无形资产有多少等
2	表明企业所承担的债务及其偿还时间	—	—

续表

序号	功能	具体内容	备注
3	反映净资产及其形成原因	资产负债表反映在特定时点投资人所拥有的净资产及其形成的原因	—
4	反映企业财务状况发展趋势	资产负债表能够反映企业财务状况的发展趋势	反映的数据是静态的，把几年的数据结合起来看就是动态的

（2）利润表，又称损益表，反映一定期间企业的收入、费用和应计入当期利润的利得与损失的金额、结构等情况。表1.1-3为利润表样表。

表1.1-3 利润表样表

会企02表

编制单位：   年度   单位：元

项目	行次	本年金额	上年金额
一、营业收入	1		
减：营业成本	2		
营业税费	3		
销售费用	4		
管理费用	5		
财务费用（收益以"−"号填列）	6		
资产减值损失	7		
加：公允价值变动净收益（净损失以"−"号填列）	8		
投资净收益（净损失以"−"号填列）	9		
二、营业利润（亏损以"−"号填列）	10		
加：营业外收入	11		
减：营业外支出	12		
其中：非流动资产处置净损失（净收益以"−"号填列）	13		
三、利润总额（亏损总额以"−"号填列）	14		
减：所得税	15		
四、净利润（净亏损以"−"号填列）	16		
五、每股收益：	17		
（一）基本每股收益	18		
（二）稀释每股收益	19		

（3）现金流量表，反映企业现金的来龙去脉，其中包括经营活动、投资活动及筹资活动等三部分。表 1.1-4 为现金流量表样表。

表 1.1-4　现金流量表样表

会企 03 表

编制单位：　　　　　　　　　　　　年　月　　　　　　　　　　　　单位：元

项目	本期金额	上期金额
一、经营活动产生的现金流量：		
销售商品、提供劳务收到的现金		
收到的税费返还		
收到其他与经营活动有关的现金		
经营活动现金流入小计		
购买商品、接受劳务支付的现金		
支付给职工以及为职工支付的现金		
支付的各项税费		
支付其他与经营活动有关的现金		
经营活动现金流出小计		
经营活动产生的现金流量净额		
二、投资活动产生的现金流量：		
收回投资收到的现金		
取得投资收益收到的现金		
处置固定资产、无形资产和其他长期资产收回的现金净额		
处置子公司及其他营业单位收到的现金净额		
收到其他与投资活动有关的现金		
投资活动现金流入小计		
购建固定资产、无形资产和其他长期资产支付的现金		
投资支付的现金		
取得子公司及其他营业单位支付的现金净额		
支付其他与投资活动有关的现金		
投资活动现金流出小计		
投资活动产生的现金流量净额		
三、筹资活动产生的现金流量：		
吸收投资收到的现金		

项目	本期金额	上期金额
取得借款收到的现金		
收到其他与筹资活动有关的现金		
筹资活动现金流入小计		
偿还债务支付的现金		
分配股利、利润或偿付利息支付的现金		
支付其他与筹资活动有关的现金		
筹资活动现金流出小计		
筹资活动产生的现金流量净额		
四、汇率变动对现金及现金等价物的影响		
五、现金及现金等价物净增加额		
加：期初现金及现金等价物余额		
六、期末现金及现金等价物余额		

（4）所有者权益变动表，反映本期企业所有者权益（股东权益）总量的增减变动情况，还包括结构变动情况，直接计入所有者权益的利得和损失，表1.1-5为所有者权益变动表样表。

表 1.1-5 所有者权益变动表样表

会企 04 表
单位：元

编制单位： 　　　　　　　　　年度

项目	本年金额											上年金额										
	实收资本	其他权益工具			资本公积	减：库存股	其他综合收益	专项储备	盈余公积	未分配利润	所有者权益合计	实收资本	其他权益工具			资本公积	减：库存股	其他综合收益	专项储备	盈余公积	未分配利润	所有者权益合计
		优先股	永续股	其他									优先股	永续股	其他							
一、上年末余额																						
加：会计政策变更																						
前期差错更正																						
其他																						
二、本年初余额																						
三、本年增减变动金额（减少以"-"号填列）																						
（一）综合收益总额																						
（二）所有者权益投入和减少资本																						
1. 所有者投入的普通股																						

续表

项目	本年金额										上年金额										
	实收资本	其他权益工具			资本公积	减：库存股	其他综合收益	专项储备	盈余公积	未分配利润	所有者权益合计	实收资本	其他权益工具			资本公积	减：库存股	其他综合收益	专项储备	盈余公积	未分配利润	所有者权益合计
		优先股	永续股	其他									优先股	永续股	其他							
2. 其他权益工具持有者投入资本																						
3. 股份支付计入所有者权益的金额																						
4. 其他																						
（三）利润分配																						
1. 提取盈余公积																						
2. 所有者（或股东）的分配																						
3. 其他																						
（四）所有者权益内部结转																						
1. 资本公积转增资本（或股本）																						
2. 盈余公积转增资本（或股本）																						

续表

项目	本年金额										上年金额									
	实收资本	其他权益工具			资本公积	减：库存股	其他综合收益	专项储备	盈余公积	未分配利润	所有者权益合计	实收资本	其他权益工具			资本公积	减：库存股	其他综合收益	专项储备	盈余公积	未分配利润	所有者权益合计
		优先股	永续股	其他									优先股	永续股	其他							
3. 盈余公积弥补亏损																						
4. 设定收益计划变动额结转留存收益																						
5. 其他综合收益结转留存收益																						
6. 其他																						
四、本年年末余额																						

财务报表附注，一般包括企业基本情况、财务报表编制基础、遵循企业会计准则的声明、重要会计政策和会计估计、会计政策和会计估计变更以及差错更正的说明、重要报表项目的说明等。

1.1.2　企业常用的财务分析方法

财务分析，是指企业以企业三大财务报表及相关资料为主要依据，采用专门方法，对企业财务状况和经营成果进行剖析与评价。财务分析是企业财务管理的重要环节，通过财务分析，管理者能找到企业经营过程中的利弊得失，总结一定会计期间内财务活动的经验，也能预测企业未来的发展趋势，为下一步财务预测和管理决策提供依据。

企业常用的财务分析方法，主要包括以下五种。

1. 比较分析法

比较分析法是企业管理者广泛使用的分析法。该方法通过对企业经济指标的实际数据进行多样化比较，从数量上确定差异。其主要作用是揭露经营中的矛盾，评价经营业绩，找出问题和不足，挖掘潜力。

比较分析法的具体应用形式很多，包括以下几种。

（1）与预期目标比较。其主要包括本期实际与长远目标的对比，与本期计划指标对比，与有关理论数、设计数、定额数对比，以及与其他有关预期目标对比等。利用该方法，能为进一步分析指明方向。

（2）与发展变化比较。其主要包括本期实际与上期实际比较，与上年同期实际比较，与历史最高水平比较，与有关典型时期比较等。利用该方法能观察企业经济活动发展和变化趋势，对企业经营管理情况进行有目的改善。

（3）与其他主体比较。该比较方法包括与本企业同行业企业先进水平比较，与同行业企业平均水平比较，与当地同行业企业先进水平比较，与当地同行业企业平均水平比较等。某些情况下，企业还可以在企业内部开展部门、车间、班组、个人指标的比较。利用该比较方法，能在更大范围内，找准先进和落后的差距。

利用财务报表开展经济指标对比，需要考虑指标内容、计算标准、时间长度和计算方法。此外，在与同类型、同行业企业进行指标比较时，还需考虑客观条件是否基本接近，确保技术上的可比性。

2. 比率分析法

比率分析法，是利用两个指标之间的相互关系，计算比率，对企业经济活动业绩进行考察、计量与评价，区分其优劣的方法。根据目的和要求，该方法可分为以下三种类型。

（1）相关比率分析。相关比率分析，是以同时期某个项目为主体，与其他有关但不同的项目进行对比，求出比率，从而更深入地认识企业在某方面的经济活动情况。

例如，可以将利润同产值、产品销售成本、产品销售净收入和资产项目对比，求出产值利润率、成本利润率、销售利润率和资产利润率，从不同角度观察和比较企业利润水平的高低。

（2）趋势比率分析。该方法主要将几个时期同类指标数字进行对比，求出比率，分析该指标增减速度和发展趋势，判断企业某方面业务的趋势，从变化中发现企业在经营方面所获成果或不足。

（3）构成比率分析。该方法通过计算某经济指标内各组成部分占总体比重，观察构成内容和变化，掌握该项经济活动的特点与变化趋势。

例如，计算不同成本项目在总成本中所占比重，与同期各种标准进行比较，了解成本构成的变化，明确未来降低成本的重点。

比率分析法计算简便、结果明晰，管理者可以利用该方法找准判断方向，可以研究不同规模企业的同一指标，还可以在一定程度上跨行业进行比较。

比率分析法也存在某些不足。例如，该方法利用的都是历史资料数据，分析结果不能作为判断未来经营状况的可靠依据。比率数据有时会受到虚假因素的影响。比率分析法仅能发现指标的实际数与标准数的差异，难以查明指标变动的具体原因、对指标的影响程度，尤其当企业的某些会计事项采用了不同的会计方法后，企业之间比率的可比性会受到很大影响。

3. 因素分析法

因素分析法是依据分析指标与其影响因素之间的关系，按照一定程序和要求，测定不同因素对同一经济指标差异的影响程度的方法。该影响程度最终体现为数值结果。

因素分析法包括一系列具体方法，主要有以下三种。

（1）连环替代法。这是因素分析法的基本方法，即采用连环替代程序来测算各因素变动如何影响经济指标。其计算程序如下。

第一步，根据影响某项经济指标完成情况的因素，按照依存关系，将经济指标的基数和实际数分解为两个独立指标体系。

第二步，以基数指标体系作为计算基础，再用实际指标体系中每项因素的实际数逐步顺序替换其基数。每次替换后，实际数被保留下来，存在几个因素，就替换几次。每次替换后，计算出因该因素变动所得的新结果。

第三步，将每次替换的新结果，与该因素被替换之前的结果做出比较，两者差额为该因素变动对经济指标差异的影响程度。

第四步，将不同因素的影响数值相加，其代数和应该同该经济指标实际数与基数之间的总差异数相符。

（2）差额分析法。差额分析法是连环替代法的简化形式，即利用不同因素的实际数与基数之间的差额，直接计算不同因素对经济指标差异的影响数值。其计算程序如下。

第一步，确定不同因素的实际数与基数的差额。

第二步，以各因素所造成差额，与计算公式中该因素前的各因素实际数相乘，再与该因素后的各因素基数相乘，即可求得各因素的影响值。将各因素影响值相加，其代数和应同该经济指标的实际数与基数之间的总差异数相符。

（3）百分比差额分析法。该方法是连环替代法在实践中的简化形式。其分析计算程序如下。

第一步，根据经济指标的组成因素，依顺序确定相互联系的各指标对基数的完成百分比。

第二步，将相互联系的各指标百分比，按顺序进行比较，以确定各因素对经济指标影响的百分比。

第三步，各因素对经济指标影响的百分比之和，应同经济指标实际数比计划数增减的百分比相符。将各因素对经济指标影响的百分比与经济指标计划数相乘，即可得到各因素对经济指标影响的绝对数。

4. 分组分析法

分组分析法是将企业内经济活动指标按照有关标志，分成性质上相同的若干组，从而了解经营活动结构，认识其中本质，便于研究和推广先进经验，解决各种问题，充分挖掘企业内部潜力的方法。

5. 平衡分析法

平衡分析法是指对企业经济活动中各项具有平衡关系的经济指标进行分析的方法，其目的在于按指标间平衡关系，测定不同因素对分析对象的影响程度。

例如，可以将企业产品销售量平衡公式中各指标的实际数与计划数进行对比，从而查明销售量实际数与计划数不符的原因。

1.1.3　对标管理在财务报表管理中的应用

对标管理，发轫于 20 世纪 70 年代的美国。最初，企业管理者利用该方法寻找本企业与竞争企业的差距，将之作为调查的基准方法。所谓对标，就是对比标杆，寻找差距。推行对标管理，意味着将业界最高水平作为企业目标，明确自身和业界最高水平的差距，确定提升工作质量的总体方向。实际操作中，标杆除了可以是业界最高水平外，也可以是企业自身的最高水平。与自身比较同样能起到增强自信、超越自我、有效推动企业成长的作用。

对标管理，是企业财务报表管理工作的革新，是提高自身财务管理工作水平的有效方法。通过对标管理，在同行企业中寻找财务管理成效突出的企业，将其作为学习案例，并进行对比分析参考，以弥补自身管理缺陷和漏洞，有效提高财务管理水平。通过对标管理，企业能进入财务管理水平不断提高的良性循环，找到不断追求更高管理质量的有效途径。

1. 对标管理的积极影响

采用对标管理方式，对企业财务报表进行管理，能产生以下积极影响。

（1）寻找最佳财务报表管理目标，可以进一步开阔企业财务管理工作的思维。企业可以学习先进经验，打破传统习惯和观念，加快财务管理现代化改造，提高财务管理水平。

（2）帮助企业反思现有的管理模式。对比和分析优秀企业财务管理水平，有助于不断强化现有财务管理具体工作的每个环节，进一步实现财务管理精细化。同时，借鉴优秀企业的管理经验，有利于提升财务管理工作风险防范意识和能力。

（3）更好地寻找到财务报表管理工作的重点和突破口，确保有限的资源能投入更加重要的节点，在最短时间内最大限度地提高企业财务管理水平。这样既能发挥管理资源的最大价值，也能帮助企业迅速提升生产经营和管理工作的效益。

2. 财务报表对标管理种类

企业财务报表对标管理的种类，分为以下四种。

（1）内部对标。企业可选择在内部采取财务报表对标管理模式。这种管理模式适用于集团企业、大型公司等主体。一般而言，这些企业拥有众多部门，负担不同功能，但各个部门彼此之间具有类似的功能，其财务报表的内容、性质、种类相似。管理者可以利用部门与部门之间的财务报表对照、分析，加强业务开展的标准化流程设计，实现多个部门在相同业务方面的管理提升。

内部对标的优点，在于实现企业部门间的信息全面交流，降低企业财务管理提升的成本。其缺点在于内部对标容易忽视企业外部信息，使得对标管理失去更大的价值空间。

（2）对手对标。该方法以竞争企业作为本企业的对标管理参照对象。企业身处激烈的市场竞争环境中，必须考虑竞争方的财务管理水平和质量，从而不断提升自身能力。

采用对手对标方法，能帮助企业找准财务管理的漏洞，实现扬长避短。但缺点在于因双方的竞争关系，大多数情况不容易全面获取对方财务管理的最佳方案等信息。

（3）互助对标。所谓互助对标，即寻找与本企业不在同一个竞争领域中的同行企业，主动进行双方联合对标。因不处于同一个竞争环境中，两家企业之间能够保持良好的合作关系，本着相互取长补短的心态，可以在信息分享和管理经验交流方面实现畅通交流。当然，该对标管理方法也有信息不兼容、难以沟通等缺点。

（4）不相关对标。即便处于不同行业、不同市场领域，不同企业在财务管理工作中，也会有彼此重合或高度相似的管理内容。企业管理者可以寻找不同行业的企业，围绕财务报表管理中某个环节进行对标。

双方彼此不相关，获取对标优化方案的障碍很小，但这也对企业管理者自身提出了更高要求。与此同时，管理者必须要克服双方的差异与差距，从其他行业财务管理经验中消化和吸收对本企业有利的管理内容。

无论采取何种对标管理方案，企业在财务报表对标管理过程中，应加强精细化管理的质量提升。管理者应从优秀案例中，提取出标杆值，进行切实的分级细化，将其变成具有具体性、可操作性的实际工作目标，如各部门预算管理目标、成本控制目标等；随后，将这些管理目标与控制目标细化到财务报表的管理运营环节中，实现具体的财务管理实力提升。

1.1.4　管理者必须掌握的财务报表阅读原则

面对财务报表，管理者必须掌握企业财务报表的阅读原则，更好地利用财务报表呈现的信息，正确分析评价企业过去、全面了解企业现状、科学预测企业的发展。

1. 财务报表内容对应路径

财务报表是企业财务情况的集中体现，管理者希望通过阅读财务报表，尽快达到自身目的。但财务报表种类较多，其内容中的数字信息较多，管理者必须要有准确的对应路径，能够在最短时间满足对信息的需求。

财务报表内容对应路径，如表 1.1-6 所示。

表 1.1-6　财务报表内容对应路径

了解内容	报表种类
资产情况	资产负债表
负债情况	资产负债表
净资产	资产负债表
收入	利润表
成本	利润表
所得税情况	利润表
营业外收支情况	利润表
利润分配情况	利润表
现金流入流出情况	现金流量表

如果管理者暂时无法获得相关报表的详细资料，或者限于时间和精力，无法立即全面浏览，则可以先简单阅读报表中的大项目，然后再根据实际管理目的，决定具体分析哪些指标。

2. 明确财务报表分析需求

企业内不同职位的管理者，有各自不同的工作职责。准确阅读分析财务报表的基础，在于结合自身需求去解读财务报表。

（1）企业董事长或总经理在阅读分析财务报表时，应全面解读三张报表，即资产负债表、利润表和现金流量表。其可以通过资产负债表，了解企业的资产分布情况、资金来源情况、资产的构成情况、借款情况；通过利润表，了解产品销售情况、成本与收入的比率情况、期间费用的情况以及利润率情况；通过现金流量表，了解现金净流入的情况。

对现金流量表，企业董事长或总经理应重视区分不同情形去理解。现金流量表显示有现金净流入，说明资金情况较为乐观，但要具体分析资金净流入的来源，如是经营过程中产生的，还是投资过程中产生的，或是融资过程中产生的。现金净流入是在经营过程中产生的，可能表明是生产企业的经营效益；

现金净流入是在投资过程或是融资过程产生的，可能说明投资收益大于经营效益。

通过三张报表的解读，企业董事长或总经理能全面了解企业财务情况，可以做出相关的经营决策，以正确诠释财务报表的内涵。

（2）分管资金的管理者，应及时利用财务报表，了解资金使用情况，以合理配置资金，提高资金使用效益。

众所周知，企业使用资金是要付出成本的，银行借款有应付利息，投资款则有分红。分管资金的管理者必须认真研究资金使用成本，从而在借款种类、货款回笼政策、商品物资合理库存、货款支付、资本运营等方面，尽一切合理办法节约资金，减少资金成本。

（3）分管生产的管理者，关注重点在于利用财务报表及时了解产品产量、生产成本及各项生产消耗，挖掘内部潜力，提高企业效益。

分析财务报表时，分管生产的管理者应了解影响生产成本的因素。其中除原辅材料供应等外部因素外，内部管理因素同样重要，包括生产布局是否合理、生产计划是否紧凑、生产工艺是否先进合理、生产工人技术熟练程度、生产管理人员的业务水平等。分管生产的管理者必须通过对财务报表的跟进，随时掌握生产情况。此外，分管生产的管理者还需要运用财务报表及会计相关资料，对生产过程实施控制，确保生产成本目标的实现。

（4）分管投资的管理者，应利用财务报表鉴别选择投资项目。随着市场经济的发展，企业不再局限于生产活动，还可以通过多元化经营投资获益，而投资前期需要严密的准备工作。因此，分管投资的管理者应充分利用财务报表和相关会计核算资料，进行分析决策，保证投资效益。同时，分管投资的管理者也应通过财务报表及时收集投资信息，了解投资项目的进度。对于那些缺乏效益的投资应及时发现调整，并采取补救措施。

1.2 项目开发运营与企业投资的回报率关系

企业管理者在项目开发运营前必须有明确的预估投资回报率，清楚项目开发运营与企业投资回报率的直接关系，以此确保项目开发过程中股东回报可以保持在安全范围内，且投资回报率随项目运营不断提高。

影响股东回报的基础因素有产品利润空间与资产利用效率。

1. 产品利润空间

产品利润空间是指产品价格和生产成本间的差额，计算公式为：

$$利润 = 单价 - 单位成本$$

从公式中可以看出，产品利润空间的大小取决于单价与单位成本。

若单价既定，则利润空间取决于成本的控制，单位成本越低，利润空间越大。

若单位成本既定，则利润空间取决于产品定价，产品定价越高，利润空间越大。

企业管理者在成本控制时需了解两个财务概念，分别为经营成本与成本失控。

（1）经营成本。经营成本主要包括产品成本与劳务成本，以工业企业的产品成本为例，经营成本包括以下三项。

①材料成本。材料成本主要指企业生产经营过程中直接用于产品生产的实际消耗，其中包括产品原材料、辅助材料、备品备件、外购半成品、燃料、包装等消耗。

②工资成本。工资成本主要指产品生产过程中支付给生产人员的工资、奖金、津贴等。

③其他成本。其他成本主要包括市场开拓成本、项目调整成本、员工福利等。

（2）成本失控。成本失控是指企业经营项目过程中，项目实际投入成本远超计划投入成本。出现成本失控的原因主要有以下三点。

①项目认知不足。企业管理者对项目成本控制的方法、项目规模的大小、项目经营的标准缺乏全面、有效的认知。

②制度不健全。项目经营过程中，组织制度不完善，责任落实不到位，导致整体成本控制意识不足，出现了大量浪费。

③技术不成熟。项目缺乏技术支撑，导致无法顺利投产，只有成本投入，没有效益产出。

2. 资产利用效率

资产利用效率，是指企业资产利用的充分性和有效性。充分性是指企业资产的投入程度，有效性是指企业资产使用的效果。企业资产利用效率的财务比率为资产周转率，计算公式为：

$$资产周转率 = 周转额 \div 资产$$

影响企业资产利用率的重要因素有资产规模与市场动态。

（1）资产规模。企业资产规模与投资回报率成正相关关系，资产规模越大代表企业资源越丰富，可以产生的回报越多，投资回报率越高。影响资产利用效率的企业资产规模要素有资金投入、生产周期、财务账款，这三要素也与企业管理者需要具备的财务思维有关。

（2）市场动态。市场动态对企业资产利用效率也有较大影响，比如市场热度较高的产品的投资回报率更高，企业资产利用率自然也随之提高。

产品利润空间与资产利用效率是影响企业股东回报的主要因素，真正体现项目开发运营与企业投资回报率直接关系的是净资产收益率。

净资产收益率（Return on Equity，ROE），又称股东权益报酬率或净值报酬率。它主要用于体现企业净利润与平均股东权益的百分比，也是企业税后利润除以净资产得到的百分比。净资产收益率从企业财务的各个方面体现着股东的收益水平，这一指标也可以用于衡量企业自有资本的运用效率。因此，净资产收益率相关理念是企业管理者必须掌握的财务管理理念。

净资产收益率的计算公式为：

$$净资产收益率 = 企业净利润 \div 平均净资产 \times 100\%$$

其中平均净资产计算公式为：

$$平均净资产 =（年初净资产 + 年末净资产）\div 2$$

例如，同一城市同一行业中有甲、乙两家公司，甲公司 2020 年盈利 1.5 亿元，乙公司 2020 年盈利 1 亿元，但这并不能代表甲公司的经营效率一定高于乙公司。净资产收益率才是反映公司盈利能力的主要指标。

甲公司 2020 年虽然盈利 1.5 亿元，但甲公司净资产为 15 亿元，通过公式计算，甲公司净资产收益率 $=1.5 \div 15 \times 100\%=10\%$；乙公司 2020 年盈利 1 亿元，乙公司净资产为 8 亿元，通过公式计算，乙公司净资产收益率 $= 1 \div 8 \times 100\%=12.5\%$。由此可见乙公司的经营效率高于甲公司。

但上述公式更多被企业投资者、债权者用于衡量项目投资、借款的风险，企业管理者需要用杜邦分析法[①]对企业净资产收益率进行详细的内部分析。通过杜邦分析法对企业净资产收益率进行分析，可以看出企业净资产收益率主要取决于总资产净利率与权益乘数之间的关系。杜邦分析体系如图 1.2-1 所示。

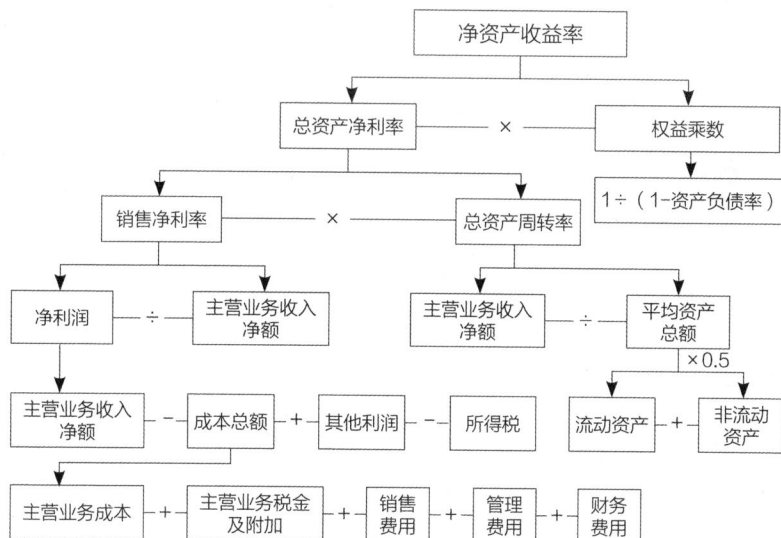

图 1.2-1 杜邦分析体系

① 杜邦分析法（DuPont Analysis）是利用几种主要的财务比率之间的关系来综合地分析企业的财务状况的方法。具体来说，它是一种用来评价企业盈利能力和股东回报水平，从财务角度评价企业绩效的一种经典方法。其基本思想是将企业净资产收益率逐级分解为多项财务比率乘积，这样有助于深入分析比较企业经营业绩。由于这种分析方法最早由美国杜邦公司使用，故名杜邦分析法。

净资产收益率越高，代表企业投资开发项目带来的收益越高，这也体现了企业利用自有资本获得净收益的能力。

正常情况下，项目投资开发过程中，适当的负债增加可以提高企业的净资产收益率。企业资产来源主要分为两部分，分别为股东投资与企业负债。股东投资即企业所有者权益，其中包括企业股东投入的股本、企业公积金、企业留存收益；企业负债主要体现为企业借入资金、企业暂时占用资金。项目运营过程中企业可通过有效运用财务杠杆，提高资金的利用率，所以，在项目投资开发过程中，适当增加企业负债可以达到增加利润、提高净资产收益率的效果。

净资产收益率的杜邦分析公式为：

$$净资产收益率 = 总资产净利率 \times 权益乘数$$

其中总资产净利率的计算公式为：

$$总资产净利率 = 销售净利率 \times 总资产周转率$$

所以净资产收益率的计算公式也可以化为：

$$净资产收益率 = 销售净利率 \times 总资产周转率 \times 权益乘数$$

企业销售净利率的计算公式为：

$$销售净利率 = 净利润 \div 主营业务收入净额$$

这一指标体现着企业的盈利能力。

企业总资产周转率的计算公式为：

$$总资产周转率 = 主营业务收入净额 \div 平均资产总额$$

这一指标体现着企业的运营能力。

企业权益乘数的计算公式为：

$$权益乘数 = 1 \div (1 - 资产负债率)$$

这一指标体现着企业的偿债能力。

从上述计算公式中可以看出，企业净资产收益率可以综合体现出企业所有者权益的投资报酬率。正常情况下，企业净资产收益率越高，企业自有资产获取收益的能力越强，项目运营能力越强，企业所有者、企业债权人的资产安全度越高。

想要掌控企业净资产收益率，企业管理者要详细了解企业总资产净利率与企业权益乘数。

1.2.1　总资产净利率

总资产净利率，是指企业净利润与平均资产总额的百分比。通过总资产净利率，企业管理者可了解到企业全部资产的获利水平，即企业可以创造多少利润。总资产净利率越高，代表企业投资获利能力越强，资产运营更有效，企业成本费用的控制水平越高。总资产净利率还可以反映出企业内部管理水平的高低。

总资产净利率的计算公式为：

$$总资产净利率 = 净利润 \div 平均资产总额 \times 100\%$$

其中平均资产总额的计算公式为：

$$平均资产总额 = （期初资产总额 + 期末资产总额）\div 2$$

例如，某公司 2020 年年度财务报告显示公司年净利润为 8 000 万元，该公司 2020 年年初总资产为 350 000 万元，2020 年年底该公司资产总额为 280 000 万元。总资产净利率计算如下。

该公司平均资产总额 =（350 000+280 000）÷2=31 5000（万元）

该公司总资产净利率 =8 000÷315 000×100%=2.54%

通过总资产净利率，企业管理者可以明确财务的三个管理策略。

①总资产净利率越高，代表企业资产利用效率越高，管理者在财务管理方面需要注意节约资金，注重企业收入的提高。

②总资产净利率还可以体现出企业项目计划在同行业的水平，管理者可以通过企业总资产净利率与同行业平均水平的数值对比，分析出存在差异的主要原因。

③管理者通过总资产净利率可以分析出企业经营过程中存在的财务问题，并有效增加销售利润，提高周转效率。

在杜邦分析法中，企业总资产净利率的计算公式为：

$$总资产净利率 = 销售净利率 \times 总资产周转率$$

1. 销售净利率

销售净利率又称为销售净利润率，是企业净利润占销售收入的百分比，这一指标用于衡量企业周期内销售能力。我们可以将销售净利率简单地理解为，企业投入的销售收入净额能够带来多少净利润。

销售净利率的计算公式为：

$$销售净利率 = 净利润 \div 主营业务收入净额 \times 100\%$$

其中，净利润为企业税后利润，即企业利润总额减去所得税费用之后的企业所得，其计算公式为：

$$净利润 = 主营业务收入净额 - 成本总额 + 其他利润 - 所得税$$

通过公式可以看出，企业净利润主要取决于主营业务收入净额与成本总额，不过大多数企业管理者过于注重主营业务收入净额，而忽视了成本总额的作用。很多企业在项目经营中发现，为提升主营业务收入净额采取扩大销售的策略并不一定会使企业净利润同比增长，甚至会出现负增长局面，这便是忽略成本总额的后果。

项目成本总额包含多方面企业投入，其计算公式为：

$$成本总额 = 主营业务成本 + 主营业务税金及附加 + 销售费用 + 管理费用 +$$
$$财务费用$$

企业盲目扩大销售必然会大幅增加销售费用、管理费用、财务费用，所以企业净利润才会负增长。企业管理者应详细考察影响企业净利润的每一个财务因素，以此来制定提升净利润的策略。

目前，企业提升净利润的方法主要有四种。

（1）降低成本。降低成本可以提升企业的利润总额，对提升净利润有直接效果。

（2）加速销售。通过调整销售模式和产品价格提高产品销售速度，可以缩短项目运营周期，降低项目运营风险，加速企业资金回笼的同时降低运营成本，从而提升企业净利润。

（3）优化资产结构。许多企业项目运营过程中产生了很多非经营性资产，比如会议中心、项目展厅、员工宿舍等，过量的非经营性资产会占用企业大量资金，且无法创造价值。运用财务手段及时剥离非必要的非经营性资产可以有效提高企业资产的使用效率，降低成本，提升企业净利润。

（4）提升运营能力。企业提升运营能力的作用如下。

①缩短项目运营周期。运营周期可衡量企业实现销售收入的速度，周期越短企业资金回笼速度越快，周期越长占用企业资金越多，运营成本相应越高，企业净利润越少。

②降低库存。从运营角度来看，库存并不能视作企业有效资产，且库存随时间推移不断对企业资产造成浪费，丰田汽车就曾明确表明，库存是汽车行业的"万恶之源"。因为库存不仅挤压企业资金、占用企业仓库资源、增加企业贷款利息，且随市场变动增加企业运营风险。

据市场统计，宝洁公司产品库存期为 6 天，戴尔公司产品库存期为 7 天，这两家公司就是依靠比其他企业快 5 ~ 8 倍的库存周转速度赢得了巨大成本优势，从而大幅提升了企业净利润。

③提升运营绩效。运营绩效是运营效率与现金流的主要体现，因此通过一系列有效措施提升运营绩效可以确保企业资产的较高利用率，并确保现金流的安全，进而提升企业净利润。

2. 总资产周转率

总资产周转率是企业周期内销售收入净额与平均资产总额的百分比，这一指标可以用于衡量企业总资产与销售水平之间的配比情况。

总资产周转率的计算公式为：

$$总资产周转率 = 主营业务收入净额 \div 平均资产总额$$

其中平均资产总额的计算公式为：

$$平均资产总额 = （流动资产 + 非流动资产）\div 2$$

企业总资产周转率可以有效体现经营周期内，企业总资产从投入到产出的流转速度，体现企业总资产的管理质量及利用效率。企业管理者通过总资产周转率可以分析出企业年度总资产的运营效率与变化，将总资产周转率与行业平均水平对比，可以发现企业与同类企业的资产利用差距，从而深度挖掘企业潜力，增强企业创收能力，并通过资金周转的优化策略提高产品市场占有率与资产利用率。

正常情况下，企业总资产周转率越高，代表企业总资产周转越快，产品销售能力越强，资产利用效率越突出。

1.2.2　权益乘数

权益乘数是企业股东权益比例的倒数，即企业资产总额是股东权益总额的多少倍。比如，一家上市公司 2020 年财务报告显示，该公司 2020 年年末资产总额为 10 亿元，2020 年年末股东权益总额为 8.5 亿元，则该公司 2020 年权益乘数计算如下：权益乘数 =10÷8.5=1.18。

权益乘数越大，代表企业负债越多，财务风险越高。但权益乘数在合理范围内增大，可以为企业创造更多的利润。

例如，目前很多上市企业在向上的发展趋势中，会通过向外融资的方式提升企业获利能力，这时虽然权益乘数有所增大，但透过企业股东权益报酬率可以看出，企业财务状况处于安全范围内，且这种方法对企业股票价值也带来了明显效果。

权益乘数也是杜邦分析法的一个重要指标，它可以清楚反映出企业财务杠杆的大小，权益乘数越大代表股东投入资本在企业资产中占比越小，财务杠杆则越大。

权益乘数的杜邦分析公式为：

$$权益乘数 =1÷（1-资产负债率）$$

从计算公式中可以看出，影响权益乘数大小的财务因素主要为企业资产负债率。资产负债率越高，权益乘数越大；资产负债率越低，权益乘数越小。

资产负债率又称举债经营比率，是企业负债总额占企业资产总额的百分比。它主要反映了企业全部资产中债权人提供资产所占比重的大小，也反映了债权人提供信贷资金的风险程度，以及企业举债经营的能力。

企业资产负债率以年度为周期，可用于衡量企业年度盈利水平。比如，衡量一家企业的盈利水平，不仅要看该企业本年度实现的利润是否较上年同期有所增长，还要看利润增长幅度是否大于本年度资产负债率提高幅度。如果大于，则代表该企业盈利水平为正向增长。

资产负债率的计算公式为：

$$资产负债率 ＝（负债总额 ÷ 资产总额）× 100\%$$

从计算公式中可以看出，影响企业资产负债率的因素主要为负债总额和资产总额，而负债总额与资产总额也有详细分类，如图 1.2-2 所示。

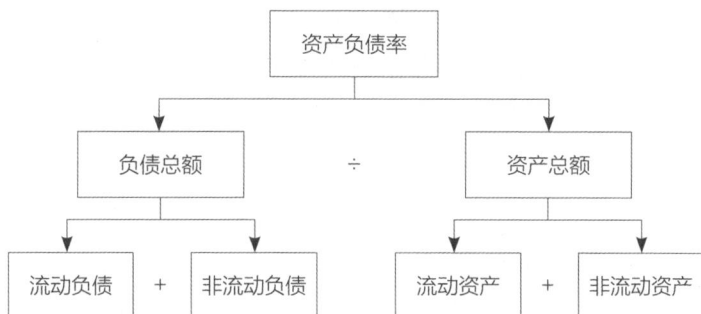

图 1.2-2　企业资产负债率

1. 负债总额

负债总额计算公式为：

$$负债总额 ＝ 流动负债 ＋ 非流动负债$$

（1）流动负债。正常情况下，企业资产流动比率越高，债权人越有保障，但流动比率过高就代表企业有较多资金滞留在流动资产上，表明企业获利能力较弱。因此，企业流动资产都有一个界限数值，低于这一数值代表企业资产负债率过高，财务风险较高；高于这一数值代表企业闲置资产较多，资金利用率较低，或资金存在不必要的浪费。

（2）非流动负债。非流动负债指债款偿还期在一年或一个营业周期以上的债务，主要包括企业长期借款、应付债券、长期应付款等。与流动负债相比，企业非流动负债具有三个特点。

①非流动负债要求企业具备较强的短期偿债能力，不至于在短期内被破产清算。

②非流动负债一般数额大，偿还期长，其本金偿还有一种积累过程。所以，企业需要具备良好的获利能力才能确保非流动负债不增加企业财务风险。

③非流动负债与企业资本结构存在直接关系，所以是否举借长期债务不仅要考虑企业的偿债能力，还要考虑企业资本结构的合理性。

另外，企业非流动负债往往附有一定条件，比如以企业资产作为担保，或要求企业确定担保人等。企业有效利用非流动负债则可以提升自身获利能力，但如果企业经营不善，非流动负债则有可能形成财务风险。

例如，国内某知名集团公司 2018 年的资产负债率高达 89.9%，其中非流动负债占比 50% 以上。为降低财务风险，该集团在 2019 年和 2020 年大量抛售重资产，该集团管理者也表示，未来该集团会通过轻资产化运营的方式降低商业负债，从而降低集团财务风险。

由此看出，与流动负债相同，企业非流动负债也有一个临界数值。这一数值是借款利息与总资产报酬率的分界点，如果借款利息低于总资产报酬率，则举借非流动债务可行；若借款利息高于总资产报酬率，则不可行。

2. 资产总额

资产总额计算公式为：

$$资产总额 = 流动资产 + 非流动资产$$

（1）流动资产。企业在一年内或超过一年的营业周期内变现或者有效运用的资产称为流动资产。流动资产是企业资产重要组成部分，其在周转过程中以货币形式开始，随企业运营改变形态，最终会回到货币形态，比如短期投资。但无论流动资产属于哪一形态，其与企业运营始终紧密结合，且具有周转速度快、变现能力强的特点。

企业资产负债率与流动资产在总资产中占比、流动资产结构、流动资产质量存在直接关系。企业流动资产比重较大，代表企业资金周转速度较快、变现能力较强，这时即便企业资产负债率较高也不会存在较大财务风险。

企业流动资产结构是企业货币资金、应收账款、预付账款、存货等流动资产占总资产的比重，这部分资产是企业中周转快、支付能力强的重要资产，体现着企业付现能力。

企业流动资产比重大代表企业有足够的变现资产，财务风险较低；企业流动资产比重小，则说明企业变现偿债能力有限，潜在财务风险较高，这对企业发展而言是一个危险信号。

企业资产负债率不仅取决于流动资产比重，也取决于流动资产质量。企业流动资产质量的好坏，主要看应收账款中是否有呆账、坏账以及其占比大小，存货中是否有滞销商品、长期积压物资以及其占比大小。流动资产多但质量低对企业运营同样是不利因素。

例如，应收账款是企业可随时回笼兑现的资金，通过账款回收可以提升企业支付能力，一旦应收账款中呆账、坏账占比较大，则企业支付能力受到直接影响，资产利用率将大幅降低。

（2）固定资产。固定资产是指企业为生产产品、提供劳务、出租或经营管理而持有的使用寿命超过 12 个月的有形资产。它主要包括使用期限超 12 个月的房屋、建筑物、机器、运输工具以及其他企业经营相关的设备、工具等。

固定资产占比是影响企业财务的重要因素。正常情况下，固定资产与流动资产的比例为 2 ∶ 1，即固定资产占企业总资产的三分之二，流动资产占企业总资产的三分之一，保持这一比例可以确保企业在遇到财务状况时不至于依靠拍卖固定资产来偿债，从而为企业生产、经营带来有效保障。

企业固定资产占比情况可以视经营特点而定，但主要原则为在确保企业经营、生产有财务保障的前提下，适当增大流动资产比重。企业固定资产比重大，代表企业变现、偿债能力较强；企业固定资产比重过小，代表固定资产可能满足不了经营生产所需，资产利用率随之降低。

通过了解负债总额与资产总额的详细分类与特性，可以总结得出降低企业资产负债率的方法有两种。

（1）加速销售。

加速销售可以有效为企业回笼资金，提升企业偿债能力，并减小滞销产品、长期积压物资的出现概率，从而降低企业资产负债率。

（2）避免资金风险。

避免资金风险主要体现为降低流动资产运营风险。例如根据市场实际情况进行理性短期投资，减少企业呆账、坏账数量等，采取这些措施可以令企业变现能力、偿债能力始终有保障，从而提高企业资产利用率。

1.3　管理者的财务管理责任

现代市场竞争不断加剧，企业财务活动日益丰富、繁杂，企业管理者如何有效进行企业财务管理，直接关系到企业的生存与发展。例如，2018 年山东某集团债务危机爆发，导致 7 家关联公司破产整顿，2020 年多家公司因财务管理目标未能实现出现裁员风波。种种迹象表明，企业管理者在日常运营中需要清楚自身的财务管理责任，不能等问题出现后再解决。

企业管理者必须学会财务分析并做好财务运营，其财务管理责任体现在企业层面与项目层面。

1.3.1　企业层面财务管理：利润管理与现金流管理

管理者在企业财务层面的管理主要为利润管理与现金流管理。企业利润是企业发展的基础，是企业生产经营的目标，在企业财务把控中，管理者需要在企业运营的各方面进行机遇把握与风险把控；现金是企业经营之源、生命之本，管理者想要做大做强企业，需要有充足的现金作支撑，因此有效管理现金流才能实现企业长远、稳定的发展。

1. 利润管理

利润是企业的核心指标，这一数据是企业投资人、债权人、管理者长期关注的重点数据，也是企业盈利能力的体现。有效的利润管理是确保企业利润长期增长的基础，其各项措施可以直接、间接影响到企业各经济主体的利益。目前，我国也出台了关于企业利润管理的法律法规，这体现了法律制度对企业利益主体的认可与尊重。

企业利润管理对企业发展有举足轻重的作用，但对利润的过度管理也会给企业带来不利影响，比如，过度管理会导致会计信息真实性和企业决策相关性减弱，导致企业内部财务信息繁杂、混乱等。所以，利润管理也需要保持在合理范围内，即管理者对企业利润有准确把控又不为财务运作带来负担。

站在管理者的角度，对企业进行利润管理可以从以下几方面入手。

（1）客户管理。管理者需要清楚企业客户资源，了解哪些客户可以为企业带来利润、哪些客户是潜在客户、哪些客户无法提供利润，对客户进行区分后进行妥善管理。

（2）供给管理。管理者需要研究企业供给渠道，分析企业生产成本是否侵蚀利润，分析企业哪些销售渠道盈利水平低，分析企业哪些销售渠道出现亏损，并及时止损、调整。

（3）产品利润管理。管理者需要清楚高转化率产品、低转化率产品的毛利率，确保这两类产品的毛利率高于无库存特制订单类产品的毛利率，这样则可以确保企业利润保持在健康区间。

（4）擅用关联交易。企业通过关联交易往往可以获得更多价格优势，关联交易可以为企业带来多种形式的利益转移，从而控制、提升企业利润。

（5）调控生产活动。企业在市场需求较大时可以通过增加产量调节库存，从而降低单位产品的固定费用，进而提升产品利润。

（6）资产业务控制。在企业发展的必要阶段，也可以采用出售部分资产或业务的方式提升企业利润。

通过以上方法，管理者可以发现企业总体利润存在 30% ~ 40% 的提升空间，根据企业发展现状，采用适合的策略则可以为企业建立一套系统的利润管理方案。

管理者对企业利润进行有效管理也需要特定条件。根据企业契约理论，企业的实质是"一系列契约的联结"，当企业股东之间存在利益冲突时，正常情况下股东都会产生自利意识，其会通过一系列操作力求企业出现利已的结果。

因此，企业管理者需要在利润管理时尽量规避股东之间的利益冲突，之后才能实现有效的利润管理。

另外，企业管理者需要明白利润管理不同于利润操控。虽然利润管理可以有效提升企业盈利能力，但其有一个限度。适当的利润管理可以有效提升企业盈利能力，过度的利润管理则变为利润操控，利润操控存在较大风险，甚至给企业利润带来负增长。

目前，利润管理已成为大多数企业管理者必须完成的工作，如美国企业管理者擅用"收益均衡化"利润管理方式，日本企业管理者擅用"收益平滑化"利润管理方式。这些根据市场特点衍生的利润管理方式可以增大企业利润空间，且提高股东满意度。在国内市场，利润管理的作用可以体现在以下四个方面。

（1）利润管理是企业经济效益的衡量标准。从企业经营发展的角度出发，衡量企业经济效益的公认标准是利润。企业主体产业、投资、项目开发等活动实现的边际成本与边际收益相等，则企业可实现利润最大化。

（2）利润管理是企业内部管理的基础。目前，大多数企业内部管理政策都建立在利润管理之上，因为利润管理是企业实现发展目标的起点，内部各项管理条例、政策都应遵循利润管理的方向，在这一基础上进行优化、提升。比如大多数企业的考核政策以绩效为标准，而绩效与利润直接挂钩，绩效考核可以引导企业经营进入良性循环。

（3）利润管理是企业宣传的媒介。企业内部宣传的主要内容为规模、技术、服务、品牌价值，利润管理可以将这些内容整合后进行整体宣传。

例如，2020 年 7 月 27 日，《财富》发布了 2020 年中国 500 强利润率最高的 40 家公司名单，并指出在新冠肺炎疫情冲击国内外市场的情况下，上榜公司的利润率依然从 8.0% 提升至 8.4%，凸显了这些公司的发展实力。其中，29 家上榜公司净利润率超 30%，贵州茅台酒股份有限公司、中国长江电力股份有限公司、上海银行股份有限公司净利润率更是超过 40%。这些公司通过利润管理进行了有效的外部宣传，且可信度更强。

（4）利润管理有利于企业优化发展战略。适度的利润管理可以确保企业不断走向成熟，内部人力资源素质不断提高。在适度的利润管理下，企业可以不断优化管理方式，提高经营业绩，从而制定更契合企业发展的目标战略，促进企业高速优质发展。

2. 现金流管理

现金流管理是企业管理的重心，它关系到企业收益，时刻影响企业经营活动、投资活动、筹资活动等，是指对企业当前、未来的现金流动做预测与计划、执行与控制、数据统计与传递、分析与评价。因此，现金流管理是企业管理者必须详细了解的财务知识。

现金流管理包括与企业现金相关的一系列制度与安排，对现金流动实施有效预测、计划。其主要由收账系统、付账系统和调度系统构成，管理者负责这些系统的执行与控制。

另外，现金流管理也可以报告一定时期终了，企业各分公司、各部门综合运营的最终结果，并系统体现各项运营信息，且基于这些信息企业管理层可以对企业运营进行明确的分析与评价。由此可见，现金流管理是一个复杂但重要的管理系统。

如果说利润是企业发展的目标，那么现金则是实现目标的源动力。2019 年，江苏省高级人民法院统计了近几年企业破产重整的十大案例，其中有多家企业因资金链断裂或现金流管理不善而破产。

在当前经济环境下，企业发展需要高效运用企业现金与资本，现金流管理的各项指标可以及时反映出企业的经济下滑或上涨，并向管理团队提示不同情况下企业需要多少现金来维持经营。有效的现金流管理能够帮助管理者及时发现企业运营流程中的关键点，寻找到市场发展机遇。

管理者需要了解的现金流管理包括三大部分：库存、应收款和应付款。其中，通过应收款与应付款可以明确企业回款与付款周期，对这两项加强管理可以确保企业处于活跃状态，并规避不必要的资金风险。库存代表获利空间，但并非越多越好，而应该结合市场需求适当控量。管理者对以上三项内容进行管理可以从以下几方面入手。

（1）优化业务模式。企业运营中业务增长不会长期处于均衡状态，一旦业务模式出现设计问题，则会导致企业主体业务缺乏抗风险能力，企业随之面临多项风险。

（2）把控业务增长速度。企业发展中，并非业务越多越好，业务量高速增长会减弱企业对付款周期、回款周期的控制能力。正常情况下，企业业务量高速增长会导致回款期滞后，进而减弱企业付款能力。当付款时间不断延期时，企业信誉则会降低，运营风险大幅增加。

（3）明确潜在付款项目。企业财务报表很难体现出潜在付款项目为企业带来的压力，比如房租、员工工资、税费等。一旦企业现金流通不畅，潜在付款项目的压力便会凸显，企业现金流问题便会急速恶化，最终遭受重大损失。

（4）控制应收账款周转天数（Days Sales Outstanding，DSO）。DSO的学术意思为企业将其账目变为现金的平均时间，其代表着企业主体产业的回款周期。

DSO的常用计算公式为：

DSO= 期末应收款 ÷ 这一时期的销售额 × 这一时期的天数

例如，某公司2020年1—6月销售情况如表1.3-1所示。

表1.3-1　某公司2020年1—6月销售情况

项目	1月	2月	3月	4月	5月	6月
平均日销售额	18 000	17 000	15 000	9 000	11 000	17 000
总销售额	558 000	493 000	465 000	270 000	341 000	493 000
其中未收账款	26 000	30 000	85 000	100 000	220 000	210 000

那么，该公司 2020 年 1—6 月的 DSO 为：

（26 000+30 000+85 000+100 000+220 000+210 000）÷（558 000+493 000+ 465 000+270 000+341 000+493 000）×182=46.6（天）

正常情况下，企业的 DSO 应该在 30 ~ 35 天，DOS 超过上限代表企业发生呆账概率较大，企业现金流存在风险。

DSO 理论可以帮助企业管理者对企业现金流、资金流有非常清晰的认识。DSO 越小代表企业现金流越健康，企业发展速度越快；但 DSO 超过 35 天时，企业管理者就应该及时意识到风险，这时企业业务不再适合大幅扩张，扩张越大则风险越高。

针对 DSO，管理者可以采取以下几种措施。

①对于严重影响企业 DSO 的客户，管理者要及时采取适当的解决方案，必要时应中断合作。

②建立 DSO 良性刺激制度，比如将 DSO 与业务人员收益挂钩，在业务开拓环节进行一系列客户优化。

③拓展新客户，正常情况下缺少合作基础的新客户大多采用现金付账的方式，新客户的增加可以为企业现金流带来良性刺激。

站在经营的角度，企业管理者还可以采用提升经营质量的方式控制企业现金流，具体方法分为以下几种。

（1）建立完善的现金流管理机制。企业运营期间，现金筹集、分配、运用都需要有合理的规划，现金流管理是主要的表现形式，所以企业需要建立一套符合发展需要的现金流管理机制，保证现金流持续、健康、有序运作，且这套机制需根据企业发展不断优化升级。

（2）优化现金流运作流程。现金流管理并非要求管理者详细管理现金流的每一个环节，而是把控现金运作流程的关键点，如现金流的内部控制制度、企业应收账款的收款节点等。管理者可以通过规范把控涉及现金流的部门、岗位，给予这些部门、岗位适当的授权，高效控制现金的运作；同时将这些岗位、部门的现金流责任落实到个人，以确保现金流的安全。

（3）缩短现金流转换周期。提高现金的使用效率，需要对现金流速进行到位的管理，在满足企业正常运转的前提下，尽量缩短现金转换周期，这样可以提高企业现金的使用率。

目前，缩短企业现金转换周期的方法有以下3种。

①缩短企业存货周转期。

②缩短应收账款周转期。

③延长应付账款周转期。

（4）建立现金流风险评估系统与预警系统。企业发展速度、发展环境、项目运营难度都会引发现金流转不畅。为降低运营风险，企业需要建立现金流风险评估系统与预警系统，根据企业发展特点设定评估值与风险预警值，一旦指标异常马上采取相应措施，以此确保企业不发生较大运营风险，并降低企业损失。

现金流管理在我国市场已经发展多年，目前，市场大多数企业都设有全面的现金流管理系统。企业管理者可以通过现金流管理对企业结构、绩效进行深入管理，且对企业发展战略进行优化、升级，因此，现金流管理相关知识也是企业管理者需要掌握的。

1.3.2 项目层面财务管理：项目财务预算管理

有效的项目运营是企业发展进步的主要活动，企业管理者的项目财务管理主要针对项目财务预算。项目财务预算管理是企业财务管理的一个分支，也是项目财务管理的核心部分，其表现形式为一个综合性的财务计划，主要包括预算编制、报告、执行、调整、控制等一系列活动。

作为企业实现项目经营目标的基础，项目财务预算贯穿项目运营的全过程，其管理质量的优劣直接关系到项目运营目标的实现，且对企业整体财务管理中的利润管理、现金流管理有直接影响。

项目财务预算管理涵盖项目成本、销售管理、资金管理等多项内容，它始终占据着企业经济链条的重要位置。在当下资金流动不断加速的市场背景中，企业管理者对项目预算管理的主动性决定了企业利益突破上限的概率。

笔者曾看到某项目的预算报告，其中仅包含材料费用，笔者就咨询了项目经理为何预算报告如此简单，得到的回答是预算报告是按照工作流程制作的。这种单纯的形式主义完全没有意义，因为项目预算报告不是企业的流通文件，这类单纯的形式主义文件只会为项目运营带来负担。

只有企业管理者从项目经营的本质来看待预算管理，各种预算问题才会变得更加清晰，每一项预算内容才能体现出现实意义。

1. 从项目运营的价值驱动出发

站在企业运营的角度分析，任何项目的经营目标都是企业利润的持续增长，以及为企业创造更多、更高价值。换而言之，项目预算管理就是管理企业价值的流动，而价值在企业中可以准确对应到人员、财物或与价值相关的实质工作，所以从项目运营的价值驱动出发，可以更容易明确管理目标。

2. 清楚项目预算管理的明确工作

不同企业的项目预算管理也有不同方法，且与企业本身运营情况有关，但本质都是考察项目未来的盈利能力。比如，A公司准备开发一项新产品或开辟一种新型服务市场，A公司可承担的成本为1 000万元，管理者开展项目预算管理时，如果预算成本控制在1 000万元以内，则可以做后续的经济效益分析；如果预算成本超过1 000万元，则直接叫停项目即可。B公司同样准备开发一项新产品或开辟一种新型服务市场，由于B公司资金实力雄厚，所以对该项目可以直接做更深入的项目预算，先做成本预算，之后做项目的经济效益分析，项目的后续运营会由经济效益分析结果而决定。

由此看出，项目预算管理可以有效降低企业运营的风险，对企业管理者的财务管理也有提高运营效率、准确把控成本的作用。

总体而言，无论企业项目预算如何变化，都离不开项目成本、产品成本、经济效益分析三大内容。其中项目经济效益分析又由项目预算整体成本、产品成本、市场预期共同构成。通过对这三项内容的详细分析，企业管理者可以做好项目的预算管理，并根据预算管理决定项目运营的节奏与开展方式，但项目预算一定要覆盖到项目运营的各个环节，只有覆盖全面，预算报告才能够准确表现项目运营的风险程度与获利空间。

3. 如何做好项目预算

项目预算的基本构成为人工成本、项目投入、固定资产投入三方面。

很多管理者认为项目预算的重要部分为项目投入与固定资产投入，但事实上人工成本在项目预算中的比重更大，尤其是小企业的项目预算，人工成本在项目预算中的比例在 70% 以上，而项目投入、固定资产投入各占近 15%。

项目投入主要针对项目运营所需的物料，如新产品的研发设备、原材料以及实验失败时的原材料消耗。这些成本看似简单，变动却较大，因为项目开展都会伴随一定风险。例如新产品研发设备的损坏、产品研发失败次数的增加，都会影响项目投入总值，因此在项目投入中一定要加入风险预算，并严控风险预算的幅度，项目投入一旦超越上限，管理者需要思考项目是否继续，以及继续开发对企业运营带来的其他影响。

固定资产投入主要针对项目开发后期的企业扩建。其中包括新产品流水线、新服务培训部等。对于固定资产投入，也需要考虑风险预算，这里的风险预算主要针对市场，新产品进入市场的初步反应、新产品的生产周期都会影响固定资产投入，所以对于这部分预算，管理者要根据企业运营状况合理把控。

项目预算中以上三项指标的具体计算公式为：

$$人工成本 = 时薪 \times 工时$$

$$项目投入 = 物料消耗投入 + 风险预算$$

$$固定资产投入 = 设备、场地投入 + 风险预算$$

其中，时薪可以按照个人或核心团队整体计算。

比如，项目开发工程师团队年薪总值为 150 万元，一年标准工作时间约为 2 008 个小时，每小时费用 =1 500 000÷2 008=747（元）。

4. 如何合理管控项目成本

预算作为企业项目运营的资金预估，虽然没有令企业直接产生投入，但有减少成本、增加收益的作用。企业管理者不仅要意识到它的作用，还要及时通过项目预算管理分析成本绩效，减少企业资金运营的偏差，分析各种非必要投入出现的原因，根据企业运营实际情况采取相应措施。

目前，企业管理者提升项目成本控制效果的方式主要有以下几个。

（1）组织得力。企业管理者要准确定位项目成本管理的第一责任人，组织项目团队开展成本管理研究，根据企业日常运营经验及时分析、掌控项目盈亏状况，并采取有效措施改进。例如，工程项目成本控制的第一责任人往往为工程技术部门领导，成本控制的主要策略为在保证质量、按期完成任务的前提下，通过技术升级降低投入或缩减工期。

（2）技术升级。技术是企业发展的核心，也是项目运营的主要力量。技术升级可以带来缩短工期、提高质量、降低成本等多种效果。

另外，技术升级还可以体现在项目运营方案的优化上，通过技术升级简化项目运营流程，也可以达到降低消耗、增强效果的目的。

如果企业技术无法及时升级，那么一定要做到严控质量，严格把控技术质量，杜绝返工现象，缩短开发时间，也可以达到节约成本的目的。

（3）费用管理。费用管理针对人工费用控制与技术费用控制。人工费用控制并非降低劳动成本，而是从改善劳动组织、减少浪费入手，缩减项目开发成本。其中减少浪费尤其重要，因为项目开发阶段不可控因素较多，项目管理者需要及时明确杜绝同类浪费情况发生，并设定合理的奖惩制度，这样可以减少项目投入，缩短开发周期。

技术费用控制主要针对改进材料的采购和保管、设备的保养与维修方法等工作，有利于缩减各环节的损耗，起到降低成本的效果。

项目预算反映的是项目运营状态，预算报告的优劣不能用数值的高低衡量，比如项目中的必要成本一定要投入到位，且投入越及时收益周期越短，一定要减少浪费，以此规避运营风险。从项目预算报告中，企业管理者可以了解到项目经营目标、企业发展战略和风险控制能力。因此，企业管理者必须理顺项目预算的流程与机制，且对其进行有效管理，确保企业财务始终处于良性增长状态。

第二章
管理者财务管理指标与平衡策略

　　财务管理指标与平衡策略，是指财务管理过程中必不可少的反馈指标与平衡工具。在企业管理中，管理者利用一系列财务管理指标与平衡策略，不仅能实现对财务情况高效的梳理与管控，还能以此为工具，进一步推动企业整体管理绩效的上升。

2.1　企业管理者都该懂的财务十大报表

在财务管理体系中，围绕着三大报表，还有以下十大报表工具，它们共同形成财务管理指标体系。企业管理者不仅要熟悉这些报表的形式，还应充分理解其内容的价值和意义。

2.1.1　损益分析表

损益分析表，体现企业在一段时间内的利润收益或损失，其格式如表 2.1-1 所示。

表 2.1-1　损益分析表

编制单位：　　　　　　　　　　　年　月　　　　　　　　　单位：元

项目	本期金额	上期金额
一、营业收入		
减：营业成本		
税金及附加		
销售费用		
管理费用		
研发费用		
财务费用		
其中：利息费用		
利息收入		
加：其他收益		
投资收益（损失以"-"号填列）		
其中：对联营企业和合营企业的投资收益		
公允价值变动收益（损失以"-"号填列）		
资产减值损失（损失以"-"号填列）		

项目	本期金额	上期金额
资产处置收益（损失以"－"号填列）		
二、营业利润（亏损以"－"号填列）		
加：营业外收入		
减：营业外支出		
三、利润总额（亏损总额以"－"号填列）		
减：所得税费用		
四、净利润（净亏损以"－"号填列）		
（一）持续经营净利润（净亏损以"－"号填列）		
（二）终止经营净利润（净亏损以"－"号填列）		
五、其他综合收益的税后净额		
（一）不能重分类进损益的其他综合收益		
1.重新计量设定受益计划变动额		
2.权益法下不能转损益的其他综合收益		
……		
（二）将重分类进损益的其他综合收益		
1.权益法下可转损益的其他综合收益		
2.外币财务报表折算差额		
……		
六、综合收益总额		
七、每股收益		
（一）基本每股收益		
（二）稀释每股收益		

2.1.2　产品损益分析表

产品损益分析表，体现每个产品大类带来的利润或亏损。以餐饮企业为例，其具体格式如表 2.1-2 所示。

表 2.1-2　某餐饮企业产品损益分析表

金额单位：万元

序号	产品大类	当月			本年累计		
		收入	毛利	毛利率	收入	毛利	毛利率
1	湘菜						
2	粤菜						
3	卤菜						
4	烤肉						
5	砂锅						
6	蒸菜						
7	凉菜						
8	秘制特色产品						
	合计						

在设计和使用产品损益分析表时，对毛利与净利润之间的差额，以产品收入为标准，将其分配给不同的产品。如果企业只有单一产品，则按规格型号大类分析本表。

2.1.3　部门损益分析表

部门损益分析表，体现每个部门分别产生的利润或亏损，具体格式如表2.1-3 所示。

表 2.1-3　部门损益分析表

日期：　　年　　月

单位：元

项目店铺、部门	××店铺	××店铺	××部门	合计	备注
销售额					
折让额					
销售净额					
期末库存					
期初库存					
进货					
小计					

续表

项目店铺、部门	××店铺	××店铺	××部门	合计	备注
进货成本					
毛利					
人事费					
管理费					
冲销损益额					
营业外收益					
营业外费用					
其他					
店铺、部门损益					

2.1.4 客户损益分析表

客户损益分析表，体现每个部门分别产生的利润或亏损，具体格式如表2.1-4所示。

表 2.1-4 客户损益分析表

金额单位：万元

序号	客户大类	当月					本年累计				
		收入	毛利	毛利率	净利润	净利润率	收入	毛利	毛利率	净利润	净利润率
1	VIP										
2	会员										
3	一般客户										
合计											

注：①毛利与净利润之间的差额，可以以产品收入为标准分配给不同的产品。
②如果企业的客户是终端零售客户，可以不填本表。

2.1.5 员工损益分析表

员工损益分析表，体现每个员工分别产生的利润或亏损。以推销员为例，其具体格式如表2.1-5所示。

表 2.1-5　推销员个人损益分析表

编号：
姓名：　　　　　　　　　　年　月　日

损失部分（经费）		收益部分	
薪资津贴 出勤薪资 保险费 行销奖金 销售费用 托运费用 消耗品费用 手续费 交通费 赠品		销售额 核定 利润率 ——商品利益 ——商品利益 ——商品利益	
差额		差额	
合计		合计	

2.1.6　利润趋势分析表

利润趋势分析表，体现企业利润的变化趋势，具体格式如表 2.1-6 所示。

表 2.1-6 利润趋势分析表

被审计单位：
会计期间：

单位：元
报警比例：5.00%

会计报表项目	行次	上期数		本期数		比上期增长			结构比增减 ⑦＝④－②	说明
		金额 ①	结构比/% ②	金额 ③	结构比/% ④	金额 ⑤＝③－①	横向比/% ⑥＝⑤÷①			
一、主营业务收入										
减：主营业务成本										
税金及附加										
二、主营业务利润（亏损以"－"号填列）										
加：其他业务利润（亏损以"－"号填列）										
减：销售费用										
管理费用										
财务费用										
三、营业利润（亏损以"－"号填列）										
加：投资收益（损失以"－"号填列）										
补贴收入										
营业外收入										
减：营业外支出										
四、利润总额（亏损总额以"－"号填列）										
减：所得税费用										

续表

会计报表项目	行次	上期数		本期数		比上期增长		结构比增减⑦=④-②	说明
		金额①	结构比/%②	金额③	结构比/%④	金额⑤=③-①	横向比/%⑥=⑤÷①		
少数股东损益									
五、净利润（净亏损以"-"号填列）									
加：年初未分配利润									
其他转入									
六、可供分配的利润									
减：提取法定盈余公积									
提取法定公益金									
提取职工奖励及福利基金									
提取储备基金									
提取企业发展基金									
利润归还投资									
七、可供股东分配的利润									
减：应付优先股股利									
提取任意盈余公积									
应付普通股股利									
转作资本（或股本）的普通股股利									

2.1.7　资产负债表分析表

资产负债表分析表，体现企业资产负债的变化趋势，具体格式如表 2.1–7 所示。

表 2.1-7　资产负债表分析表

编制单位：　　　　　　　　　　年　月　　　　　　　　　　单位：元

资产类	行次	年初数	期末数	负债及权益类	年初数	期末数
流动资产：				流动负债：		
货币资金				短期借款		
短期投资				应付票据		
应收票据				应付账款		
应收股利				预收账款		
应收利息				其他应付款		
应收账款				应付工资		
预付账款				应付福利费		
应收补贴款				应付股利		
其他应收款				应交税金		
存货				其他未交款		
待摊费用				预提费用		
一年内到期的长期债券投资				预计负债		
其他流动资产				一年内到期的长期负债		
流动资产合计				其他流动负债		
长期投资：				流动负债合计		
长期股权投资				长期负债：		
长期债权投资				长期借款		
长期投资合计				应付债券		
其中：合并价差				长期应付款		
固定资产：				专项应付款		
固定资产原价				其他长期负债		
减：累计折旧				长期负债合计		
固定资产净值				递延税项：		

续表

资产类	行次	年初数	期末数	负债及权益类	年初数	期末数
减：固定资产减值准备				递延税款贷项		
工程物资				负债合计		
在建工程				少数股东权益		
固定资产清理				所有者权益或股东权益：		
固定资产合计				实收资本		
无形资产及其他资产				减：已归还投资		
无形资产				实收资本净额		
长期待摊费用				资本公积		
其他长期资产				盈余公积		
无形资产及其他资产合计				其中：法定公益金		
递延税项：				未分配利润		
递延税款借项				所有者权益合计		
资产总计				负债及权益合计		

单位负责人：　　　　　　财务负责人：　　　　　　制表人：

2.1.8　应收款分析表

应收款分析表，体现企业应收款账龄、数额等特点，具体格式如表 2.1-8 所示。

表 2.1-8　应收款分析表

单位：万元

应收账款	期末余额	<6 个月	6 个月~1 年	1~2 年	2~3 年
系统内余额					
系统外余额					
合计					

2.1.9　存货分析表

存货分析表，体现企业存货的变化趋势，具体格式如表 2.1-9 和表 2.1-10

所示。

表 2.1-9　库存物资盘点表

××库存物资盘点表						填表部门：				填表日期：		
						填表人：				审核：		
序号	物资编码	物资名称	型号规格	单位	计划单价	账面		盘点		盘亏（－）盘盈（＋）		入库时间	状态
						数量	金额	数量	金额	数量	金额		

表 2.1-10　存货盘点盈亏表

存货盘点盈亏表						填表部门：				填表日期：		
编号：						填表人：				部门审核：		
序号	物资编码	物资名称	型号规格	单位	计划单价	数量		盘盈		盘亏		盈亏原因说明	拟处理对策及建议
						账面	盘点	数量	金额	数量	金额		
主管领导批示：						财务部门：				资产职能管理部门：		

2.1.10　现金流分析表

现金流分析表，体现对企业现金流的分析结果，具体格式如表 2.1-11 和表 2.1-12 所示。

表 2.1-11　现金流分析表

编制单位：××有限公司　　　　　时间：　年　月　日　　　　　金额单位：万元

项目	××年	××年	增减额	增减百分比
经营活动：				
现金流入				

项目	××年	××年	增减额	增减百分比
现金流出				
现金流量净额				
投资活动:				
现金流入				
现金流出				
现金流量净额				
筹资活动:				
现金流入				
现金流出				
现金流量净额				
汇率变动对现金影响额				
现金及现金等价物净增加额				

表 2.1-12 现金流结构分析表

编制单位： 年 月   金额单位：元

项目	行次	本月数	本年累计数
一、经营活动产生的现金流量			
1.销售商品、提供劳务收到的现金			
2.收到税费返还			
3.收到的其他与经营活动有关的现金			
现金流入小计			
1.购买商品、接受劳务支付的现金			
2.支付给职工以及为职工支付的现金			
3.支付的各项税费			
4.支付的其他与经营活动有关的现金			
现金流出小计			
经营活动产生的现金流量净额			
二、投资活动产生的现金流量			
1.收回投资所收到的现金			
2.取得投资收益所收到的现金			

续表

项目	行次	本月数	本年累计数
3.处理固定资产、无形资产和其他长期资产而收到的现金净额			
4.收到的其他与投资活动有关的现金			
现金流入小计			
1.购建固定资产、无形资产和其他长期资产所支付的现金			
2.投资所支付的现金			
3.支付的其他与投资活动有关的现金			
现金流出小计			
投资活动产生的现金流量净额			
三、筹资活动产生的现金流量			
1.吸收投资所收到的现金			
2.取得借款所收到的现金			
3.收到的其他与筹资活动有关的现金			
现金流入小计			
1.偿还债务所支付的现金			
2.分配股利、利润或偿付利息所支付的现金			
3.支付的其他与筹资活动有关的现金			
现金流出小计			
筹资活动产生的现金净流量净额			
四、汇率变动对现金的影响额			
五、现金及现金等价物净增加额			

2.2 管理者应该掌握的五大财务管理关键

优秀的企业管理者在日常工作中需要注重对财务管理思维的培养，虽然这是一个漫长的过程，但可以帮助管理者为企业创造价值，实现管理优化。在企业资本增长之前，管理者首先需要"知本"，即对自己所在企业财务有详细、到位的了解，比如利润是否真实，企业股东、投资方是否获利，这需要企业管理者从五大财务管理关键入手，实现企业财务的有效管理。

2.2.1 投资项目分析与成本管理思维

企业投资项目运营可以被解释为企业投放财力于某一对象，通过运营、管理，在周期内期望获得收益的经济活动。这项活动是企业发展中不断实施、完善的主要任务，也是企业发展的中心环节，它对企业提出不同的要求，也影响着企业的资金收益与分配。作为企业管理者，无论是否具备专业的财务管理能力，都需要对企业投资、开发的项目有详细的分析，而这就需要企业管理者懂得对投资、开发项目进行详细分析。

1. 现代企业投资项目的四个共同点

企业资金运作都以不同目标为运营中心，从中获取长期利益收益。目前，现代企业投资项目主要表现出以下四个共同点。

（1）投资比重大。随着社会发展，企业项目运营难度不断增加，大部分企业新项目的投资都会占企业资产的较大比重，这对企业的现金流、利润产生着决定性影响。

（2）运营周期长。现代企业很少可以从短期投资项目中获得较大收益，因此，大多数企业的投资项目运营周期较长，尤其是决定企业发展方向的战略性投资，可能会伴随企业数年、十数年之久，这些项目决定了企业的经营主体、发展方向。

（3）投资频率低。投资项目大多属于企业非程序性决策，不同投资项目间可以相互参考比较的有效数据较少，所以投资项目不会在企业中频繁出现，其大多出现在企业转型、升级等重要阶段。

（4）变现周期长。虽然投资项目通过高效运营可以在短时间内形成企业资产，但很难在短期内实现变现，这就代表投资项目考验着企业资金运作的承受能力，对企业运营有一定负面影响。

企业管理者需要针对以上四个共同点，对企业项目投资进行有效分析，从中分析出的数据才能真实体现投资项目的优劣。

2. 对投资项目展开详细分析需要管理者思考的三点内容

投资项目的分析主要包括市场需求、发展目标、投资方案、资金稳定性等因素，最终通过投资项目的短期效益指标与长期效益指标来评定项目是否进行。对投资项目展开详细分析需要管理者思考以下三点。

（1）技术水平。技术水平主要指项目对企业的技术要求，其中包括专业理论知识、操作经验与技巧等。比如项目投资中的项目选址、工艺标准等是否可以获得良好的市场反馈、是否能够确保项目的正常生产经营、是否影响企业的正常运作。

（2）经济分析。投资项目的经济分析主要包括以下两方面。

①项目投资的相关因素。其中包括以下三个因素。

项目周期：项目的建设期、生产经营期与终结期。

项目投资金额：项目建设投资、流动资产投资与建设期资本化利息的总和。

项目现金流：项目投资期间企业产生的货币资金流动及数额，主要包括现金流入量、现金流出量与现金净流量。

②投资项目的决策指标。投资项目的决策指标是在明确以上数据后，对项目投资数额、运营成本、项目利润、净现金流、项目收益率、投资回收期、借款偿还期等内容进行分析，最终确定项目的经济可行性。

（3）风险分析。企业投资项目都带有一定的不确定性，导致企业投资过程中可能会受到收益损失或本金损失，或者投资项目后期运营无法达到预期效果，这些都属于企业投资项目的风险。在项目投资之前，尽量规避这类风险是企业投资获利的重要保障。

分析这些内容后，企业管理者才算完成了投资项目的基本分析，项目分析的下一步便是借助成本管理思维，合理降低企业投入，提高项目回报率。

3. 成本管理需要多角度分析

很多企业管理者认为投资项目的成本管理就是最大化降低投入成本，从而增大收益空间。事实上，成本管理是一项复杂、系统的财务管理，它需要从成本预测、投入计划、成本核算、成本分析、奖惩制度等多个角度分析，最终才能帮助企业获得更大利益空间。

（1）成本预测。项目的成本预测是企业管理者财务管理的基础，更是编制项目投入计划的主要依据。开展任何投资项目之前，管理者都需要对项目成本有一个初步的预测，预测可以根据项目开展流程展开。

（2）投入计划。在确定了项目成本管理的思路、方法后，管理者还需要有一个明确的投入计划，其中包括成本控制标准与执行考核标准。

（3）成本核算。成本核算虽然是企业财务人员的主要工作，但企业管理者需要了解项目各环节的准确信息，之后通过财务人员的成本核算数据，全面把控企业投资项目的经营效果。

成本核算是成本管理的重要内容，通过成本核算企业管理者可以准确把握投资项目的建设、生产、经营、管理效果。

（4）成本分析。成本分析是对成本核算计算出的各项数据进行相应分析，企业管理者可以通过投资项目的各项数据分析出投资项目的真实成本指标及项目的建设、完成情况，并针对各种计划外的变动制定相应的解决策略。

（5）奖惩制度。奖惩制度是根据项目实际完成情况制定的成本责任制度，考核标准、方式根据成本计划完成情况而定。对降低投资成本的人员给予肯定与奖励，对浪费投资成本的人员进行处罚，以提升项目团队节省成本的积极性与主动性。

4. 成本管理的错误思维与优质思维

针对以上五个项目成本管理内容，笔者总结了项目成本管理的三种错误思维与三种优质思维。

（1）成本管理的三种错误思维。

①表面管理思维。很多企业管理者喜欢对项目投资进行周期性管理，根据投资项目一定周期内的运营、获利情况判定成本投入是否合理。这种思维导致很多成本浪费被项目利润掩盖，无法被及时发觉，造成企业资金的不必要

浪费。

②拆借管理思维。大多数企业在资金运转不畅时都采用过拆东墙补西墙的方法，如果这种情况出现在投资项目当中，则代表管理者没有将成本管理作为一个单独的财务系统来管理。拆借其他项目款项或后期运营款项的确可以解决一时的财务问题，但增加了整体运营风险。

③顾此失彼管理思维。有些企业管理者对成本管理缺乏系统的认知，只针对表面现象进行管理，最终走进顾此失彼的管理误区。

例如，某企业针对投资项目编制了成本计划，但对计划执行情况未能进行检查分析，导致控制成本投入的管理费用超过控制成本节约的费用，最终导致管理失控，项目风险大幅增加。

（2）成本管理的三种优质思维

①控制思维。企业管理者不能针对成本数据的表面进行管理，对成本控制要结合投资项目的品质做出整体权衡。在控制成本投入的前提下一定要结合项目品质，如果适当增加投入成本可以达到大幅提升品质的效果，则可以适当增加投入成本，以这种方式获得更大的利润空间。

②整体思维。投资项目出现成本问题时管理者需要通过整体思维发现问题所在，而不是单纯针对问题环节下达改善命令。例如，项目某一环节成本突然升高，管理者要对这一环节之前的各环节展开全面调查，第一时间找到问题所在，及时制止不必要的浪费。

③放权思维。项目成本管理是一项复杂的工作，企业管理者需要懂得及时放权，将成本管理权限落实到各环节责任人，在后续管理中通过协调各责任人之间的配合，达到降低成本的目的。

2.2.2 充分利用财务数据的分析指导

企业经营过程中，财务数据是管理者重点分析的企业数据，通过对企业资产负债表、利润表、现金流量表的数据进行分析，管理者可以对企业偿债能力、盈利能力、资本结构、现金流量等财务情况有明确认知。

企业财务数据主要体现在资产负债表、利润表、现金流量表三种表格中，三者之间有紧密的关联，如图2.2-1所示。

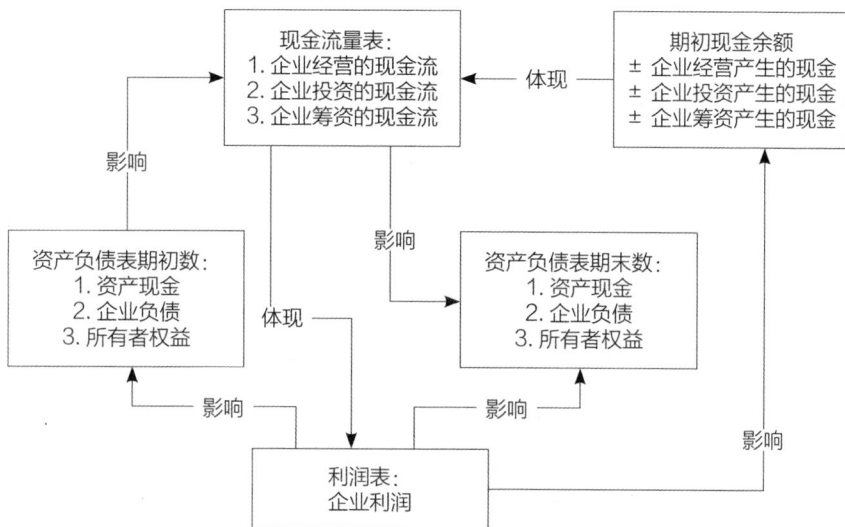

图2.2-1 资产负债表、利润表、现金流量表的紧密关系

从图2.2-1中可以看出，现金流量表用于体现企业经营、投资、筹资活动中产生的现金流，其会影响到资产负债表中的总资产、负债和所有者权益，同时也会体现在利润表中。利润表主要体现企业的利润情况，但也会影响到资产负债表中的所有者权益，三者属于相互影响、紧密关联的关系。

企业管理者对财务数据进行分析指导，需要对三者进行全面了解，之后可以通过以下几种方法展开分析，并根据分析结果优化企业财务管理。

1. 同型分析法

同型分析法是财务数据分析中常用的分析法，它主要用于对企业财务的结构进行分析。具体方法为针对企业三种核心报表的数据明确各项目在企业总资产中的占比。

例如，对某公司2020年资产负债表进行同类型分析，数据如表2.2-1所示。

表 2.2-1 某公司 2020 年资产负债表同类型分析

财务类型	类别Ⅰ	类别Ⅱ	金额／万元	占比
资产	非流动资产	长期投产	0	0
		固定资产	5 500	59.67%
		其他资产	145	1.57%
		汇总	5 645	61.24%
	流动资产	存货	478	5.19%
		货币资金	1 700	18.44%
		应收账款	1 250	13.56%
		预付账款	145	1.57%
		汇总	3 573	38.76%
	汇总		9 218	100.00%
负债	非流动负债	长期借款	0	0
		应付债券	0	0
		汇总	0	0
	股东权益	股本	3 000	33.52%
		未分配利润	668	7.25%
		盈余公积	0	0
		资本公积	0	0
		汇总	3 668	39.79%
	流动负债	短期借款	4 800	53.63%
		应付工资	0	0
		应付账款	750	8.38%
		汇总	5 550	62.01%
	汇总		9 218	100.00%
汇总			18 436	—

对这家公司的资产负债表展开同类型分析，我们可以清楚了解每一项资产在总资产中的占比。表中数据显示这家公司固定资产占比为 **59.67%**，流动资产占比，即存货、货币资金、应收账款、预付账款的总和占比为 **38.76%**，由此可见这家公司可能属现代制造行业。

值得我们关注的是该公司的应收账款占比高达 **13.56%**，这体现了 2020 年该公司经营不善，后期发展需要优化经营策略。

2. 趋势分析法

趋势分析法是指将企业实际达到的结果与不同时间的财务数据中同类历史指标进行比较，这种方法可以明确体现企业财务经营状况、项目经营成果和企业现金流。趋势分析法主要用于企业现金流的变化分析。

例如，对某企业 2020 年现金回款进行趋势分析，数据如表 2.2-2 所示。

表 2.2-2　某企业 2020 年现金回款趋势分析

金额单位：万元

项目	合同金额	回款金额	现金回流效率
1 月	360	345	95.8%
2 月	300	278	92.7%
3 月	465	420	90.3%
4 月	210	177	84.3%
5 月	1 090	920	84.4%
6 月	650	588	90.5%
7 月	1 130	965	85.4%
8 月	1 230	1 100	89.4%
9 月	1 450	1 230	84.8%
10 月	620	534	86.1%
11 月	460	376	81.7%
12 月	420	355	84.5%

从表 2.2-2 中可以看出，该企业第一季度销售数据较低，5—10 月属于销售旺季，其中第三季度合同金额与回款金额平均数据最高，但值得我们注意的是这家企业的现金回流效率始终在 80% 以上，这代表这家企业发展状况良好。

3. 比较分析法

比较分析法是通过将两个或两个以上的相关指标进行对比，确定指标差异的分析方法，这种方法通常分为三类。

（1）针对企业内部同类财务数据进行对比。比如相同产品不同区域的销售差额，通过销售业绩的对比分析发现较差地区并进行优化整改。

（2）对企业内部同一数据进行不同时间的指标对比分析。比如企业某一产品销售额的同环比分析，对比数据，可以快速了解上月或上年销售业绩的变化，并找出对应时间可能存在的经营问题。

（3）对相同行业中其他企业经营数据进行对比，计算企业与同行业中同等、优秀企业经营数据的差异，清楚自身的市场定位，便于管理者制定企业经营战略。

2.2.3 全面预算管理

全面预算管理是企业财务管理的一种常用方法，主要用来合理分配企业的财务、实物及人力等资源，通过有效的全面预算管理，企业可以实现既定的发展战略目标，并管控战略目标的完成进度。总体而言，全面预算管理对企业控制开支、预测现金流与利润有较大帮助。

作为企业财务管理的重要组成部分，全面预算管理具有以下几个特点。

（1）对企业发展进行精准规划。

（2）从提升企业整体效益出发，将企业管理的智能化整合为企业管理的整体化，通过联合管理等方式提高企业管理效率，提升企业经济效益。

（3）主要表现为价值形式的定量描述。

（4）以市场为导向。

（5）通过全员参与保障管理目标的顺利实现。

（6）以财务管理为核心。

为充分发挥全面预算管理的效果，企业管理者需要清楚全面预算的三项管理内容，以及全面预算的编制方法。

1. 全面预算的三项管理内容

（1）业务预算。企业业务预算主要反映企业预算期间的日常生产、销售、管理等实质性经营活动的各项预算。

（2）专项预算。专项预算是企业针对出现频率较低的长期投资项目或一次性专项业务编制的预算，其主要包括资本支出预算和一次性专门业务预算。

（3）财务预算。企业一定时期内的现金收支、经营成果及财务状况都通过企业的财务预算展现，其主要内容包括现金预算、预计利润表和预计资产负债表。

2. 全面预算的编制方法

（1）全面预算编制的整体方向。不同管理内容的全面预算编制方法也不同，但全面预算编制的本质都是一个自上而下下达任务并自上而下确认完成指标的交互过程。

（2）业务预算的编制。企业业务预算的编制主要分为销售预算、生产预算、直接材料预算、直接人工预算、制造费用预算、产品成本预算、销售及管理费用预算七项。

①销售预算。销售预算是企业预算期销售规模的预算，它是编制全面预算的起点，其他预算内容均以销售预算为基础。在销售预测基础上，企业可以根据预算期目标利润确定产品的销售量与销售额。

②生产预算。生产预算是指预算期企业生产规模的预算，通常根据市场需求与销售情况，在销售预算基础上进行编制。

③直接材料预算。直接材料预算是指材料用量和采购量的预算，用于确定预算期材料采购数量与采购成本，直接材料预算是在生产预算基础上编制的。

④直接人工预算。直接人工预算是指对预算期内企业人工工时的消耗和人工成本所做的预算，直接人工预算是在生产预算基础上编制的。

⑤制造费用预算。制造费用预算是指除生产过程中材料、人工之外其他所有生产费用的预算。制造费用预算分为变动成本预算和固定成本预算两大部分，其中变动成本预算可根据预算期内预计生产量和预计制造费用的分配率来计算，而固定成本预算则主要用零基预算[②]法来编制。

⑥产品成本预算。产品成本预算是指预算期内生产预算、直接材料预算、直接人工预算、制造费用预算的汇总，它是编制企业预计利润表、预计资产负

---

② 零基预算是不考虑过去的预算项目和收支水平，以零为基点编制的预算，具体指不受以往预算安排情况的影响，一切从实际需要出发，逐项审议预算年度内各项费用的内容及其开支标准，结合财力状况，在综合平衡的基础上编制预算的一种科学的现代预算编制方法。

债表的主要依据。

⑦销售及管理费用预算。销售及管理费用预算主要分为销售费用预算和管理费用预算两部分，它是对预算期内销售活动和管理活动及其他相关经营活动编制的费用预算。

（3）专项预算的编制。专项预算主要分为资本支出预算和一次性专门业务预算两种。

①资本支出预算。资本支出预算是指企业对投资项目开展可行性研究后，编制的反映长期投资项目的投资时间、规模、收益等内容的预算。

②一次性专门业务预算。一次性专门业务预算是对企业财务日常理财活动中出现的一次性业务编制的预算。

（4）财务预算的编制。财务预算主要包括现金预算、预计利润表、预计资产负债表三项内容。

①现金预算。现金预算是为反映预算期内企业预计的现金收支情况编制的预算，它主要包括现金收入、现金支出、现金余缺、期末现金余额四项内容。

②预计利润表。预计利润表又称利润预算，是反映预算期内企业预计的全部经营活动最终财务成果的预算，它也是控制预算期内企业各项经营活动和财务支出的主要依据。

③预计资产负债表。预计资产负债表是为反映企业在预算期期末财务状况而编制的预算。

2.2.4　企业的财务管理风险

企业财务管理风险是指管理者在财务活动管理过程中，因无法预料或无法控制的因素对企业财务造成不良影响，进而使企业财务受损的可能性。管理者除了解各种财务管理方法外，还需要对财务管理风险进行及时、准确的识别，采取相应的应对措施，有效预防、控制、降低风险，并尽量避免企业财务遭受损失。

1. 引起企业财务管理风险的三种主要因素

（1）企业资金结构不合理。目前，我国市场正处于稳步发展阶段，但部分企业依然对融资缺乏统一、规范的管理，且没有健全的风险防范措施。比如国内很多企业因融资前缺乏对资本市场的深入调查，导致融资过程过于盲目，继而影响企业资金结构的合理性，企业财务自然面临管理风险。

（2）流动资金不足。笔者曾提到，流动资金对企业财务有重要影响，一旦流动资金出现不足的状况，则企业资金的整体运转必然受限，问题长时间得不到解决则会引发财务管理风险。

例如，一家企业库存产品占比过高时如不及时调整经营策略，则会造成企业库存产品积压过大，而大量库存产品会占用企业大量流动资金，不仅影响企业资金流动，也会增加产品保管、市场转化的风险，最终这些风险会全面体现在企业财务状况中，企业可能蒙受重大损失。

（3）外部压力过大。市场竞争、行业变化是企业外部压力的主要来源，这些外部压力的出现虽然无法及时、准确预测，却可以通过财务管理策略及时防范。

例如，国家调整税收政策会导致原材料价格波动，但若企业提前做好了风险预算，则不会受外部压力影响，且在波动期间表现出更高运营效率。若企业未提前做好风险预算，企业运营将会受挫，财务风险随之增加。

2. 企业运营中常见的财务管理风险

（1）经营风险。经营风险主要指企业经营过程中供、产、销各个环节因不确定因素导致企业资金流动速度变慢，影响企业价值波动的可能性。经营风险主要表现为采购风险、生产风险、存货变现风险与应收账款变现风险。

（2）流动性风险。流动性风险主要指企业资产无法正常和确定性地转移现金或企业债务以及付现责任不能正常履行的可能性。流动性风险主要体现在企业变现能力和偿付能力两方面，比如企业变现能力出现问题时则会增加负债压力，进而影响企业财务结构，财务管理风险随之出现。

（3）负债过度风险。利用财务杠杆进行负债经营是现代大多数企业的基本经营策略，但企业举债一定要适当，一旦举债过度则会造成资金结构失衡，这时如果企业偿付能力不足，资金结构存在风险将会引发融资风险，进而影响企业总体效益。

（4）筹资风险。筹资风险是指企业因借入资金而产生的丧失偿债能力的可能性以及企业利润（股东收益）的可变性。其主要表现为企业筹资过程中未全面考虑短期资产与短期负债、长期资产与长期负债的匹配度，导致筹资后企业资金长短结构不合理，不仅增加了财务费用，还增加了偿付风险。

（5）应收账款风险。应收账款风险是指由企业应收账款所引起的坏账损失、资金成本和管理成本增加的可能性。比如企业因应收款项追收不及时造成呆账、坏账，则会直接影响企业资产的流动性和安全性。

（6）投资风险。投资风险是指企业为投资项目的未来经营、财务管理中可能出现的亏损情况所承担的危险。规避这类风险需要企业管理者做好详细的投资预算，并对投资项目进行系统的财务管理，以此确保投资项目产生良好的经济效益。

2.2.5 财务管理的预警机制

预警机制是管理者检测企业财务状况的重要机制，通过财务预警，管理者可以确定企业财务危机警戒标准，全面检测企业财务运营，及时发现财务危机。企业管理者可以从财务预警系统中分析出企业出现财务危机的主要原因、企业财务运营中潜在的不利因素，并及时制定防范措施。

企业财务预警机制的建立都以财务危机形成过程为基础，按照财务信息收集、信息选择分类、财务模型分析、预警结果分类的流程，确保企业财务状况健康、良好，财务预警机制的运行流程如图 2.2-2 所示。一旦出现财务危机，管理者可以根据财务预警机制第一时间做出正确决策。

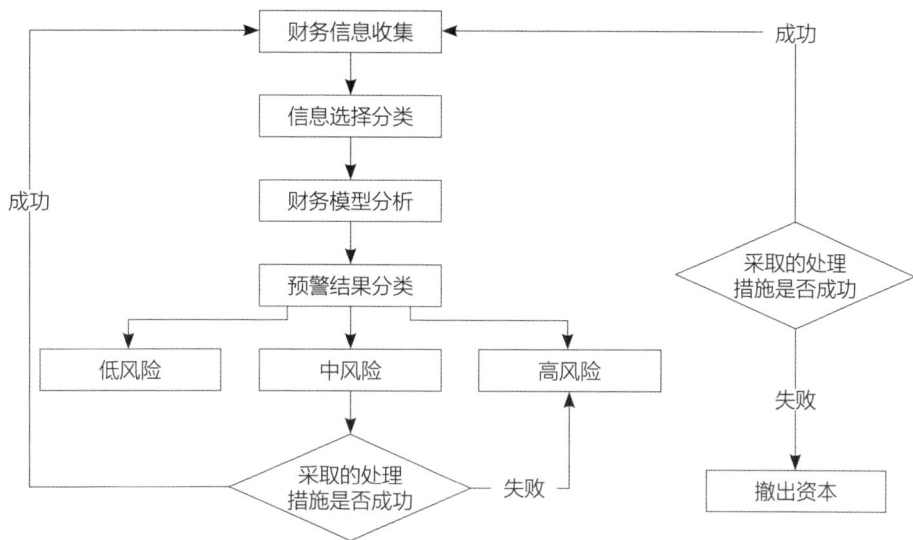

图 2.2-2　财务预警机制的运行流程

1. 财务预警机制

财务预警机制主要包含以下几个方面。

（1）预警组织机构。预警组织机构是否健全影响着整套系统预警机制功能的发挥。预警组织机构往往是由熟悉企业管理、对企业经营流程和技术有深度认知的人员组成，同时也要配备一些外部财务管理专家。企业预警组织机构应该独立开展工作，相对不受企业组织的整体控制，由企业最高管理者直接负责。

（2）信息收集、分析、判断机制。企业财务预警机制需要对大量财务资料进行统计分析，从而防范有可能引发财务危机的因素。且财务预警资料不仅包括企业内部财务数据，管理者还要结合外部市场参数、行业整体数据，对多项数据进行收集、分析、判断，才能分析出企业潜在的财务危机。

（3）分析机制。财务预警分析可以帮助管理者迅速定位可能造成企业财务风险出现的重点因素，并针对性分析出财务风险的成因，评估不同风险造成的不同损失，以及制定相应的防范策略。预警分析工作的团队应该保持高度独立性，确保分析结果的客观性。

（4）应对机制。财务风险分析完成之后，企业管理者需要根据分析数据及时采取不同的应对策略。比如分析结果是否达到财务变动指标的临界点，判定为哪一级别，根据具体数据及时制订、启动应变计划。

2. 财务预警机制的原则

（1）实用性。企业财务预警机制的建立首先需要体现实用性，将财务预警理论与企业实际紧密结合，充分监督企业财务状况。确保财务预警机制实用性可以从以下三方面入手。

①框架简明直接。财务预警机制的设计不应过于复杂，客观、直观反映企业财务状况潜在危机，便于管理者及时了解、掌控即可。

②预警信号及时、明确。财务预警机制的反应速度一定要快，且信号直接针对财务运营中的敏感问题，确保财务危机第一时间被发现、解决。

③考虑成本效益。财务预警机制建立的成本一定要小于其收益，否则财务预警机制将成为企业财务的负担。

（2）系统性。企业财务预警机制需站在企业整体运作之上，不能单独针对企业部分机构建立，这要求企业各部门之间协调配合，确保信息收集、流动顺畅，财务预警机制可以在企业内部形成完整的闭环。

（3）动态性。财务预警机制需要动态监管企业财务状况，根据各项数据分析企业财务发展趋势。其动态性主要表现在以下两个方面。

①财务预警要实现动态跟踪，根据企业经营中财务动态反映出发展趋势。

②财务预警要实现动态发展，财务预警机制要根据企业发展不断升级改进，不能依靠固定的方式诊断企业财务的健康状况。

（4）及时性。作为企业财务的风险监督机制，财务预警越及时企业损失越小，这要求财务预警机制必须及时发现企业经营中的潜在问题，并根据潜在问题及时发布信号，同时第一时间进行问题分析，判定出现原因，制定应对措施。

2.3　股东回报率三要素

股东回报率是衡量企业创造股东回报收益的能力。股东回报率越高，投资者投入资本所获得的收益就越高，企业对投资者的吸引力就越大，企业融资就越容易。

股东回报率受到盈利能力、资产效率和经营风险的影响。管理者通过对三大财务报表的分析，能够准确衡量组成股东回报率的三要素。

2.3.1　盈利能力：利润表

利用股东权益报酬率来判断企业盈利能力，公式如下。

$$股东权益报酬率 = 净利润 \div 平均股东权益$$

该指标反映了盈利能力。这一比率越高，说明企业的产品或服务的盈利能力越强，股东回报率就可能越高；该比率越低，盈利能力越弱，股东回报率可能就越低。

2.3.2　资产效率：资产负债表

资产负债表中的"所有者权益（或股东权益）合计"项目，实际上表明股东在企业中的利益。所有者权益又被称为净资产，即总资产减去负债的余额。因此，净资产增加的效率，可以体现股东回报率提高的效率，进而反映企业的经营效益，以及企业的成长性等。

管理者需要清楚，总资产的增加，并不意味股东回报率提高。这是因为总资产的增加很可能来自负债的增加。为此，应进一步研究总资产周转率和杠杆率。

1. 总资产周转率对股东回报率的影响

总资产周转率，是企业一定时期的销售收入净额与平均资产总额之比，它是衡量资产投资规模与销售水平之间配比情况的指标。这一指标越高，股东回报率越高。

2. 杠杆率对股东回报率的影响

杠杆率一般是指资产负债表中股东权益资本与总资产的比率。杠杆率是一个衡量企业负债风险的指标，从侧面反映出企业的还款能力。杠杆率越高，就意味着股本越大，同时风险和收益也越大。

2.3.3　经营风险：现金流量表

现金流量表虽然并不直接关联股东回报率，但股东能够通过解析该表，发现企业中存在的财务或经营风险，以此指导对企业的投资活动。

1. 经营风险分析

股东可以利用现金流量表中经营活动现金净流量来分析企业的经营风险。

（1）经营活动现金净流量大于0。股东不能因为其大于0而忽视潜在的经营风险，还应从以下几方面分析企业的经营风险。

①经营活动现金净流量大于0的程度。如果企业经营活动现金净流量大于0的程度很小，企业就难以抽出长期资金进行发展，经营活动可能难以长期持续。

②当期销售商品、提供劳务的现金流入量。如果企业当期销售商品、提供劳务收到的现金较少，收到前期销售商品、提供劳务的现金较多，说明企业信用政策比较宽松，应收账款较多。一旦应收账款成为坏账，产生损失的风险较高。

③收到的其他与经营活动有关的现金。这些现金收入具有一定偶然性，如果数额较大，进行经营风险分析时，应予以剔除。

（2）经营活动现金净流量等于0。经营活动现金净流量等于0时，表明企业暂未亏损，但长期如此，既没有现金能够补偿非付现成本，又没有现金用于增加未来收益的长期投资。如果此时不能通过外部融资来解决资金困难，企业将无法继续生存。

（3）经营活动现金净流量小于0。经营活动现金净流量小于0时，企业不仅无法长期发展，甚至难以维持短期内的简单再生产。企业必须通过再融资或挤占本应投资的长期资金，满足资金流动的需求。

2. 支付风险分析

以股东投资融资为主的企业，其风险主要表现为支付的股利或利润低，不能满足投资者预期收益，该风险可以借助支付能力进行分析。

（1）现金股利支付率（或利润分配率）。其公式为：

$$现金股利支付率（或利润分配率）＝现金股利（或分配的利润）÷经营活动现金净流量$$

这一比率能体现支付股利的现金来源及其可靠程度。比率越低，企业支付现金股利的能力就越强。

（2）每股现金流量。一般，股东比较关注每股收益，但如果每股收益很高，却缺乏现金，企业将无法分配现金股利。因此，有必要分析企业的每股现金流量。

$$每股现金流量＝（经营活动现金净流量－优先股股利）÷发行在外的普通股平均股数$$

每股现金流量越高，每股股份可支配的现金流量越大，普通股股东获得现金股利回报的可能性越大；每股现金流量越低，则可能会形成支付风险。

2.4　企业现金、利润、应收账款的三角平衡

三大财务报表并非各自独立，而是相互关联的。为了解决企业中隐藏的问题，化解已有的风险，管理者应利用财务管理体系，积极推动企业现金、利润和应收账款三角平衡的实现。

2.4.1　企业现金与利润

利润表中的"营业收入"、现金流量表中的"销售商品、提供劳务收到的现金"、资产负债表中的"应收账款"等项目之间存在勾稽关系。

利润表中的"营业成本"、现金流量表中的"购买商品、接受劳务支付的现金"、资产负债表中的"应付账款"等项目之间存在勾稽关系。

上述勾稽关系，可简单表述为下列公式。

$$营业收入－应收账款＝销售商品、提供劳务收到的现金$$

$$购买商品、接受劳务支付的现金≈（主营业务成本＋其他业务成本＋存货增加$$
$$额）＋预付账款增加额－应付账款增加额－应付票据增加额$$

对此公式进行解读操作时，还应考虑应交税费中有关税金的变动数。

管理者需清楚，在何种情况下上述项目会构成等式，在何种情况下无法构成等式，在何种情况下项目之间的平衡关系会被破坏。管理者通过研究报表中相关项目的关系，从报表及报表附注中发现相关证据，进而形成对分析对象的判断，可以修复被破坏的平衡关系，实现企业的良性发展。

2.4.2　利润与应收账款

企业经营发展的过程中，都会存在或多或少的应收账款。应收账款过多，失去与利润之间的平衡，对企业的发展将造成很大的负面影响。管理者不仅应重视利润与应收账款平衡的重要性，还应设法保持其平衡关系。

1. 应收账款失衡对利润的危害

本质上看，应收账款是具有一定风险的债权。其风险如下。

（1）应收账款会虚化企业的账面利润，误导不同报表使用者对利润的深层次理解。

（2）应收账款会削弱利用主营业务利润评价企业业绩的主导作用。一定数量的应收账款会使主营业务利润有潜在损失的风险，这种风险来自市场环境恶化对债务人经营活动的影响。

（3）应收账款一定程度上会掩盖所有者权益的真实性。企业应收账款实际上是未能到账的收入，但可能成为企业的账面利润。从这点上看，应收账款无疑虚夸了企业的所有者权益。

为了应对上述风险，企业应促使应收账款与利润保持平衡关系。

2. 保持应收账款与利润平衡的措施

（1）利润分析时应注重当期赊销比例这一财务指标分析。企业应在主营业务收入中进行赊销收入明细核算，重点揭示赊销业务产生的原因。

（2）计算应收账款占利润的比重，做好利润分析工作。对企业可获得的利润做好准确的分析，减少企业利润的虚增。

（3）加强应收账款的日常管理，加快企业资金回笼。管理者应对账款回收进行系统总结和分析，形成细致的状况分析报表，以此为指导，采取积极措施，完成日常的催收货款工作。同时，管理者还应做好应收款项的监督控制工作，对与之相关的欠款企业的信息和动态要足够了解，为货款回笼提供更好的信息支持。

2.4.3　企业现金与应收账款

应收账款与企业现金失衡，同样会影响到企业的短期利润和长期绩效。管理者也应给予同样的重视。

如果应收账款过多，企业将会既缺乏"回血"渠道，又不断"失血"。其主要表现为以下三点。

1. 流转税支出

应收账款产生于销售收入，企业并未实际收到现金。但流转税是以营业收入为计算依据的，即使未收回货款，企业依然要为此支付税费。

2. 所得税支出

企业将销售收入抵减各项支出后，形成经营利润。由于经营利润均应缴纳企业所得税，这在一定程度上加大企业资金压力。

3. 股利分配

对股份企业而言，面临大量应收账款，如果依然进行股利分配，同样会造成企业资金的紧张。

此外，应收账款的管理成本、清欠过程，也会形成企业现金流出。

针对上述风险，管理者必须意识到，亏损的企业不一定破产，但没有了现金流的企业必然破产。当企业现金流和应收账款、利润发生矛盾时，企业必须选择现金流。只有在此基础上构建三者的平衡关系，企业才能始终在安全范围内。

2.5　向财务要利润：财务转型为盈利型财务

传统意义上，财务管理仅仅被看成企业治理的必要基础，甚至只是为了合法而设立的。但当市场竞争愈发激烈时，企业财务管理的方向必须转型，从普通管理部门，向盈利部门转变。

2.5.1　财务基础打造

财务管理是企业生存的基础之一，没有好的财务管理，企业就难以发展和壮大。企业想要获得更多的利润空间、更好的发展前景，离不开财务基础的支撑与打造。然而，曾经，财务管理的角色被定义为算账，财务部门和工作人员被看成账房先生。起点的低下，导致财务基础不牢固，也就无法推动企业利润大厦的建立。

在打造财务管理基础过程中，管理者必须加强统筹协调和配合，明确方向和重点。通过财务管理，发现潜在的问题，为企业决策层提供决策方向。管理者应完善企业的治理结构，建立良好制度，促进财务部门主管参与企业的重大决策，扮演管理参谋的角色。这一角色主要是为企业内部的管理决策服务，如新产品是否投入研发、新市场是否应果断进入、新项目是否应立刻上马，这些决策实际上都应该得到财务分析方面的支持。

实际上，伴随区块链、人工智能技术的变革，财务工作的门槛正变得越来越高。客观环境也要求未来财务管理的基础价值不仅是提供财务信息，还要提供决策信息。财务管理必须从被动变成主动，从提供信息变成提供洞察、分析和战略的资讯，并将之形成建设性意见，帮助企业控制成本、提高效率、提升业绩。

在此基础上，财务管理者还应通过主动创造价值，使自身的角色上升为企业的战略顾问。企业管理者应期待财务管理者为经营问题提供创新性的战略解决方案，而财务管理者也应有明确的战略规划，为企业当前需求和未来关注提供思路。

成为战略顾问的基础，包括以下几点。

（1）新思维，要求财务管理者具有国际化、外向型的对标思维、政策引导思维和整体思维。

（2）新融合，要求做到"业财融合"，使得财务在整个战略体系中的掌控力越来越强。

（3）新发展，财务必须站在战略高度，以数字化逻辑，引领企业高质量发展。

（4）新体系，在整合财务基础过程中，全面设计企业的运营模式与组织形成，建构整个财务业务体系组织架构的协同。

（5）新人才，打造渴求知识与创新、专业扎实、眼光敏锐的财务人才队伍，对夯实财务基础而言至关重要。

通过核算型、管理型和战略型财务三个阶段，现代化企业的财务管理基础才能最终实现坚实建构。

三大阶段的具体任务，如表 2.5-1 所示。

表 2.5-1　财务管理基础三大阶段

财务类型	核算型财务	管理型财务	战略型财务
财务功能	记录与报告	支持与控制	运营与规划
财务内容	会计核算 财务报告 财务分析 财务信息化 财务档案	日常资金管理 投资融资管理 存货、应收账款管理 固定资产管理 盈余、税收管理 参与交易循环管理 预算管理 成本管理 内部控制、风险管理 审计管理	财务治理 资本运营 并购重组 价值链管理
财务体系	资金、资产管理体系	财务控制管理体系	财务战略管理体系

2.5.2　财务思维突破

推动财务基础实现迭代升级的同时，企业管理者的财务思维突破也是其个人领导力提升的重点。

财务思维的突破重点如下。

1. 求结果

向财务要利润，意味着管理者不仅要熟悉业务思维，同时也要具备财务思维。两者对比如表 2.5-2 所示。

表 2.5-2　业务思维与财务思维对比

业务思维视角	财务思维视角
提高市场占有率 降低员工离职率 降低次品率 开发供应商 增加研发预算 ……	收入 利润 现金流 资产 负债与净资产 ……

通过对比可见，业务思维更多看重过程，而财务思维关注结果。无论业务领域有哪些变量，最终都会体现在一定的财务变量上。对企业而言好的财务变量结果，就是收入上升、利润增加、现金变得充裕、资产质量得以提升、负债得以控制。

因此，升级后的管理者财务思维，即将具体的业务变量与财务变量对应起来，从战略层面，将原因和结果通过财务管理联系起来。在这一思维下，企业要追求更多利润，必须通过具体业务流程支撑产品价值和客户利益，最后再转化为财务上的结果。

管理者利用财务思维，能够将战略目标进行层层分解，使其分解为具体的业务指标，再让业务指标转化为财务结果，与业务流程顺利对接。即便企业管理者谙熟业务流程，但如果不能将业务指标顺利转换成为财务结果，业务的优化就难以持续。因此，财务思维突破的重点，在于以财务表达结果、以财务强调结果。

2. 整体性

任何财务变量都并非孤立存在。例如，企业的收入情况会受到资产的制约，收入的变动也会影响资产的增减变动。资产的增减变动，又会影响到负债。同时，收入变动引起利润的变动，利润变动会导致现金流变动，进而导致净资产发生变动。

可见，财务管理体系内牵一发而动全身，任何变量的改变都会引发整个企业管理对象的变化。因此，管理者必须具备整体性思维，在优化管理方式时，利用财务管理，将企业内部不同因素联系起来解决业务和财务问题，而不是孤立看待任何一个问题。

第三章
如何通过财务管理报告发现企业项目优劣

  财务管理报告是管理者对企业财务状况、经营成果进行评价与分析的基本依据，通过财务报告，管理者可以对企业日常经营、项目开展、未来发展做出正确决策。作为企业发展的推动力量，管理者有效运用财务管理报告可以帮助企业实现快速、健康发展。

3.1　如何通过财务数据理解企业项目的经营情况

　　财务数据是企业一定时期内资金和利润状况的真实反映，通过财务数据管理者可以清楚解析企业项目的经营情况。从企业整体运营出发，三大财务报表中的资产负债表可以具体体现企业的财务状况，管理者可以从中了解到企业的偿债能力、资本的合理性、流动资金运营状况等。例如，利润表的各项数据可以体现企业项目获利状况、经营效率；现金流量表的数据可以体现企业获取现金、现金等价物的能力。

　　下面以财务报告为入手点分析管理者应该如何运用企业财务数据。

3.1.1　企业项目日常经营情况如何反映在财务报告中

　　企业项目日常经营情况可以通过财务报告明确显示，且管理者可以通过对应的数据分析出项目的盈利能力，比如项目收益额、收益率、投资回报率、偿债能力等。

　　将项目日常经营情况清楚反映在财务报告中，需要根据项目基本情况开展收入、成本的财务分析，其中包括项目的合同成本明细、项目间接费用明细、盈亏预测明细等。财务数据越全面，管理者对其日常经营情况了解得越清楚。

　　例如，某公司开发的新项目财务数据统计如下。

1. 项目基本情况

项目基本情况如表 3.1−1 所示。

表 3.1-1　项目基本情况

截至 2021 年 1 月 31 日，本项目投入的基本情况	
项目团队总人数	
其中本公司职工人数	
外聘人员人数	
本项目固定资产净值	
其中车辆数	
办公设备数	
项目完成工期	
目前完成情况	

2. 项目收入、成本分析

项目产出及借支明细如表 3.1-2 所示。

表 3.1-2　项目产出及借支明细

项目产出及借支明细				
项目			金额	备注
完成情况	1	临时产值		自 2020 年 12 月 1 日项目投入使用起
	2	已完工部分产值		
	3	累计产值		
	4	工期提前奖励		2021 年 1 月 2 日发放
借支情况	5	借支工程款		
	6	累计代扣税金		
	7	实收现款		
	8	实收材料		
	9	代付款		电费、试验费
合计				

从表 3.1-2 中可以看出，企业管理者可以明确了解项目的完成情况及完成部分的产出情况，并了解项目开展阶段的借支情况，对比出项目运营的获利概率、财务风险出现概率。

项目合同明细如表 3.1-3 所示。

表 3.1-3 项目合同明细

项目合同明细			
项目成本	2020 年 1—6 月累计金额	2020 年 7—12 月累计金额	合计
人工费			
材料费			
设备租赁费			
其他直接费用			
其他间接费用			
安全生产费			
其他劳务			
总计			

从表 3.1-3 中可以看出本项目开展两个阶段中的各项成本，对比项目产出及借支明细表中的数据，管理者可以了解到项目的基本盈利额与盈利能力。

项目间接费用如表 3.1-4 所示。

表 3.1-4 项目间接费用

项目间接费用				
项目	2020 年 1—6 月累计金额	2020 年 7—12 月累计金额	合计	备注
工资				
公司附加费用				
差旅费				
办公费				
固定资产使用费				
劳动保护费				
职工培训费				共计开展 5 次
业务招待费				共计接待 9 次
工具用具使用费				
税金				
劳动保险				
其他费用				
合计				

从表 3.1-4 中企业管理者可以了解到项目的日常开支情况，及项目投入成本的明细。

表 3.1-5 为项目利润表。

表 3.1-5　项目利润表

单位：元

项目利润表			
2020 年 1—12 月			
项目	行次	本月数	本项目累计数
一、工程结算收入	1		
减：工程结算成本	2		
工程结算税金及附加	3		
二、工程结算利润	4		
加：其他业务利润	5		
减：销售费用	6		
管理费用	7		
财务费用	8		
三、营业利润	9		
加：投资收益	10		
营业外收入	11		
减：营业外支出	12		
四、利润总额	13		
减：所得税	14		
五、净利润	15		

项目盈亏预测明细表如表 3.1-6 所示。

表 3.1-6　项目盈亏预测明细表

项目盈亏预测明细表		
项目	金额	备注
主营业务收入		
其他收入		
收入合计		

· 80 ·

项目	金额	备注
已投入主营业务成本		
补入直接成本		
补入间接成本合计		
税金及附加		
预测盈亏		

通过项目利润表和项目盈亏预测明细表可以清楚了解项目的经营情况，管理者定期了解项目的这些财务数据，可以明确了解项目日常经营中的各种工作情况，并根据财务数据及时调整项目经营策略。

3.1.2　财务数字如何架起企业项目畅通无阻的通道

通过企业财务数字架起项目管理通道有助于企业有效经营，这需要管理者站在项目经营的角度审视企业财务数字，并按照一定流程设立体现项目经营状况的财务管理系统。

1. 设立独立的项目机构

对于企业发展的核心项目，可以根据经营情况设置独立的机构，对项目经营进行专门管理，以确保管理者对企业重要财务系统有详细的了解及把控。因为企业核心项目相对规模庞大、工作负载，且运营节奏快，内在不确定因素多，过程中会出现诸多问题需要管理者及时解决，故设立独立的项目机构有助于核心项目的有效管理。

正常情况下，企业中投入成本超500万元的项目便可以设立独立的项目机构，且设置财务科；投入成本在500万元以下的重要项目也可设置独立的项目机构，但可以不设置财务机构，由企业财务系统统一管理。

2. 项目资金管理

管理者应定期对企业项目财务情况进行审查，主要工作为账目检查、清理。账目检查和清理主要针对项目资金流向情况、项目账户开设情况，对不明资金流动要彻底查清，对违规开设的项目账户要及时销户并处理。

3. 项目税务管理

随着时代发展，我国市场经济管理越发规范，对企业纳税管理也越发严格。因此企业管理者必须加强项目税务管理，企业核心项目税务管理的重点方面主要有以下几个。

（1）加强纳税意识。对项目团队人员及项目承包人、项目责任人进行定期税法教育，增强其纳税意识，使其树立良好的纳税观念，避免因偷税、漏税对企业带来的负面影响。

（2）确保税款计算准确。对项目中各项应缴税款进行严格要求，要求财务人员对各款项准确计算，确保项目经营中及时、足额扣缴各项应缴税款。

（3）加强财务部门税务监管。企业管理者应定期对项目经营中各单位纳税情况进行检查，及时发现问题、处理问题。

4. 项目财务核算

为降低项目经营过程中的财务风险，企业核心项目需要明确建账，并要求项目内各部门及时提供合理、真实、齐全的财务资料。这种管理方式便于管理者全面了解项目资金的真实流向，及项目的真实债权债务情况，同时避免税务风险。

另外，项目财务管理中要严格执行企业资金核算方式的审批机制，企业内部财务核算只能采用简易账务核算或正规财务核算方式。对外包项目，要由项目承包人向企业提出申请并做出担保，企业财务部门备案、批准后方可执行。

5. 项目成本控制

项目成本控制主要分为两部分。

（1）掌控项目成本情况。管理者要及时掌握项目成本有关的各项情况，主要方式有定期审阅项目负责人上报的成本报告，以及对项目财务进行专项检查。

（2）有效控制项目成本。管理者需做好成本管理与成本控制，明确项目费用的开支范围，对生产费用、资金流动有详细了解。项目经营中出现的各种支出，需要建立成本台账和资金台账，便于管理者明确项目运营的成本数据。

通过以上流程，管理者可以通过财务数字架起项目管理的有效通道。作为企业利润的中心，核心项目管理的成本直接关系到企业的收益与发展，因此管理者在项目管理中要认真对待各项财务数据，明确数据背后对应的经营状况，对其严格管理才能实现项目开展的预期目标。

3.1.3　财务数据如何指引企业项目工作方向

世界著名投资者罗杰斯曾说过，仔细阅读财务报表是投资者投资前必须做的功课，因为财务报表可以向所有者、投资者、债权人等各方清楚反映企业主体的财务状况与经营状况。

通过各项财务数据的分析，管理者可以明确企业经营战略、行业变化、内部管理及未来发展，还可以明确企业经营项目的工作方向。

财务数字可以清楚体现企业的运营策略，以下几种财务数字分析可以帮助管理者了解企业管理、项目发展的方向。

1. 增减变动分析

企业增减变动分析主要包含以下三个方面。

（1）资产变化分析。通过资产变化分析，可以确定发展项目对企业资产的影响情况。财务数字为正代表项目开展方向正确，有助于企业资产增长；财务数字为负，代表项目经营存在问题，企业资产正在遭受损失。

（2）负债变化分析。负债率适量提高有助于提升企业盈利能力，但连续超标提高则代表企业运营风险增加。根据负债率数字的变化，管理者需要意识到负债率对企业造成的财务风险程度，并及时调整项目经营策略。

（3）股东权益变化分析。股东权益增加对企业发展并非一定是好事，虽然股东权益增长代表企业偿债能力提升、负债率下降，且财务风险较低，但同时也意味着企业未能积极利用财务杠杆扩大经营规模。管理者需要根据企业发展情况、项目经营情况适当改善经营策略。

2. 短期偿债能力分析

短期偿债能力体现着企业以流动资产偿还流动负债的能力，从以下 3 方面进行分析，有助于明确企业经营项目的发展方向。

（1）流动比率。流动比率是企业流动资产对流动负债的比率，也是企业短期偿债能力的重要衡量标准。通常，企业正常流动比率应在 2 左右，这也是企业项目安全运营的基础，一旦比率数值大幅低于 2，管理者需要调整经营策略，增加企业流动资产总额。

（2）速动比率。速动比率是企业速动资产与流动负债的比率，它主要衡量企业流动资产立即变现用于偿还流动负债的能力。对于传统行业的企业，速动比率维持在 1 较为正常，低于这一比率，则代表企业短期偿债能力较弱，存在财务风险，管理者应及时提升流动资产的变现能力。

（3）现金比率。现金比率主要用于体现企业的变现能力，其计算公式为：

$$现金比率 ＝（货币资金＋有价证券）÷ 流动负债$$

管理者应根据企业经营项目的实际情况分析现金比率，尤其在项目经营导致负债率提高时，管理者应重点关注现金比率，以确保企业的变现能力与偿债能力。

3. 长期偿债能力分析

企业利用借入资金经营项目属于常见情况，这种方法可以促进项目的快速发展，但同时也会增加企业的财务风险。通过分析与企业长期偿债能力相关的财务数据，可以明确项目运营的不同策略。

企业长期偿债能力的分析主要针对利息保障倍数。利息保障倍数是企业息税前利润与利息费用之比，主要根据利润表数据进行分析。利息保障倍数的计算公式为：

$$利息保障倍数 ＝ 息税前利润 ÷ 利息费用$$

数值越大代表企业支付利息费用的能力越强、长期偿债能力越强，因此，这一数值也是企业管理者长期举债开展项目时必须关注的财务数据。

4. 资本结构分析

资本结构是企业各种资本的价值构成，也是企业各种资本之间的比例关系，资本结构主要体现着企业一定时期筹资组合的结果。在企业运营、项目开展阶段从企业资本结构也可以看出项目经营的优劣。

（1）资产负债率。资产负债率越高，代表企业长期偿债能力越弱，一旦企业长期偿债能力出现问题，则企业财务风险系数将大幅增加。因此，管理者需要在项目开展过程中随时关注资产负债率，并通过调整资本结构降低经营风险。

（2）产权比率。产权比率是企业负债总额与所有者权益总额的比率，主要用于体现企业资本结构的合理性。项目经营过程中，产权比率可以清楚反映企业股东所持股权的合理情况及企业借款经营的情况。

（3）权益乘数。大多数企业在项目开展之初选择提高负债率的方式加速项目发展，当这种方式给企业带来财务风险时，管理者可以通过协调股东加大权益性资产投入，提高权益性资本在资产总额中的比重的方式优化财务结构，进而降低权益乘数，使企业在项目开展过程中更加合理地利用财务杠杆。

3.2　企业财务报表的勾稽关系

企业财务报表的勾稽关系是指三大报表中各项数据之间相互印证、相互核对的关系，它有利于确保各报表数字的准确性。

例如，企业利润表中的净利润可以通过资产负债表中未分配利润期末数与期初数计算得出；现金流量表中的数据也可以通过资产负债表中货币资金的期初余额和期末余额的变化计算得出。

企业财务报表间拥有不同勾稽关系，目前，财务报表间的勾稽关系主要有以下几种。

1. 平衡勾稽关系

平衡勾稽关系是企业资金平衡表内部数据的关系，企业资金平衡表分为左右两方，一方反映企业资金占用，另一方反映各项资金来源，两方之间必须保持平衡。

2. 对应勾稽关系

对应勾稽关系是指根据复式记账法对企业内各项经济业务用相等金额在两个或多个关联账户中登记，表明各项资金运动的轨迹及相互对应关系固定不变。

3. 和差勾稽关系

和差勾稽关系是财务报表中常见的勾稽关系，即财务报表中的某些勾稽关系表现为某一指标等于其他指标的和或者差。

4. 积商勾稽关系

与和差勾稽关系同理，积商勾稽关系即财务报表中的某些勾稽关系表现为一个项目等于其他几个项目的积或商。

5. 动静勾稽关系

企业内专用基金表及专用拨款表等为动态表，而资金平衡表为静态表。静态表和动态表所反映的某些指标具有一致性，在静态表和动态表中形成的勾稽关系为动静勾稽关系。

6. 补充勾稽关系

为了解企业财务报表中的某些指标的明细核算资料和计算，依据另设项目或表示加以补充说明的勾稽关系。

企业三大报表之间的勾稽关系可以帮助管理者了解把握各项财务数据的真实性，因此，管理者首先需要了解三大报表间的勾稽关系。企业三大报表间常见的勾稽关系如图 3.2-1 所示。

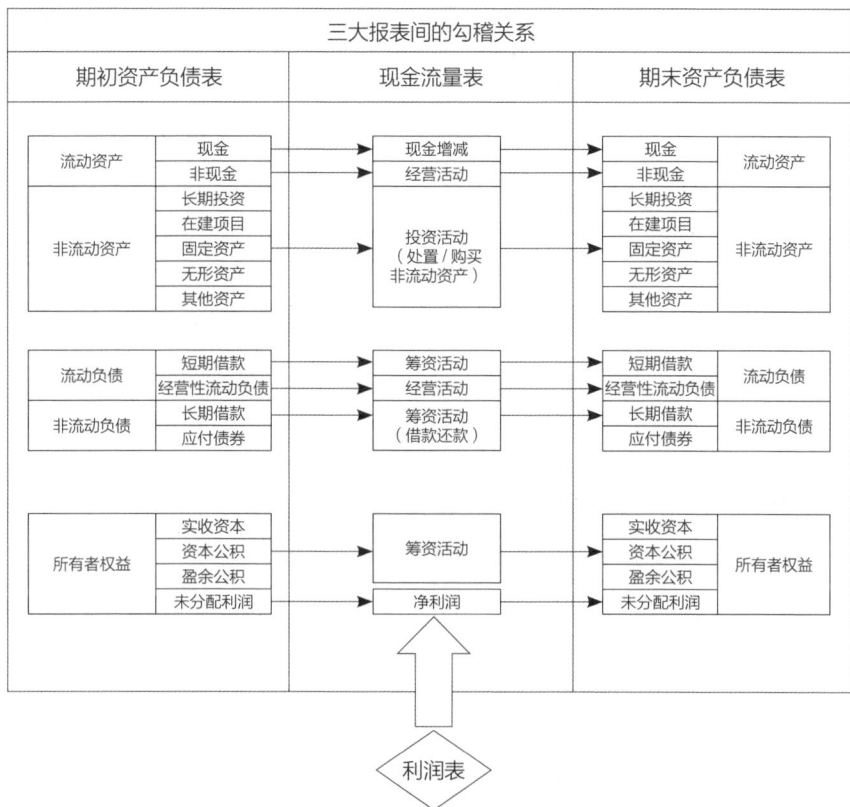

图 3.2-1 企业三大报表间常见的勾稽关系

作为审查企业内所有组织机构财务报表正确性的重要手段，勾稽关系不仅可以用于表间的审核，也可以用于表内项目差异的审核，但运用勾稽关系审查报表之前，管理者还需要了解勾稽关系实现的功能点。

（1）勾稽关系的运用有前置条件，只有报表满足前置条件时，才能进行勾稽关系的检查。

（2）勾稽关系分为合法性和合理性两种，正常上报的财务报表必须通过勾稽关系合法性的检查；特殊情况下，即使企业内部分报表勾稽关系的合理性检查不通过，也可以上报，但要加注详细的情况。

（3）勾稽关系通常会分配到模板中，使企业内合并报表与个别报表分别适用于不同勾稽关系的检查。

3.2.1　利润表的内外部勾稽关系

企业管理者通过利润表可以清楚了解到企业一段时间内的损益情况，也可以了解到企业开发、经营项目的实质进展，还可以评定项目的优劣性。不过这也需要管理者了解利润表的内外部勾稽关系。

利润表的重要的内部勾稽关系为：

$$利润 = 收入 - 费用$$

利润表与资产负债表之间的勾稽关系为：

$$利润表中净利润 = 资产负债表中的未分配利润的期末数 - 资产负债表中未分配$$
$$利润期初数$$

通过对利润表勾稽关系的检查，管理者可以对利润表中体现的项目收入、成本、费用等情况有真实了解，并分析出项目的收益情况及成本耗费情况。管理者对利润表进行勾稽关系检查的主要项目包括以下几个。

1. 项目收入

项目收入是指企业开发、投资项目过程中，因销售产品或提供劳务取得的各种收入，它也是企业现金流量与利润的主要来源。项目收入在项目利润表中占首要位置，是管理者评定项目优劣的重要因素。

2. 项目成本和税金

项目成本和税金主要是企业为开发、投资项目直接支出的成本和费用，其中包括项目建设费用、生产原材料、固定资产折旧费、燃料费用和人工费等；项目税金是与项目收入直接挂钩的税金。

通过对利润表中项目成本和税金的了解，管理者可以初步评定项目的营收情况，以及项目存在的财务风险程度。

3. 其他费用

其他费用是在项目开发、投资期间所产生的与销售商品、提供劳务不直接关联的各种支出，主要包括管理费用、销售费用等。

其他费用虽然与项目主营业务不直接产生关联，但也是管理者需要关注的重点数据，因为其他费用影响因素较多、变动幅度较大，对项目投资有长期影响。

4. 资产价值变动损益

资产价值变动损益是指项目资产价格变动为企业带来的收益或损失，在利润表中主要通过"资产减值损失""公允价值变动净收益""投资净收益"等项目反映。

一般情况下，资产价值变动损益轻微波动属于项目开展的正常情况，但出现较大跌幅则代表企业投资的项目对企业带来了损失。

5. 投资收益

投资收益是企业对外投资项目所取得的回报，其中包括对外投资所分得的股利、收到的债券利息、与其他企业联营所分得的利润等。

投资收益是管理者评定企业投资项目优劣的重要指标。

6. 项目利润

项目利润是项目收入减去项目成本和税金、其他费用后，再加上项目其他收入的数，项目利润是管理评定项目优劣的第一要素。

7. 其他收入和支出

其他收入和支出是企业投资项目期间除正常经营活动、投资活动外，可能发生的与经营活动无关或偶然出现的一些活动所带来的企业现金的流入与流出。比如项目开展期间部分器械的临时短期出租或临时发生的运输业务等。

通过检查利润表中以上 7 个项目的勾稽关系，管理者可以对企业投资、经营项目的优劣有更明确的优劣评定，为项目后续管理、优化带来方向性指引。

3.2.2　现金流量表的内外勾稽关系

现金流量表可以清楚反映企业在一定时期内的经营、投资和筹资情况，帮助管理者对企业现金及现金等价物进行有效管理。企业投资项目的优劣也可以通过项目产生的现金流进行评定。

作为企业三大财务报表之一，现金流量表可以清楚展示企业现金的增减变动情况，其表内项目间的勾稽关系，以及与资产负债表、利润表间的勾稽关系可以作为企业现金变动的审查标准，因此，企业管理者需要对现金流量表内外勾稽关系有明确了解。

目前，我国企业常规现金流量表分为两个部分，分别为主表与补充资料。从现金流量表的结构中可以看出，其主表编制原理为将企业的全部业务活动按属性划分为经营活动、投资活动与筹资活动三类，在表中分段显示三类活动所提供的现金流净额。三类活动中现金流净额的合计数与汇率折算差额之和，就是企业这段时期内的现金增加额。

如果合计数为正数，则代表企业期末现金实现了增长，企业这段时间的现金为流入状态；如果合计数为负数，则代表企业期末现金有所减少，企业这段时期内现金为流出状态。基于现金流量表与资产负债表的勾稽关系，现金额的增加与减少，与企业资产负债表中货币资金的期初数与期末数的差额相等，企业管理者也可以通过这种方法核查这一数额的真实性。

1. 主表

在现金流量表的主表中，表内具体项目的填写主要有以下两种方法。

（1）通过分析企业现金日记账、银行存款日记账以及其他货币资金明细进行主表项目的填列。这种方法常见于经济业务较少的小型企业，及经济业务多但已经全面实行会计电算化的中大型企业。其优势为企业每一笔现金收入与支出的性质都可以在现金流量表中有所体现。

（2）通过分析企业非现金账户记录进行表内项目填列。这是一种以复式记账法为依据的填写方法。目前，国内大多数企业都采用这种方法编制现金流量表。这种方法的优点在于可以明确体现企业内各类性质的现金流入与流出。

例如，在企业本年度销售收入全部属于现销的状态下，现金流量表主表的"销售商品、提供劳务收到的现金"可以清楚显示企业本年度的销售收入净额，也就是企业通过销售产品所取得的全部现金收入。

2. 主表内项目的勾稽关系

（1）"经营活动现金流入小计" = "销售商品、提供劳务收到的现金" + "收到的税费返还" + "收到其他与经营活动有关的现金"

（2）"经营活动现金流出小计"="购买商品、接受劳务支付的现金"+"支付给职工以及为职工支付的现金"+"支付的各项税费"+"支付其他与经营活动有关的现金"

（3）"经营活动产生的现金流量净额"="经营活动现金流入小计"-"经营活动现金流出小计"

（4）"投资活动现金流入小计"="收回投资收到的现金"+"取得投资收益收到的现金"+"处置固定资产、无形资产和其他长期资产收回的现金净额"+"处置子公司及其他营业单位收到的现金净额"+"收到其他与投资活动有关的现金"

（5）"投资活动现金流出小计"="购建固定资产、无形资产和其他长期资产支付的现金"+"投资支付的现金"+"取得子公司及其他营业单位支付的现金净额"+"支付其他与投资活动有关的现金"

（6）"投资活动产生的现金流量净额"="投资活动现金流入小计"-"投资活动现金流出小计"

（7）"筹资活动现金流入小计"="吸收投资收到的现金"+"取得借款收到的现金"+"收到其他与筹资活动有关的现金"

（8）"筹资活动现金流出小计"="偿还债务支付的现金"+"分配股利、利润或偿付利息支付的现金"+"支付其他与筹资活动有关的现金"

（9）"筹资活动产生的现金流量净额"="筹资活动现金流入小计"-"筹资活动现金流出小计"

（10）"现金及现金等价物净增加额"="经营活动产生的现金流量净额"+"投资活动产生的现金流量净额"+"筹资活动产生的现金流量净额"

3.补充资料内项目的勾稽关系

（1）"经营活动产生的现金流量净额"="净利润"+"资产减值准备"+"固定资产折旧"+"无形资产摊销"+"长期待摊费用摊销"+"处置固定资产、无形资产和其他长期资产的损失（减：收益）"+"固定资产报废损失（减：收益）"+"公允价值变动损失（减：收益）"+"财务费用

（减：收益）"＋"投资损失（减：收益）"＋"递延所得税资产减少（减：增加）"＋"递延所得税负债增加（减：减少）"＋"存货的减少（减：增加）"＋"经营性应收项目的减少（减：增加）"＋"经营性应付项目的增加（减：减少）"＋"其他"

（2）"现金及现金等价物净增加额"＝（"现金的期末余额"－"现金的期初余额"）＋"现金等价物的期末余额"－"现金等价物的期初余额"

通过对现金流量表内外勾稽关系的详细分析，企业管理者可以明确企业经营、投资、筹资项目产生的现金流变动情况，根据现金流变动情况了解不同阶段项目的经营、投资、筹资情况，进而判定项目的优劣。

3.2.3 如何理顺财务报表，发现隐藏的利润增长关系

对于企业管理者而言，了解企业真实价值的直接方法则是理顺财务报表，发现其中隐藏的利润增长关系。

1. 与利润表相关的指标或项目

（1）市销率。市销率是指上市公司股票市值与该公司销售收入的比率，其对上市公司股价波动有较大影响。

市销率的计算公式为：

$$市销率 = 企业当前股价 \div 近一年每股销售额$$

其中，企业销售收入更为重要，如果一家企业销售收入不断增长，但利润表显示利润没有变化，则代表企业价值发生了变化，这一变化可以通过市销率发现。正常情况下企业市销率维持在 1 左右较合适，出现市销率波动，企业往往采取增加收入，进而实现利润增长的方式解决。

（2）毛利率。毛利率是企业毛利与销售收入的百分比。其计算公式为：

$$毛利率 = 毛利 \div 营业收入 \times 100\%$$

其中，毛利的计算公式为：

$$毛利 = 主营业务收入 - 主营业务成本$$

毛利率可以体现企业主营项目的经营情况，及项目的优劣。如果企业经营

项目毛利率低但业绩稳定，则代表项目有升值潜力。

（3）期间费用。期间费用是指销售费用、管理费用和财务费用。其中销售费用可控性不强，属于必要支出；管理费用可控性最高，如员工福利、设备折旧、坏账准备等，合理缩减管理费用可以为企业直接带来利润增长；财务费用同样属于企业必要支出，其主要包括手续费、利息支出和汇兑损益等，但财务费用也可以合理控制，降低融资成本，提高资金周转率、存货周转率、应收账款周转率等方法可以实现企业财务费用的合理降低。

企业投资新项目并非代表期间费用一定增加，成熟的企业通过有效控制期间费用同样可以实现新项目的顺利开展。

（4）主营业务利润。用主营业务收入减去主营业务成本和主营业务税金及附加，可以得到主营业务利润。主营业务利润是管理者重点关注的项目，通过主营业务利润，企业管理者可以评定新项目的优劣及未来发展空间，甚至可以评定企业整体的发展趋势。

2. 与资产负债表相关的指标

资产负债表是表示企业现有资产与负债情况的明细表，其中资产包括流动资产与非流动资产，负债包括流动负债和非流动负债，企业管理者可利用以下指标分析隐藏的利润增长关系。

（1）资产负债率。正常情况下资产负债率过高或过低都会影响企业利润。资产负债率过高代表企业财务风险较大，资产负债率过低代表企业管理者思想过于保守，企业盈利能力未能全部发挥。截至 2021 年，我国大部分优质企业的资产负债率维持在 50%～70%，超出这一区间则代表企业利润受到影响。

（2）净资产收益率。净资产收益率是企业净利润与净资产之比，它可以准确反映一家企业运用净资产获利的能力。这一指标也是管理者需要重点关注的。

企业的净资产收益率超出银行贷款利率的 30% 为好，在这一数值之上代表企业举债对企业利润增长是有利的，低于 30% 则代表企业举债后的获利能力一般，企业举债经营带有一定财务风险。

管理者也可以通过这一指标来评定企业经营项目的优劣。

（3）流动比率。流动比率是企业流动资产除以流动负债的得数，它清楚反映了企业资产的安全性。正常情况下流动比率的数值不能低于1，低于1则代表企业运营带有一定财务风险。

（4）速动比率。速动比率是流动资产减去存货、预付账款、待摊费用后再除以流动负债的得数。正常情况下，速动比率的数值也不能低于1，这一数值低于1代表的财务风险比流动比率低于1代表的财务风险更大。

（5）存货周转率。存货周转率又名库存周转率，是企业一定时期内营业成本与平均存货余额的比率，它主要用于反映企业库存的周转速度。通过这一指标，管理者可以了解到企业库存的流动性及库存资金占用量是否合理，库存能否保障企业连续经营生产。

通过对库存周转率的合理控制可以实现企业利润的有效增长，其具体体现为提高企业资金使用效率、增强企业短期偿债能力。

（6）应收账款周转率。应收账款周转率是企业在一定时期内赊销净收入与平均应收账款余额之比。它主要体现企业应收账款的周转速度及管理效率。

应收账款周转率越高，代表企业账款管理能力越强，企业财务越安全，经营项目越稳定。

3. 现金流量表下隐藏的利润增长关系

企业管理者对现金流量表的关注重点为数据的真实性，看其是否隐瞒了利润，以及各项数据体现的发展前景。前面讲到，现金流量表主要包含三大项：经营活动产生的现金流、投资活动产生的现金流和筹资活动产生的现金流。管理者需要将表中"现金及现金等价物净增加额"与上述三大项结合起来分析。某企业现金流量表中"现金及现金等价物净增加额"项目为正数，但"经营活动产生的现金流量净额"项目为负数，这代表这家企业的现金流入主要为投资活动现金流入和筹资活动现金流入，企业自身的经营管理能力已经出现问题。一旦"经营活动产生的现金流量净额"为负数，管理者就要马上采取改善措施，因为经营活动产生的现金流量净额直接影响企业利润，无论投资活动现金流入和筹资活动现金流入如何，管理者都需要对企业经营活动进行一系列整改。

　　了解三大财务报表隐藏的利润增长关系，是企业管理者理顺企业财务报表的基础，也是企业管理者管理企业的有效方法。财务报表反映了企业经营过程的各方面，因此，加深对三大财务报表的理解运用，是企业管理者必须完成的工作。

3.3　如何分析企业项目的关键财务数据

　　财务数据对企业管理有着重要的意义，科学的财务管理是企业实现利益最大化的主要途径。在企业投资、经营项目过程中，各项关键财务数据可以向管理者清楚传达项目的重要信息，便于管理者可持续而合理地管控项目资金、降低项目成本，提高项目的经营效益。

3.3.1　日常工作与企业项目的现金流及利润关系

　　在企业财务管理中，现金流是企业管理者管理的重点。企业投资、经营项目与现金流息息相关，因此，管理者在日常工作中需要对企业现金流进行有效管理，才能实现企业投资、经营项目的利益最大化。

　　管理者对现金流的管理其实并不复杂，主要是以现金流为重心，兼顾收益，围绕企业经营活动、投资活动和筹资活动构建一套便于现金有效运用的管理体系。日常工作中，管理者需要根据企业当前或未来一定时期内的现金数量制定合理规划，通过执行与控制、信息传递与报告的方式分析现金的运营情况。

　　在了解现金流的具体管理方法之前，管理者需要了解现金流的管理方向。

1.降低企业财务风险

企业在实际经营活动中面临各式各样、情况复杂的财务问题，面临的财务风险随时可能出现波动。目前，大部分企业出现财务风险的主要原因在于现金流管理不当，其中资金链断裂引发企业破产的案例比比皆是。因此，管理者需要将降低企业财务风险作为现金流的管理方向，在企业投资、经营项目过程中对现金流转情况进行深入核查、分析，及时了解到财务风险可能出现的迹象，帮助企业排除发展过程中出现的潜在财务风险。

2. 提高资金利用率

企业资金利用率低主要体现为企业没有把资金用在适合的项目上，主要原因在于两点：一是管理者思想过于保守，不懂得及时开拓进取；二是管理者资金运用决策存在问题，选择盲目跟随市场趋势，将大量资金用于企业不擅长的领域，而获取的利润不多。

因此，企业管理者需严格控制现金的流入、流出，并明确每笔现金流出的用途，尤其在项目开发阶段，要实时监测现金在项目开发过程中的利用效率。通过对现金流量表的定期核查，对企业现金流进行精细化管理，定期分析现金流的现有状况，制定下一环节现金的流转方案。

另外，管理者还需要通过及时开辟、优化擅长项目的方法，确保企业资金分配平衡、高效，且不影响企业现金的正常流转，为企业稳定发展提供保障。

3. 不同类型的企业管理侧重点不同

高速发展的经济时代，市场竞争不断加剧，企业需要通过不断的营销模式创新来确保自身的健康发展。总结当代成熟企业财务管理经验可以得出，新成立企业、起步阶段企业更需要加强对现金流的管理，且重点在于筹资活动产生的现金流入能否满足企业经营活动与投资活动的资金需要；而成熟企业现金流管理则注重利润增长，力求通过现金流管理获得更大利润空间。

了解完企业现金流的管理方向后，管理者则可以清楚现金流与利润增长之间的关系，下面我们一起来了解现金流日常管理的方法。

1. 深度剖析现金流量表

企业现金流量表可以清楚展现投资、经营项目的现金流状况，管理者日常工作中需要对现金流量表的各项数据做出合理分析，预测下一阶段企业现金的流转方向，并结合项目开发、经营情况，引导现金正确流动。

因此，企业管理者需要定期对现金流量表中的数据进行深度综合分析，并评估、预测，制订出适合项目开发、经营的财务规划，这将为提升项目利润打下坚实的基础。

2. 合理划分现金的用途

管理者需要对企业现金的性质、用途有明确认知，否则会为企业带来财务风险。比如，企业投资项目亏损时，如果管理者过于慌乱，将原本用于经营活动的现金用于弥补投资项目的亏损，则容易造成企业主营项目的资金链断裂，进而出现巨大财务风险。

现金流日常管理中，管理者需要明确两个重点：一是现金必须满足企业日常交易所需；二是现金必须满足企业补偿性余额所需。在关注这两个管理重点之上，管理者再对现金进行有序的流动管理，使其为企业运营提供保障。

另外，管理者需要对企业现金流进行合理细化，根据现金的用途做好专项资金预算。

企业现金流根据用途可以划分为经营性现金流、投资性现金流及筹资性现金流，只有对企业现金流实行分类管理，进行有效评估与调控，才能提升各项目的利润，而不是为企业带来财务风险。

3. 设置现金流内部控制系统

企业日常发展过程中，单纯依靠管理者对现金流进行有效管理并不现实，设置有效的内部控制系统是管理现金流的正确方法之一。在内部控制系统之上，企业管理者可以实现现金流的高效管理，且从成本、费用、收入等多个方面规范企业经营发展。

不同企业需根据自身实际情况设置现金流内部控制系统，但主要方向均为增强企业财务管理能力、优化企业资金用途、提高企业运作效率、提升企业核心竞争力。

企业管理者对现金流内部控制系统的管理重点也有三点。

（1）设置职责分工系统，确保现金流动责任落实到人。

（2）设置信用控制系统，根据信用等级管理现金流出情况。

（3）建立审批制度，确保企业每笔现金流动均在管理者管控范围内。

以上便是企业管理者日常工作中对现金流管理的主要方法。通过对这项财务核心数据的有效管理，企业投资、经营的项目才有可能实现利润增长，且避免不必要的财务风险。

3.3.2 企业项目有利润无现金时管理者的工作重点

在企业发展过程中，往往会遇到这样一种情况：财务报表数据显示企业经营活动、投资活动均产生利润，且企业资金利用率较高，但企业账户中的现金却非常少。这种情况不是个例，是大部分企业都会遇到或正在经历的情况。出现这种情况并非代表企业财务报表出现了问题，而是因为企业经营情况出现了问题。目前，出现这一情况的原因主要体现在以下三方面。

1. 坏账问题

企业资产负债表属于静态表，它反映的是企业某一个时点的情况，当企业出现坏账后，很容易出现投资、经营项目有利润但企业没现金的状况。

同时，企业利润表也只能反映一个期间内企业的收入情况，即企业利用资产而产生的损益情况。盈利不仅体现在货币资金中，还会体现在应收账款里，如果应收账款过多或出现坏账，则会导致企业有利润但现金少的情况。

2. 现金流问题

大部分现金用于支付各项成本和费用，也会造成企业净利润多，但现金少的情况。

3. 管理问题

企业自身财务管理方面存在问题，导致企业现金流出不明，最终出现财务报表显示有利润，企业账户却无现金的情况。

以上三种原因中，管理问题一般出现在小企业当中，这类企业自身财务系统不健全，导致企业账目混乱，现金情况无法得到有效把控；坏账问题属于大部分企业都存在的财务问题，解决这一问题需要企业根据实际经营情况改善经营策略，其中包括改善与其他企业合作方式、销售方式、采购方式等；现金流问题是企业管理者通过有效管理可以及时解决的财务问题，且对企业现金流增长十分有效。

目前，针对企业投资、经营项目有利润无现金情况的解决方法主要有以下十二种。

1. 库存处理

企业投资、经营项目过程中如预留过多生产原料、库存商品过多，或因为销路不畅等问题造成商品积压，都会造成企业资金占用量加大。及时清理库存，或销售过量的生产原料可以增加企业账户现金余额，改善企业有利润无现金的状况，也可以避免因现金流紧缺而带来的财务风险。

2. 加速商品交易

遇到有利润无现金的情况，管理者还可以采取加速商品交易的方法增加现金流入量。主要方式为在与其他企业交易过程中，在不影响企业财务安全性及商品利润的前提下，尽量简化交易程序，缩短商品生产、运输、销售时间，提高交易率。

3. 加速回款

企业的部分长期合作客户在商品交易过程中都会存在回款期，在企业出现有利润无现金的情况时，管理者需要缩短回款期。即使客户做不到货到付款，管理者也需缩短账款回收时间，快速收回账款也可以有效增加企业的现金流。

4. 提升客户预付款额度

提升客户预付款额度同样可以增加企业的现金流。在企业与客户合作过程中，在不影响合作关系的前提下尽量提升预付款金额，不仅可以增加企业现金流，且可以减小企业的坏账风险，提高企业资金的利用率，提高企业项目经营效率。

5. 有效控制支出

增加企业现金流需要从开源和节流两方面进行。在增加现金流入的前提下，合理减少企业现金流出，可以增加企业现金余额。企业日常经营过程中，管理者要严格管控不必要的现金支出，做到现金流的细化管理，杜绝浪费，节约企业资源。

6. 获取外部投资

企业现金流出现问题很容易造成重大财务风险，因此一旦企业遇到资金周转问题，管理者需要第一时间采取措施，如采用上述方式依然无法满足企业运作资金需求，则可以采取获取外部投资的方式增加企业现金流。

7. 延期支付原材料费用

理论上讲，延期支付原材料费用会影响企业信誉，但在与原材料商长期合作的前提下，企业可以采取这种方法解决资金周转问题。在向合作的原材料商明确了企业盈利能力之后，企业可以采用适当延期付款的方式增加企业现金流。比如，与原材料商讨论付款方式，在收到原材料后30天内付款。

8. 企业固定资产的合理出租

当企业遇到有利润无现金的情况时，管理者一定要提高企业资产的利用率，其中企业固定资产的合理租用便是优质的方法。即管理者根据企业项目经营现状、整体发展需求，及时统计出企业可以短期、长期对外出租的固定资产，通过提高这部分资产的利用率，增加企业现金流。

9. 员工工资发放时间的选择

目前，我国企业常用的员工工资发放时间形式有以下四种。

（1）月初发本月工资。这种工资发放时间一般存在于政府机构、事业单位中。月初发放当月工资属于预付工资的形式。

（2）月底发本月工资。这种工资发放时间一般存在于国有大型企业或实力雄厚的上市公司中。月底发放当月工资属于企业与员工公平交易的形式，即企业不拖欠员工工资，也不预支工资。

（3）月中发上月工资。这种工资发放时间是目前国内大部分企业采用的形式，其优点在于员工工资发放延迟了半个月，这笔资金在这期间可以作为企业资产进行有效运用，也可以增加企业的现金流。

（4）每月20日发上月工资。这种工资发放时间在我国也存在，但相对较少，因为这种方式下，员工工资延迟发放时间较长，虽然可以延长企业对这笔资金的利用时间，但员工满意度较低。

以上四种形式中，后两种形式对解决企业资金周转问题可以起到一定作用，但并不能解决根本问题，且笔者不鼓励企业管理者拖延发放员工工资。

10. 变更员工年终奖金支付方式

员工年终奖金是企业年终需要支付的一笔较大开销，这笔资金有可能为企业现金流带来压力，尤其在企业有利润无现金的情况下，这笔资金将成为企业的负担，增加企业财务风险。

对于这笔资金，可以采用按季度发放的方式进行调整，从而降低企业年终的现金支出量。在企业遇到有利润无现金的情况时，采用这种方式可减轻企业支付压力，降低企业财务风险。

11. 根据企业生产能力制订项目开发、投资规划

企业管理者制定项目开发、投资规划不能仅根据项目预算表中的利润数值，还需要考虑企业的实际生产能力。

例如，管理者决定开发一项新项目，成本投入约1 000万元，项目预算表中显示预计利润可达300万元。这时，企业管理者需要根据企业现金流情况制定项目开发、投资规划，如果没有足够的现金流支撑，则项目不能开展。

正常情况下，在企业可控现金流的80%以内选择开发、投资项目更为稳妥，这种方式不会对企业现金流造成负担，有利于避免企业有利润无现金的情况。

12. 处理坏账

目前，大部分企业出现有利润无现金的主要原因是企业存在坏账，及时处理坏账是杜绝这一情况的有效方法。这需要企业管理者根据企业实际运营情况、合作企业经营情况、客户信用评估系统综合处理。处理企业坏账是增加现金流的方法之一。

3.3.3　企业项目有现金无利润时管理者的工作重点

企业投资、经营的项目无利润但企业账户有现金，出现这种情况的原因主要有两种：一是企业资产利用率过低，导致企业投资、经营的项目无法获利；二是项目本身利润率不高，企业在投资、经营过程中虽然有现金流入维持日常运营，但利润空间不大。

遇到企业项目有现金但无利润的情况，企业管理者需要根据具体原因选择不同的应对策略。如果随着项目开发、经营，项目的获利空间越来越小，则代表该项目无潜力，虽然未对企业造成风险，但也未能带来可观利润，管理者可以选择停止该项目的开发投入，将企业资产投入利润空间更大的其他项目当中。

但如果是企业资产利用率过低导致项目经营未获取应得的利润，管理者需要改善项目的经营策略，通过提高资产利用率开拓项目利润空间。

开拓项目利润空间的主要工具仍是企业的现金流。企业现金具有流动性强、影响企业短期偿债能力和应变能力的特点。现金流本身为企业带来的利润极少，只能产生少量利息收入，但合理运用项目当中的现金流则可以带来可观收益。

企业现金流并非越大越好，合理的现金流表现为既能够满足企业日常经营所需，又不造成资金的过多囤积，这需要管理者根据企业实际经营情况在企业资金流动性与收益之间做出权衡。不同时期企业资金平衡点也不相同，有效利用企业现金流可以提高企业经营项目的效率，也可以减小不必要的财务风险。

目前，改善企业项目有现金无利润状况的现金流利用方法有以下几种。

1. 合理分配

提高资产利用率，开拓企业投资、经营项目的利润空间有四个重要前提。

（1）企业现有现金流足以满足企业日常经营所需。

（2）不动用企业周转率、利用率较高的项目的现金流。

（3）降低现金流动过程中的财务风险，准确预测现金的支付时间、回收时间。例如，管理者利用企业现金流增加经营项目的生产投入，在投入之前需要清楚生产原料、物资的采购时间，产品销售后应收款的回款期限等。只有明确并控制这些可能造成企业财务风险的因素，才能够有效提高资产的利用率，否则很容易导致企业经营项目的收支失衡，甚至造成项目资金链断裂。

（4）管理者需合理规划企业现有现金流，进行现金流利用的综合对比。比如，将企业现有现金投入经营项目中获得的利润与将企业现有现金投入其他投资项目中获得的利润进行比较并进行合理规划，以此确保企业现金流利用的利益最大化。

2. 账目管理

管理者对有现金无利润的项目应加强账目管理，其中加强项目库存管理、应收账款管理是盘活项目资金的有效方法，采用该方法也可以解决企业资金过量占用等问题。

加强项目库存管理的方法主要为健全项目库存内部控制制度，在物资采购、物资领用、销售支出等环节建立规范的管理制度，形成强有力的内部控制，从而有效节约项目的成本支出；通过定期检查盘点库存将积压的库存物资及时处理，可以有效避免项目资金呆滞的情况发生。

另外，管理者还需要对项目赊销客户的信用进行调研评定，通过建立客户档案定期核对各项应收账款，并根据客户赊销的实际情况制定收款管理办法，尽量缩短账龄，在不影响合作的基础上增加企业现金流量，提高项目资金使用效率。

通过这些方法企业能够有效改善项目有现金无利润的状况，并优化企业生产经营，确保企业发展壮大。

第四章
如何通过财务数据发现项目管理的盲点

　　企业管理者日常中必不可少的工作便是财务管理，三大财务报表中隐藏着企业管理、项目盈利的有关情况。通过对各项财务数据的详细分析，管理者可以发现项目管理的盲点，优化企业经营发展的模式。

4.1 如何从管理角度解读利润表

企业要有盈利，管理者就不能忽视对财务的管理。很多人误认为财务管理是企业财务人员的工作，企业管理者只需要了解财务情况即可。事实上，财务管理是企业管理的主要方式，其有效性远超简单的规章制度。

利润表作为企业投资、经营项目的直观数据表，自然是管理者重点关注的财务报表，读懂表中影响利润的各项数据，管理者可以更轻松、有效地进行项目管理。

企业管理者对利润表进行分析，可以清楚了解到企业开展、投资、经营项目的盈利情况、经营成果，以及项目本身的获利能力，之后通过对收入、成本费用的对比分析，可以找出项目的管理盲点，判断项目经营价值与管理方向。

分析利润表需要管理者采用水平分析的方式对企业利润表展开深入研究。首先以利润形成的逻辑为出发点，找出影响利润变动的各种情况，管理者在这一过程中可以发现项目经营过程中企业存在的管理问题；之后对项目利润结构进行分析，了解利润的变动因素，了解项目利润及成本费用与收入的关系，管理者在这一过程中可以明确项目经营各环节的利润构成及成本费用水平。

通过上述方式，企业管理者可以了解到项目中利润分配的数量与结构变动，揭示日常管理、成本费用等因素对项目利润的影响，进而以更有效的方式优化项目的财务结构、调整战略方向。

另外，通过利润表分析，管理者还可以清楚了解到企业投资、经营项目的盈利能力与发展能力。

1. 项目盈利能力分析

与项目盈利能力有关的指标有以下几个。

（1）毛利率。毛利水平明确反映项目的初始获利能力，它也是项目获取利润的起点，决定了项目销售费用、管理费用、财务费用等期间费用的承受压力。

毛利率的计算公式为：

$$毛利率 =（营业收入 - 营业成本）÷ 营业收入 \times 100\%$$

（2）利润率。利润率是企业实现的利润总额与营业收入之比，通过利润率管理者可以了解到投入项目的利润水平。

利润率的计算公式为：

$$利润率 = 利润总额 ÷ 营业收入 \times 100\%$$

（3）总资产报酬率。总资产报酬率指企业实现的净利润与平均资产总额之比，它可以清楚反映出企业投入项目的全部资源的获利能力。

总资产报酬率计算公式为：

$$总资产报酬率 = 净利润 ÷ 平均资产总额 \times 100\%$$

另外，总资产报酬率还可以用以下公式计算：

$$总资产报酬率 = 净利率 \times 总资产周转率$$

由此看出，总资产报酬率与企业净利润水平和总资产周转速度有关。

（4）净资产收益率。前面讲到净资产收益率是指企业所有者权益收益率或股东权益收益率，它是企业获得的净利润占所有者权益平均余额的百分比。对企业主营项目，净资产收益率也可以体现其收益率。

净资产收益率的计算公式为：

$$净资产收益率 = 净利润 ÷ 所有者权益平均余额 \times 100\%$$

（5）资本保值增值率。资本保值增值率是指期末所有者权益余额与期初所有者权益余额的比率，它也可以体现企业经营项目的保值或增值情况。

资本保值增值率的计算公式为：

$$资本保值增值率 = 期末所有者权益余额 ÷ 期初所有者权益余额 \times 100\%$$

2. 项目发展能力分析

企业投资、经营项目是否具有发展潜力也可以通过利润表中各项目数据了解。项目的发展能力主要体现为项目经营过程中获得的收益增长，以及项目自身形成的资金及其取得的发展趋势，主要通过以下几个指标反映。

（1）收入增长率。收入增长率是指企业本期营业收入增加额与上期营业收入总额的比率，它可以清楚表现企业主营项目的增减变动情况。

收入增长率的计算公式为：

$$收入增长率 = 本期收入增加额 \div 上期收入总额 \times 100\%$$

（2）净利润增长率。净利润增长率是指企业本期净利润比上期净利润的增长幅度，净利润增长率数值越大代表企业主营项目的发展能力越强。

净利润增长率的计算公式为：

$$净利润增长率 = 本期利润增加额 \div 上期利润总额 \times 100\%$$

（3）总资产增长率。总资产增长率是企业本期总资产的增长额与上期末资产总额之比。它是衡量企业资本积累能力和发展能力的重要指标。

总资产增长率的计算公式为：

$$总资产增长率 = 本期总资产增加额 \div 上期末资产总额 \times 100\%$$

（4）资本积累率。资本积累率是企业本期所有者权益的增加额与上期末所有者权益总额之比。管理者通过资本积累率可以分析出企业当期资本积累能力和发展能力。

资本积累率的计算公式为：

$$资本积累率 = 本期所有者权益增加额 \div 上期末所有者权益总额 \times 100\%$$

通过分析以上指标，管理者可以清楚了解到企业投资、经营项目的盈利能力与发展能力，但分析项目财务结构是否合理、日常管理是否到位、利润是否最大化还需要从项目利润产生过程及原因、成本费用对利润的影响以及税费对利润的影响入手。

4.1.1　企业项目利润产生的过程及形成原因

在了解企业项目利润产生的过程及形成原因之前，管理者需要清楚与利润相关的财务公式。

营业利润＝营业收入－营业成本－税金及附加－销售费用－管理费用－财务费用－资产减值损失＋公允价值变动收益（－公允价值变动损失）＋投资收益（－投资损失）

利润总额＝营业利润＋营业外收入－营业外支出

净利润＝利润总额－所得税费用

从以上公式中可以看出，企业项目的利润绝非"收入－投入"这么简单，而是关系到企业方方面面的一种财务数据。下面，我们就用案例来解释企业项目的利润具体是如何产生的。

某企业决定开展一个新项目。首先该企业决定用 50 万元到原料商 A 处购进原料，但是只付了 20 万元的货款，其余 30 万元为应付账款。

购进原料后该企业又花费 10 万元将原料加工成商品投入市场销售，不过项目开展初期销售情况并不理想，于是该企业以 80 万元的价格将这批商品交由代理商销售。但代理商没有马上付款，而是承诺一个月后付款，于是该企业有了 80 万元的应收账款。

这时，企业管理者就需要明确：站在不同的角度，企业的利润核算也不同。

从权责发生制[③]角度核算，企业投入成本为 50 万元原料费用加 10 万元加工费用，合计 60 万元，虽然该企业总共支付了 30 万元，但也产生了 30 万元应付账款；收入应为 80 万元，虽然没有收到现金，但该企业也产生了 80 万元的应收账款。毛利应为 80 万元 –60 万元 =20 万元。

从收付实现制[④]角度核算，该企业真实支出了 30 万元，但收到的现金是 0 元，则毛利为 0 元 –30 万元 =–30 万元。

---

③　权责发生制又称应收应付制。它是以本期会计期间发生的费用和收入是否应计入本期损益为标准，处理有关经济业务的一种制度。凡在本期发生应从本期收入中获得补偿的费用，不论是否在本期已实际支付或未付货币资金，均应作为本期的费用处理；凡在本期发生应归属于本期的收入，不论是否在本期已实际收到或未收到货币资金，均应作为本期的收入处理。实行这种制度，有利于正确反映各期的费用水平和盈亏状况。

④　收付实现制亦称收付实现基础或现收现付制。它是相对于权责发生制而言的。在会计核算中，它是以款项是否已经收到或付出作为计算标准，来确定本期收益和费用的一种方法。凡在本期内实际收到或付出的一切款项，无论其发生时间早晚或是否应该由本期承担，均作为本期的收益或费用处理。

由此可见，20 万元的利润并不意味着该企业有 20 万元的现金入账，主要因为项目经营过程中收入或费用并不按照是否真正收取或支付现金来确定，所以管理者对利润表的分析不能局限于数字表面，否则很难看清项目乃至企业经营真实状况。

继续对该企业经营这一项目的利润表进行分析。了解利润产生的过程及形成原因，首先要了解收入。该企业在这一项目经营中收入为 80 万元。

在确认收入时管理者要注意收入的确认条件，如果把不符合确认条件的收入确认为当期收入，则利润表中将出现虚假数据。

案例中企业经营的这一项目营业收入为 80 万元，且没有其他相关收入，所以便可以确定这一数据为该项目的营业收入的准确数值。

确定收入之后，我们再来分析该企业投入的成本。该企业采购原料支出为 50 万元，加工费用为 10 万元，但事实上这并不是该企业的全部成本，因为还要考虑折旧费用。

该案例中按工作年限来计算折旧费，假设加工这批商品的设备投入为 100 万元，该设备正常情况下能够加工出 100 批同类商品，那么这批商品的折旧费就是 1 万元，这时该企业投入这一项目的成本就变为 60 万元 +1 万元 =61 万元。

除折旧费之外，成本中还包括税金及附加、期间费用等。这也是管理者需要考虑的成本要素。

税金及附加并非企业所得税，而是指企业经营过程中无论是否盈利都需要缴纳的税费，主要包括增值税、消费税、资源税等。假设该企业需要缴纳的税金及附加为营业收入的 1%，即 800 000 元 ×1%=8 000 元，那么该企业投入项目的成本就变为 610 000 元 +8 000 元 =618 000 元。

期间费用通常称为"三费"，主要包括销售费用、管理费用、财务费用。其中销售费用是指为销售这批商品支出的费用，其中包括广告费、销售人员工资、产品折旧等；管理费用是指企业经营该项目中与管理相关的各项费用，其中包括行政开支、招待费等；财务费用主要指企业债务的利息支出，以及在银行等金融机构办业务支出的手续费等。

假设该企业投入的销售费用和管理费用已经包含在加工费用当中，即前面提到的 10 万元中，但财务费用需要另外计算。比如，该企业购进原材料的 50 万元中有 40 万元来自银行贷款，贷款年限为 5 年，年利率按照 4.75% 计算，采用等额本息的方式还款，计算下来每个月需要还款约 7 503 元，总利息约为 50 166 元。这就代表该企业投入项目的总成本变为 618 000 元 +50 166 元 =668 166 元。

在这里，管理者需要注意销售费用和管理费用的变动情况。正常情况下这两项费用会随着营业收入增长而增长，且涨幅相似，如果这两项费用涨幅明显大于收入涨幅，则代表企业项目出现了问题，项目利润受到了影响。出现这种情况的原因有两种：一是随着市场发展，商品的市场竞争力下降，导致销售费用上涨；二是企业内部管理存在问题，导致管理费用上涨。

我们再总结下利润表中与项目利润相关的其他因素，主要包括以下几项。

1. 其他收益

其他收益主要指与企业经营相关但又无法直接计入营业收入或冲减营业成本的收入，例如案例中企业生产的商品被政府扶持，获得了政府补助。

2. 投资收益

投资收益指企业投资项目产生的股息、利息、分红等收益。

3. 公允价值变动收益

公允价值变动收益主要指持有交易性金融资产的企业，其交易性金融资产产生的因公允价值变动所形成的收益。

4. 资产减值损失

资产减值损失指企业的固定资产、无形资产及其他资产减值时产生的损失。

5. 资产处置收益

资产处置收益指处置企业资产时产生的收益或损失。

最后，我们来计算上述案例中企业经营项目获得的营业利润。按照营业利润＝营业总收入－营业总成本＋其他相关的损益的方法计算，该企业经营项目获得的营业利润为 800 000 元 −668 166 元 =131 834 元。

但事实上该公司的实际利润为 0 元，因为该公司没有收到任何现金，只增加了 80 万元的应收账款，如果代理商信用不佳，这 80 万元的应收账款变为坏账，企业经营这一项目的利润将为 −668 166 元。

由此可见，企业经营项目产生实际利润的过程及形成原因非常复杂，管理者不能仅凭借利润表中的表面数据来评定项目的优劣情况、企业的经营状况，应展开深入分析。同时，利润的产生与管理者的日常工作息息相关，管理者对企业进行的财务管理、团队管理越到位，企业利润空间越大，且企业运营更加顺畅，项目获利能力才能够不断提升。

4.1.2　企业项目各项成本费用如何影响项目利润

利润总额的计算公式为：

利润总额 = 营业收入 − 营业成本 − 税金及附加 − 销售费用 − 管理费用 − 财务费用 − 资产减值损失 + 公允价值变动收益（− 公允价值变动损失）+ 投资收益（− 投资损失）− 营业外支出 + 营业外收入

由此可知，企业经营项目过程中各项成本费用与利润之间成反向变动关系，即成本越高利润越小，成本越低利润越大。

在产品价格不变的情况下，管理者自然追求降低经营成本，以提高经营项目的经济效益。

从企业经营项目的角度出发，影响利润的主要因素有产品价格、产品单位变动成本、产品销量、产品固定成本四个。从企业发展角度出发，影响利润的因素有营业收入、营业成本、销售费用、管理费用、财务费用、资产减值损失、公允价值变动收益、投资收益、营业外收入、营业外支出、税金及附加等。

从影响企业利润的这些因素中我们可以看出，无论是单纯的项目经营还是企业发展，成本对利润变动的影响较大。那么，企业项目各项成本费用是如何影响利润的呢？

1. 产品价格决定利润空间

产品价格决定利润空间并非单纯指价格越高利润越大，而是根据市场需求与企业经营情况制定合适的价格。受成本影响，产品价格变动的空间其实不大，因为代理商、分销商都清楚产品的利润空间。在成本不变的情况下，产品涨价消费者不同意，产品降价则代理商、分销商利润会降低，且产品销量不一定增长。因此，管理者通过产品价格提升利润的常用方法还是控制成本，通过有效的财务管理、运营管理降低各项成本费用，以此获得更大利润空间。

2. 采购成本决定利润空间

毛利计算公式：

$$毛利 = 不含税售价 - 不含税进价$$

可以看出，采购成本也影响着企业利润。降低采购成本是所有管理者公认的提高利润的方式，但笔者认为这种方式需慎用、少用。从财务管理角度出发，企业降低采购成本等于降低供应商、原料商的盈利能力，而供应商、原料商大多会以同步降低制作成本的方式确保自己的利润空间，于是企业产品质量可能会降低，最终第一受害者是消费者，企业与原料商、供应商随之双输，表现为产品销售量大幅下降，利润大幅降低。

3. 改善成本结构

事实上，改善成本结构是增加项目利润的常用方法，其主要方式有以下两种。

（1）改善销售结构。现代企业产品大多可以分为三种类型，冲量型、形象型、持续型。

冲量型产品主要用于抢占市场份额、增强产品竞争力、稳定企业的市场地位，这类产品的特点为毛利率低，但销量大。

形象型产品代表企业的品牌形象，可以增加企业的市场影响力，这类产品毛利率高，但销量较低。

持续型产品是企业的主营产品，这类产品销量略低于冲量型产品，但毛利率略高于冲量型产品，它是在冲量型产品开拓市场、形象型产品提升品牌影响力之后企业主打的利润产品。

通过巧妙搭配这三种类型产品，企业可以在不提高采购成本，同时降低销售费用的前提下获得较大的利润空间。

（2）优化客户结构。管理者需要对企业经营项目的主要客户进行等级划分，可以划分为高盈利客户、普通盈利客户、低盈利客户、负盈利客户四种，之后及时减少负盈利客户，再将企业不同类型的产品对应给不同类型的客户。比如企业的冲量型产品主攻高盈利客户。

改善客户结构可以确保企业利润最大化，并在不提高成本的前提下提高利润。

4.1.3　税费对企业项目利润的影响

税费是企业的一项重要支出，也是对企业利润长期产生影响的主要财务项目。管理者在了解税费对企业项目利润的影响前，需要先了解企业需要缴纳的税费种类。

1. 增值税

增值税是对商品生产、流通、劳务服务中多个环节的新增价值或商品的附加值征收的一种流转税。

该税种的税率因企业的类型不同会有所差别，一般纳税人适用的增值税税率和征收率分为零税率、3%、5%、6%、9%、13% 多个档次。

2. 附加税费

附加税费是在缴纳增值税的基础上缴纳的，主要包括城市维护建设税、教育费附加、地方教育附加等。

3. 企业所得税

企业所得税是对我国境内的企业和其他取得收入的组织的生产经营所得和其他所得征收的一种所得税，税率一般为 25%。

4. 其他税费

其他税费主要包括环境保护税、印花税等。

纳税是企业必须履行的义务，且税费对企业利润产生的影响相对间接，不同税费对企业利润的影响方式也不相同，企业管理者一定要清楚税费与企业利润之间的关系。

1. 增值税与企业利润的关系

理论上增值税不直接影响企业利润，因为增值税是价外税，它也不直接出现在企业的利润表当中。事实上，增值税通过影响资产负债表中的资产和负债间接影响企业利润。

增值税对企业利润的影响主要体现在以下三方面。

（1）营业收入降低。企业的营业收入并非合同约定的含税收入，因为要扣除部分增值税。例如，一般纳税人与客户签订 100 万元的销售合同，扣除增值税后实际收入仅为 88.50 万元，适用税率为 13%。

（2）成本费用降低。企业经营过程中，购置资产及支出成本费用时也会产生增值税进项税，这部分增值税进项税可以用于抵扣，等同于降低了经营成本。

（3）坏账费用增加。企业在确认收入时必须要确认增值税销项税，且企业的未收账款与对应的增值税销项税都体现在资产负债表的应收账款中，但无论企业坏账能否收回，增值税都必须要如期缴纳。

2. 附加税费与企业利润的关系

附加税费是在增值税基础上缴纳的税费，因此增值税会影响到附加税费的计算，增值税越高，附加税费越高。因附加税费直接体现在企业利润表当中，所以对企业利润也产生着直接影响。

4.2　如何从战略角度解读现金流量表

企业盈利的真实情况不仅体现在利润表的利润总额中，还体现在企业的现金流量表当中。若现金流量表反映企业无现金净流入，企业的盈利也就没有实际的意义。因此，企业管理者不仅要从管理角度读懂利润表，还需要从战略角度读懂现金流量表。

现金流量表是反映一家企业在一定时期内现金流动情况的财务报表，它详细记录了企业现金流动的情况，便于企业管理者掌握每笔现金的去向与来源。站在企业发展的战略角度，管理者需要从经营项目现金流来源与企业项目各部门关系人手，了解哪些部门工作对企业现金流有影响，并正确权衡项目现金流与项目利润之间的关系，这样才能高效利用企业现金流，令企业投资、经营的项目产生较高收益。

4.2.1 企业现金流的三大形成来源与企业项目各部门的关系

前面提到过，企业现金流分为经营活动现金流、投资活动现金流和筹资活动现金流三大类，经营活动、投资活动和筹资活动也是企业现金流的三大来源。不同类型的现金流与企业各部门之间的关系不同，下面我们就来分析三种现金流与企业各部门之间的关系。

1. 经营活动现金流

经营活动现金流是大部分企业现金流的主要来源，它是企业经营各种非投资、筹资类项目后获取的现金流。经营活动现金流在企业经营项目的不同时期与企业内不同部门存在直接关系。

（1）初创期。企业经营项目初期的现金流主要体现为内部支出，管理者通过了解企业内部每笔现金的流向判断企业经营初期的情况。在这一时期内，企业现金流与企业经营项目相关的各个部门都存在关系，因为各部门的发展都需要大量现金流的支撑。

（2）发展期。发展期的企业经营项目开始有现金流入，管理者可以通过现金流入数量、趋势、变动节奏了解经营项目的发展情况。同时，这一阶段内，企业现金的流出开始逐渐减少，且逐渐稳定在一个标准以下，即企业现金开始用于企业经营项目的日常生产、管理，过程中不会有大幅波动。

如果这一时期企业现金流入情况不佳，则代表企业经营项目开展不顺利，未能达到预期的发展目标，管理者需要根据现金的流出、流入情况思考问题所在，并针对性实施改善策略。

如果这一时期企业现金流入过多，则代表企业经营项目开展情况超过预期，管理者需要及时优化经营策略，加大投入以加速项目发展。

这一阶段企业现金流主要与财务部门、销售部门、生产部门产生直接联系，其中销售部门主要决定企业现金的流入情况，财务部门主要决定现金的流出情况。

（3）稳定期。企业经营项目进入稳定期之后，项目收入及现金流入将成为企业利润的主要来源。这段时期内，管理者要结合利润表中的盈利情况判定现金的流入情况。

正常情况下，项目获得利润与现金流入持平最佳，这代表企业项目经营情况良好，企业变现能力、偿债能力较强。

如果项目获得的利润稍高于现金流入则属于正常情况，这代表企业经营项目过程中产生了少量应收账款，但整体运营形势良好。

如果项目获得利润较高，但现金流入较少，则代表企业经营项目存在问题，项目中存在大量应收账款，很容易出现前文提到的有利润无现金的情况。

经营项目稳定期的现金流变动依然与销售部门、生产部门、财务部门产生直接联系。其中财务部门为主控部门，它通过销售部门的销售情况控制生产部门的生产情况，即根据销售部门的现金流入情况，确定生产部门现金流出情况。

通常情况下，财务部门首先发现有利润无现金的情况，主要表现为现金流入不足以支撑项目日常经营所需。财务部门负责人需要及时向企业管理者汇报，企业管理者可根据销售情况采取客户分类、销售结构优化等方式及时增大现金的流入。

2. 投资活动现金流

企业投资活动现金流是指企业长期资产（不包括现金等价物）的购建及处置活动所产生的现金流。

不同形式的投资活动，取得的现金流也不同，与企业各部门的关系也不同。目前，企业投资活动的现金流入主要分为以下几种。

（1）收回投资所收到的现金。企业通过这种方式取得的现金流入主要包括收回短期投资、长期股权投资、长期债权投资本金而收到的现金，但其中不包括企业长期债权投资收回的利息，也不包括企业收回的非现金资产。

通过这种方式增加企业现金的流入主要与企业管理层及财务部门有关，企业管理层根据企业经营状况制订投资规划，财务部门负责各项投资活动细节的实施。

（2）取得投资收益所收到的现金。这主要指企业通过各种投资活动分得的股利、利润及利息等现金。

这一部分现金流入统一由企业领导层和财务部门管理。

（3）处置固定资产、无形资产和其他长期资产而收到的现金净额。企业处置购置的固定资产、无形资产和其他长期资产取得的现金流也属于投资活动取得的现金流。

处置固定资产、无形资产和其他长期资产取得的现金流还包括资产投保后受到损失而收到的保险赔偿。

这一部分现金流入统一由企业领导层和财务部门管理。

3.筹资活动现金流

筹资活动的现金流主要指企业通过筹资活动取得的现金流入。当企业缺少大量现金时，筹资活动取得的现金流可以帮助企业走出财务困境，它也是造成企业资本及债务的规模和构成发生变化的主要因素。

筹资活动的现金流是企业管理者需要认真思考的财务项目，因为它对企业产生的影响比较深远，虽然通过筹资活动取得现金流可以为企业发展提供新鲜的血液，提升企业的获利能力，但也会改变企业的资本结构，带来一定财务风险。

从企业现金流量表中，管理者可以了解到企业筹资活动现金的变动情况，及不同类型筹资活动的现金流与企业不同部门存在的紧密联系。

（1）吸收投资收到的现金，主要指企业通过招商引资等活动收到的现金。企业用这种方式取得的现金流主要与企业发展、项目经营有关。比如，企业需要转型升级或开展项目需要购建固定资产等时现金流不足，则企业可以通过筹资活动获得现金流入。

这类现金流入与企业经营项目的各个部门存在紧密联系，其中生产部门需要统计购建生产设备、厂房等所需的资金，财务部门需要统计项目进入下一阶段前收入与支出的差额，以及其他部门需统计发展所需的各项费用等。

管理者需要对财务部门统计的各项财务数据进行梳理与研究，最终确定所需要筹集的现金量及对应的筹资方式。

（2）取得借款所收到的现金，主要指企业通过各种举债收到的现金。

取得借款所收到的现金与吸收投资收到的现金相似，同样与企业各部门存在直接关系，但相对数量较小，企业承担的风险较低。

（3）收到的其他与筹资活动相关的现金，比如接受捐赠收到的现金等。这类筹资活动的现金流入一般与财务部门和企业领导层有关系。

（4）分配股利、利润和偿还利息所支付的现金，主要指企业通过吸收投资和借款的方式收到现金后，支付给投资方和债权人的股利、利润和利息。

这类筹资活动的现金流出一般与财务部门和企业领导层相关。

（5）偿还债务所支付的现金，主要指企业偿债所支付的现金，其中包括偿还金融企业的借款本金、偿还债券本金等。

这类筹资活动的现金流出一般与财务部门和企业领导层有关系。

（6）支付的其他与筹资活动有关的现金，比如捐赠等活动支付的现金。

这类筹资活动的现金流出一般由企业领导层决定、财务部门办理。

管理者在分析现金流量表中筹资活动的现金流时需要清楚，筹资活动的现金流与经营活动的现金流、投资活动的现金流不同。经营活动的现金流、投资活动的现金流为正时代表企业一定时期内现金在流入，为负时代表企业一定时期内在对外支付现金；但筹资活动的现金流为正时代表企业在一定时期内正在吸收投资，为负时代表企业在一定时期内在偿还债务。

通过对企业现金流的三种形成方式进行分析，管理者可以了解到企业现金的流动轨迹，并清楚不同类型的现金流会涉及哪些部门。清楚了这些关键点之后，管理者对企业项目的各项管理才更加有效，才能够规避一些潜在财务风险。

4.2.2　部门工作对企业项目的现金流影响

现金作为企业内流动频繁的财务数据，与企业各部门的日常工作存在直接联系，下面从管理者的角度分析企业内各部门工作对企业投资、经营项目的现金流影响。

正常情况下，企业无论经营何种项目其现金流都涉及生产部、销售部、财务部、管理部门与仓储部五个部门。

1. 生产部

生产部对企业现金流的影响主要体现在现金流出上。采购原材料、采购商品、采购生产设备以及日常生产消耗都与企业现金流有关。企业经营项目过程中现金的主要流出都来自生产部，且生产部不会直接带来现金的流入。因此，管理者检查企业经营项目的成本投入、日常支出时可以重点检查生产部的现金流动情况。

另外，企业经营项目初期，生产部是现金的主要支出部门，但这段时期现金的主要流出为购置固定资产，即购买生产设备、建造加工车间、购买运输设备等，这段时期也是管理者对生产部现金流重点管理的时期。

总而言之，节约项目经营成本需要管理者从生产部的现金流入手，且这是一项长期的财务管理工作。

2. 销售部

与生产部对应的是企业的销售部，无论企业经营何种项目，销售部都是现金的主要流入部门。

企业销售部的现金变动比较频繁，且变动幅度较大，比如除项目经营的日常支出外，销售部还需要定期开拓市场、开展各类促销活动，这都会加大销售部现金流出。

企业管理者对销售部的财务管理重点在对比现金的流入、流出情况。正常情况下销售部的现金流出主要为员工工资与市场开拓费用，且现金流入明显大于现金流出。管理者需要对销售部市场开拓的现金流出进行细化管理，即清楚每一笔支出取得现金流入的情况，以此判定市场开拓的实际情况，及时放弃一些低收入、无收入的市场开拓活动，以此增加企业利润。

对销售部的现金流入进行管理应以年度为周期，因为大多数行业在一年中分淡季、旺季，但管理者对销售部现金流的分析需要以月度为单位，进行同期比较。比如将本年度 6 月销售部现金流入情况与上年度 6 月销售部现金流入情况进行对比，以此了解销售部的实际销售情况。

3. 财务部

财务部作为企业财务数据统计、核查、管理部门，是企业管理者的财务助手，财务部一般受企业核心管理层直接领导。

企业在经营项目过程中，各项目现金的变动都会被财务部准确记录，且现金的流动轨迹、来源、去向都可以得到明确。财务部上报的财务数据有利于管理者了解项目的经营情况。

企业管理者对财务部的管理主要为核实财务数据的真实性，通过检查财务报表间勾稽关系可以检查财务数据的准确性。只有在真实、准确的财务数据支撑下，管理者才能够实现对企业、项目的有效管理。

另外，财务部门还负责企业投资活动、筹资活动的实质工作，通过领导层的决策帮助企业控制现金流，确保现金流满足企业发展所需。

4. 管理部门

企业管理部门理论上没有太大的现金流入与流出，除日常管理费用之外无其他费用。在项目经营过程中，管理部门主要负责控制现金的去向及变动节奏，通过合理的管控力求节约项目经营成本，并提升现金的获利能力。

5. 仓储部

仓储部对企业现金流的影响较小，主要体现在日常仓储费用的支出上，这一部门的现金流出非常有必要，若其出现问题很容易造成企业商品折旧费用增加，从而降低企业利润。

4.2.3 如何权衡企业现金流与企业项目利润的关系

从财务角度分析，企业现金流与项目利润之间没有直接的联系，但站在企业经营角度分析，现金流与项目利润息息相关。

我们可以从企业项目的不同阶段分析现金流与利润的关系。

1. 项目经营初期

经营初期的项目需要企业拥有大量现金，以满足项目投入的需要。在这一段时间内管理者考虑的财务重点必然是现金流，而利润属于暂不考虑的因素。这也表示项目经营初期，现金流与利润的关系为因果关系，有了现金的投入，项目才能顺利开展，才有可能产生利润。

这段时期内管理者需要通过投资、筹资等方式帮助企业增加现金流入。这段时期，企业现金流量表中经营活动现金流会为负数，因为需要大量支出；投资活动现金流会为正数，因为企业需要通过收回投资、处置固定资产等方式增加现金的流入；筹资活动现金流也会为正数，因为企业需要通过各种筹资活动增加现金的流入。

2. 项目发展期

项目进入发展期代表企业已经完成了项目初建，且项目开始逐步盈利。这段时间内现金流与利润同样重要。在这段时期，管理者对现金流的管理重点有三方面。

（1）减少现金流出。这主要体现为节约项目经营成本，减轻企业现金流压力。

（2）增大利润空间。这主要体现为加速项目运营，通过各种活动方式增大利润空间。

（3）增强变现能力。前面讲了项目有利润不代表企业有现金，但在项目发展阶段各种必要支出依然较多，所以管理者需要保证企业现金充足。增强项目变现能力的方式主要有减少应收账款、适当增加项目应付账款以及提高项目效益效率等。

3. 项目成熟期

企业经营项目进入成熟期后现金流的变动趋于稳定，主要表现为流入量明显大于流出量，即收入大于支出。

这段时期内现金流的作用体现为满足项目日常经营所需，只有满足项目日常经营所需才能够有效获利。

企业经营项目进入成熟期后，管理者需要对现金流与利润关系进行权衡，重点思考现金的流动性是否合理。虽然现金流关系到企业短期偿债能力和应变能力，但现金流本身的获利能力较低，大量囤积资金会造成企业的资本浪费。所以，管理者需要找到项目正常经营与现金有效利用的平衡点，在项目正常获利的基础上，令现金流产生更多利润。

4.3　如何从经营角度解读资产负债表

通过企业的三大财务报表，管理者可以从不同角度了解企业经营概况，其中资产负债表又名财务状况表，其直观展示了企业某一时点的财务状况。管理者可以通过资产负债表清楚了解到企业股东权益、企业资产与负债情况，进而清楚企业整体的发展形势，制定相应的发展战略。

三大财务报表中，资产负债表提供的信息较多，管理者选用适当的方法和指标进行资产负债表解读与分析，可以清楚企业某一时点的财务状况、偿债能力，也可以理性领导企业发展。

从经营角度解读企业资产负债表需要管理者先清楚资产负债表的主要构成，之后详细了解企业各部门经营活动如何体现在资产负债表中、表中财务数据与各部门之间的关系以及财务结构的具体风险。

4.3.1　资产负债表的构成

资产负债表主要由三部分组成，分别为企业资产、企业负债和所有者权益。资产负债表解释如表 4.3-1 所示。

表 4.3-1　资产负债表解释

项目	金额	项目	金额
企业资产（企业可以使用的钱）	A	企业负债（企业借来的钱）	B
企业资产（企业可以使用的钱）	A	所有者权益（企业所有者的钱）	C
资产总计	A	负债与所有者权益	B+C

基于会计理论，三者之间关系表现为：

$$资产 = 负债 + 所有者权益$$

这一关系是资产负债表的核心财务理论。

企业管理者需要关注的是上表中左侧项目与右侧项目的关系。管理者对企业的管理需要确保两侧的平衡，即 $A=B+C$。换个角度来讲，企业有一天破产了，这时如果 $A=B+C$，那么企业所有者便不会负债，企业投资者便不会亏损，但如果 $A<B+C$，不仅企业所有者会负债，投资者也将承担损失。

事实上，企业的标准资产负债表十分复杂，三部分内容下都有细分项目。资产负债表具体格式如表 4.3-2 所示。

表 4.3-2　资产负债表

会企 01 表

编制单位：　　　　　　　　202× 年 × 月 × 日　　　　　　　　单位：元

资产	行次	期末余额	年初余额	负债和所有者权益（或股东权益）	行次	期末余额	年初余额
流动资产：	1			流动负债：	36		
货币资金	2			短期借款	37		
交易性金融资产	3			交易性金融负债	38		
应收票据	4			应付票据	39		
应收账款	5			应付账款	40		
预付账款	6			预收账款	41		
应收股利	7			应付职工薪酬	42		
应收利息	8			应交税费	43		

续表

资产	行次	期末余额	年初余额	负债和所有者权益（或股东权益）	行次	期末余额	年初余额
其他应收款	9			应付利息	44		
存货	10			应付股利	45		
其中：消耗性生物资产	11			其他应付款	46		
待摊费用	12			预提费用	47		
一年内到期的非流动资产	13			预计负债	48		
其他流动资产	14			一年内到期的非流动负债	49		
流动资产合计	15	—	—	其他流动负债	50		
非流动资产：	16			流动负债合计	51	—	—
可供出售金融资产	17			非流动负债：	52		
持有至到期投资	18			长期借款	53		
投资性房地产	19			应付债券	54		
长期股权投资	20			长期应付款	55		
长期应收款	21			专项应付款	56		
固定资产	22			递延所得税负债	57		
在建工程	23			其他非流动负债	58		
工程物资	24			非流动负债合计	59	—	—
固定资产清理	25			负债合计	60	—	—
生产性生物资产	26			所有者权益（或股东权益）：	61		
油气资产	27			实收资本（或股本）	62		
无形资产	28			资本公积	63		
开发支出	29			盈余公积	64		
商誉	30			未分配利润	65		
长期待摊费用	31			减：库存股	66		
递延所得税资产	32			所有者权益（或股东权益）合计	67	—	—
其他非流动资产	33				68		
非流动资产合计	34	—	—		69		
资产总计	35	—	—	负债和所有者（或股东权益）合计	70	—	—

通过资产负债表，管理者可以明确企业资产、负债、所有者权益包含哪些内容，并了解到这些内容对企业资产、负债及所有者权益产生了怎样的影响。

1. 资产

管理者可以通过资产负债表中的资产项目了解到企业某一时间资产的状况，以及预期给企业带来经济利益的资源。

企业资产分为流动资产与非流动资产。

（1）流动资产。企业的流动资产是正常营业周期内为变现、出售、消耗、交易持有的资产，或者预计在企业正常营业周期内变现的资产。另外，企业正常营业周期内交换其他资产、清偿负债的不受限制的现金及现金等价物也属于流动资产。

资产负债表中流动资产项目通常包括：货币资金、交易性金融资产、应收票据、应收账款、预付账款、其他应收款、存货等内容。

通过分析企业流动资产的情况，管理者可以了解到企业的短期债务情况及企业的短期偿债能力，流动资产越多，企业短期债务越少，且短期偿债能力越强。但企业流动资产也不能过多，流动资产过多会导致企业资金利用率降低。

（2）非流动资产。非流动资产是指企业在一个正常营业周期内（通常指一年内）不能变现使用或不被耗用的资产。资产负债表中非流动资产项目通常包括：长期股权投资、固定资产、在建工程、无形资产、开发支出、长期待摊费用等。

从企业经营角度来看，非流动资产越少企业资产流动越快、营运能力越强，这种模式非常适合现代科技企业。比如，以轻资产运用模式有名的小米公司。

2. 负债

资产负债表中的负债主要反映企业过去所承担的、预期会导致经济利益流出企业的现时义务。企业负债也分为流动负债和非流动负债。

（1）流动负债。流动负债是指企业需要在一个营业周期内偿还的债务，它与企业的流动资产紧密相关。管理者通过资产负债表中的流动资产和流动负债可以清楚了解到企业当前的短期偿债能力和清算能力。

资产负债表中流动负债项目主要包括短期借款、应付账款、应付票据、应付职工薪酬、应交税费、预收账款、其他应付款等。

流动负债是一种优缺点并存的企业债务，企业管理者一般对流动负债的运用比较频繁。它的优点为获取简单、灵活性高、债务约束条款少，可以满足企业的短期资金需要；缺点为需要企业管理者通过持续性谈判或安排企业滚动贷款获取，且还款期限短，对企业短期偿债能力有一定要求。所以管理者需要根据企业的实际经营情况决定企业的流动负债。

（2）非流动负债。非流动负债是指企业的长期负债，一般偿还期都在一年以上。资产负债表中非流动负债项目主要包括长期借款、应付债券和长期应付款等。

非流动负债的优缺点也非常明显。优点为以下三项。

①非流动负债不会改变企业原有的股权结构。

②非流动负债不影响股东对企业的控制权。

③适当增加非流动负债可以提升企业的盈利能力，增加股东收益。

非流动负债有以下两项缺点。

①企业举借非流动负债承担的财务风险较高。

②在企业盈利不变的情况下，非流动负债导致股东收益减少。

从非流动负债的优缺点中管理者可以看出，虽然非流动负债可以解决企业经营资金短缺的问题，但对企业产生的影响比较深远，对企业长期还款能力要求较高，非流动负债越多企业承担的还款压力越大，因此，对于非流动负债管理者需要非常慎重。

3. 所有者权益

所有者权益是指企业资产扣除负债后，企业所有者所享有的剩余权益。所有者权益是企业所有者的利益体现，即企业盈利后企业所有者能够分到多少钱。

在资产负债表中所有者权益项目主要包括实收资本、资本公积、盈余公积和未分配利润等。

所有者权益越高只能表明企业的财务风险越低，并不能代表企业经营情况越好。因为企业经营需要举债融资，需要运用财务杠杆，财务杠杆放大收益后所有者权益便会随之升高，但财务杠杆也存在放大亏损的风险，所以所有者权益并不能完全体现企业的经营状况。

4.3.2　资产负债表如何反映各部门的经营活动

合格的企业管理者不仅要看懂企业资产负债表的构成，还要找出藏在资产负债表中的信息，通过资产负债表了解企业各部门的经营活动，根据相关情况制定下一阶段的经营方案。

我们从企业经营的四个关键部门：销售部、生产部、财务部及企业管理层入手，分析其经营活动在资产负债表中如何体现。

1. 销售部

事实上，销售部的经营活动与资产负债表并不直接产生联系，而是通过利润表体现在资产负债表当中。资产负债表属于时点表，它表现的是企业在某一时点的资产、负债及所有者权益情况。而利润表是时期表，它表现的是企业某一期间的经营情况，而销售部的销售收入、销售支出都属于时期数字，所以销售部门的各项活动首先会体现在利润表当中，之后才体现到资产负债表中。

企业管理者从资产负债表中检查销售部的经营活动，重点看所有者权益中的未分配利润。因为销售部影响着企业利润，销售收入减去成本费用等支出后，再加上或减去其他收支便可以得出企业利润，将企业利润与资产负债表中期初未分配利润相加，才能算出资产负债表日的未分配利润。

销售部的经营情况通过与资产负债表有关的上述两组数据体现，且其经营效果直接影响到资产负债表中的所有者权益。

2. 生产部

资产负债表中与企业生产部存在直接关系的项目有存货等。

企业生产部的各项活动在资产负债表中体现得很全面，管理者通过资产负债表中存货等项目的变化可以了解到生产部的活动情况。

例如，在企业生产能力没有发生变动的情况下，存货增加，代表生产部的生产能力已经超过了销售部的销售能力，虽然企业资产在增长，但变现能力却在降低，这时管理者需要调整生产部及销售部的运营节奏。

3. 财务部

作为企业财务报表的编制部门，资产负债表的各项内容都体现着财务部的经营活动。首先，管理者可以从财务报表的质量入手，比如资产负债表列示是否全面、单独列示是否合理都体现着财务部门的工作质量。

其次，管理者可以从财务报表的准确性和真实性入手，比如利用报表间的勾稽关系核查各报表的数据准确性，检查财务部有无做假账。

通过以上两种方法，企业管理者可以了解到财务部的经营情况。

4. 企业管理层

资产负债表中体现企业管理层经营活动的主要项目为负债，无论是流动负债还是非流动负债，都是企业管理层决定后发生的。流动负债体现着管理者的日常经营方式及企业的发展节奏，比如举借流动负债是否及时，流动负债的发生能否确保企业经营项目的效率提高；非流动负债体现着管理层的经营理念，比如管理者是采用激进的高风险高回报方式运营，还是采取保守的低风险低回报的方式运营。

不同部门的经营活动在资产负债表中的表现方式不同，虽然有些部门的经营活动并非直观体现，但与表中数据存在必然联系。管理者通过对资产负债表的认真分析便可以了解各部门的经营情况。

4.3.3　资产负债表中的财务数据与各部门的关系

从企业经营发展的角度出发，资产负债表中各项数据与各部门的关系如表 4.3-3 所示。

表4.3-3　资产负债表中数据与各部门之间的关系

资产	行次	责任部门	统计部门	数据变动影响	负债和所有者权益	行次	责任部门	统计部门	数据变动影响
流动资产:	1	—	财务部	—	流动负债:	36	—	财务部	—
货币资金	2	管理层（决策）	财务部	反映管理层（决策）的有效性	短期借款	37	管理层（决策）	财务部	反映管理层（决策）的有效性
交易性金融资产	3	管理层（决策）	财务部	反映管理层（决策）的有效性	交易性金融负债	38	管理层（决策）	财务部	反映管理层（决策）的有效性
应收票据	4	财务部（核算）	财务部	—	应付票据	39	财务部（核算）	财务部	—
应收账款	5	财务部（核算）	财务部	—	应付账款	40	财务部（核算）	财务部	—
预付账款	6	财务部（核算）	财务部	—	预收账款	41	财务部（核算）	财务部	—
应收股利	7	财务部（核算）	财务部	—	应付职工薪酬	42	财务部（核算）	财务部	—
应收利息	8	财务部（核算）	财务部	—	应交税费	43	财务部（核算）	财务部	—
其他应收款	9	财务部（核算）	财务部	—	应付利息	44	财务部（核算）	财务部	—
存货	10	生产部	财务部	反映企业生产力	应付股息	45	财务部（核算）	财务部	—
其中: 消耗性生物资产	11	仓储部	财务部	反映企业持续生产力	其他应付款	46	财务部（核算）	财务部	—

续表

资产	行次	责任部门	统计部门	数据变动影响
待摊费用	12	生产部	财务部	反映企业生产力
一年内到期的非流动资产	13	仓储部	财务部	反映企业持续销售力
其他流动资产	14	财务部（核算）	财务部	—
流动资产合计	15	财务部（核算）	财务部	—
非流动资产：	16	—	财务部	—
可供出售金融资产	17	—	财务部	—
持有至到期投资	18	—	财务部	—
投资性房地产	19	管理层（决策）	财务部	反映管理层（决策）的有效性
长期股权投资	20	管理层（决策）	财务部	反映管理层（决策）的有效性
长期应收款	21	财务部（核算）	财务部	—

负债和所有者权益	行次	责任部门	统计部门	数据变动影响
预提费用	47	—	—	—
预计负债	48	—	—	—
一年内到期的非流动负债	49	—	—	—
其他流动负债	50	财务部（核算）	财务部	—
流动负债合计	51	财务部（核算）	财务部	—
非流动负债：	52	—	财务部	—
长期借款	53	管理层（决策）	财务部	反映管理层（决策）的有效性
应付债券	54	—	财务部	—
长期应付款	55	管理层（决策）	财务部	反映管理层（决策）的有效性
专项应付款	56	—	—	—

续表

资产	行次	责任部门	统计部门	数据变动影响	负债和所有者权益	行次	责任部门	统计部门	数据变动影响
固定资产	22	财务部（核算）	财务部	—	递延所得税负债	57	—	—	—
在建工程	23	生产部（核算）	财务部	—	其他非流动负债	58	财务部（核算）	财务部	—
工程物资	24	财务部（核算）	财务部	—	非流动负债合计	59	财务部（核算）	财务部	—
固定资产	25	管理层（决策）	财务部	反映管理层（决策）的有效性	负债合计	60	财务部（核算）	财务部	—
生产性生物资产	26	—	财务部	—	所有者权益（或股东权益）：	61	—	财务部	—
油气资产	27	—	财务部	—	实收资本（或股本）	62	财务部（核算）	财务部	—
无形资产	28	财务部（核算）	财务部	—	资本公积	63	财务部（核算）	财务部	—
开发支出	29	管理层（决策）	财务部	反映管理层（决策）的有效性	盈余公积	64	财务部（核算）	财务部	—
商誉	30	—	财务部	—	未分配利润	65	财务部（核算）	财务部	—
长期待摊费用	31	—	财务部	—	减：库存股	66	—	—	—

续表

资产	行次	责任部门	统计部门	数据变动影响	负债和所有者权益	行次	责任部门	统计部门	数据变动影响
递延所得税资产	32	—	财务部	—	所有者权益（或股东权益）合计	67	财务部（核算）	财务部	—
其他非流动资产	33	财务部（核算）	财务部	—	—	68	—	—	—
非流动资产合计	34	财务部（核算）	财务部	—	—	69	—	—	—
资产总计	35	财务部（核算）	财务部	—	负债和所有者权益（或股东权益）总计	70	财务部（核算）	财务部	—

4.3.4   如何从企业角度分析资产负债表

站在管理者的角度解读资产负债表，表内各项数据可以为管理者管理企业带来帮助。站在企业的角度审视资产负债表，表内各项数据则成为制定企业发展战略的实质依据。

从资产负债表的基本构成可以看出，企业战略管理都是基于企业资产及负债情况系统研究制定的，管理者通过对资产负债表进行数据分析可以了解到发展战略的执行情况，便于其有效分配企业资源，制订后续发展规划。从企业内部运营的角度分析资产负债表，其构成部分便体现出不同含义，如表4.3-4所示。

表 4.3-4   从企业内部运营的角度分析资产负债表各组成部分

资产	负债与所有者权益
决定企业发展的资源配置战略	决定企业发展的资产利用战略
配置方式：经营性资产 + 投资性资产	1. 借入资金 + 股东投入资金 2. 股东剩余资源

从表 4.3-4 中可以看出，资产负债表可以帮助管理者制定资产配置战略，有利于管理者根据企业经营的实际情况确定企业经营性资产与投资性资产的比率。

资产负债表还可以帮助管理者制定企业发展的资产利用战略，有利于管理者根据企业负债情况、股东投资情况决定企业的发展节奏。在这一过程中，管理者要考虑股东的剩余资源。

从这一角度分析，资产负债表是企业管理者理性决策后续发展战略的主要凭据。在这一基础上，我们可以对企业资产负债表进行细化分析，如表4.3-5所示。

表 4.3-5   对资产负债表进行细化分析

资产		负债与所有者权益	
根据企业资产规模确定利润产生机制		根据负债情况协调企业与股东之间的利益	
流动资产	如何产生更大利润	负债	评估风险后力求获利能力最大化

续表

资产		负债与所有者权益	
非流动资产	如何确保利润稳定	所有者权益	协调利润
利润最大化		利益稳定、和谐	

从表 4.3-5 中可以看出，在管理者眼中，资产是用于帮助企业产生利润的，根据资产规模确定利润产生机制更为安全、稳妥；负债是企业财务风险的主要来源，所以管理者应认真评估负债可能导致的财务风险；所有者权益是确保企业股东和谐的基础，也是企业管理者追求的目标。

管理者还需要重点关注企业的流动资产与非流动资产的利润产生机制，流动资产用于追求更大利润，而非流动资产则用于确保利润的稳定性。例如，原材料、在产商品等流动资产，管理者需要思考其在下一个营业周期中如何获得更多利润，而企业的厂房、生产设备等非流动资产，管理者需要思考其如何确保利润稳定。

在了解了资产负债表各项内容对应的利润产生机制与利益协调机制后，我们可以继续思考表内各项目起到的作用，具体如表 4.3-6 所示。

表 4.3-6　资产负债表各项目的作用

资产	负债与所有者权益
流动资产：企业活力的体现	负债：企业发展的动力
非流动资产：企业生产实力的体现	所有者权益：股东权益呈现

从表 4.3-6 中可以看出，流动资产是企业经营过程中的活力体现，流动资金周转率越高代表企业经营的各项活动频率越高，产生利润的次数越多。非流动资产是企业生产实力的体现（注意，并非企业整体实力的体现），尤其是生产企业，非流动资产越多代表其生产力越大，获取利润的能力更高。

企业的负债情况便是管理者领导企业发展的主要动力，在负债的作用下企业不断发展、不断获利，所有者权益也会随之增加。

站在企业的角度分析资产负债表，表内各项目数据便会表现出不同的含义，从不同的角度帮助企业管理者制订后续的发展规划与制定经营战略。

4.3.5 财务结构有哪些风险

财务结构是指企业资产负债表中资产、负债、所有者权益的构成关系。企业经营情况不同表现出的财务结构也不相同，但无论采用哪种财务结构，管理者都需要考虑结构的合理性，并从根本上防范由财务结构引发的财务风险。

从资产负债表的角度出发，企业财务结构分为资产结构与资本结构，且不同结构对应的风险不同。

1. 资产结构

资产结构是指企业的资产构成形态，其中包含流动资产与非流动资产的比例及两者间的联结方式。企业资产结构的构成主要受流动资产的影响，其构成方式主要分以下三种。

（1）基础型资产结构。基础型资产结构是一种流动资产占总资产比重较大的资产结构。这种资产结构的优点为企业资产流动性更强、经营风险较小；缺点为企业非流动资产比重较小，无法保障收益能力，所以收益水平同样较低。

（2）普通型资产结构。普通型资产结构是一种流动资产与非流动资产占比相对均衡的资产结构，其活力水平与经营风险均高于基础型资产结构。

（3）风险型资产结构。风险型资产结构是一种流动资产占比较小、非流动资产占比较大的资产结构。这种资产结构的盈利水平看似较高，但企业资产流动性、变现能力较弱，所以经营风险、财务风险都比较高。

不同的资产结构面临着不同的风险。

（1）基础型资产结构虽然经营风险较低，但也存在一定的经营风险。流动资产过多虽然代表企业有大量现金流、短期偿债能力较强，但企业流动资产过多，会影响企业资金的使用效率以及企业的筹资成本，容易引发降低企业获利能力的风险。

（2）普通型资产结构的获利能力与经营风险都处于正常水平，这也是大部分企业正在使用的资产结构。这种资产结构对应的主要风险为经营风险，即当企业市场遭受巨大变动时，企业固定资产与其他长期资产很容易失去盈利能力，仅靠流动资产难以长期支撑企业运营。

（3）风险型资产结构面临的风险比较高，由于风险型资产结构的流动资产较少，企业变现能力、短期偿债能力更低，所以在市场发生变动时企业不仅经营停滞，资金链也容易断裂，导致经营风险、财务风险同时来临。

2. 资本结构

资本结构是指企业各种资本的价值构成及其比例，不同的企业拥有不同的资本结构，但资本结构的变化容易引发财务危机。

资本结构变化面临的财务危机主要由债务融资引发。企业经营发展过程中需要通过举债、融资等方式获得财务杠杆收益、节税收益，有利于提升企业价值。但债务融资的增加代表企业财务风险的加大，所以管理者要根据企业资本实际情况决定是否举债与融资。

目前，高负债的资本结构面临的主要风险主要有以下三种。

（1）偿债风险。高负债的资本结构对企业资产结构也有影响，它需要较多的流动资产降低企业的偿债风险。

（2）利率变动风险。高负债的资本结构需要管理者在举债时确定利率，否则很容易为企业带来经济损失。

（3）经营风险。高负债的资本结构需要管理者确定举债后的盈利水平，否则很容易为企业带来经济损失。

第五章
财务数据分析的使用价值：如何利用数据价值

财务知识是管理者必须掌握的基础知识，财务数据是管理者必须读懂、理顺的企业资料。企业管理需要从"管"和"理"两方面进行，需要整理清楚规则与制度、管住发展与运行，但"管"和"理"统一指向了"财"。

5.1　如何加强企业"自我修炼"能力：营运能力分析管理

　　成熟的企业表现为日常经营中对内可以自我管理、对外可以自我运营，而这种状态与企业的营运能力有关。营运能力主要体现为企业运用各项资产获取利润的能力。

　　企业提升营运能力需要从内部因素和外部因素两方面入手，但两者都与企业财务数据存在紧密联系。企业内部营运能力的提升主要以财务报表为基础，外部营运能力的提升主要针对财务报表的局限性与可靠性，根据企业所处的宏观经济环境进行优化。所以，企业管理者想要加强企业的"自我修炼"能力，先要通过财务报表分析企业的营运能力。

5.1.1　营运能力三大指标

　　企业营运的方式主要表现为资产运营，资产是企业生存发展的物质基础，是企业经济利益的主要来源。在资产转化过程中，其转化效率便成了影响企业获利的关键。

　　管理者了解企业营运能力可以从其关键的三大指标入手，即流动资产周转率、固定资产周转率和总资产周转率。

1. 流动资产周转率

　　流动资产周转率是指企业一定营业周期内主营业务收入净额与平均流动资产总额的比率，其计算公式为：

$$流动资产周转率（次）＝主营业务收入净额 \div 平均流动资产总额$$

　　它是企业衡量流动资产利用率的重要指标。通过对流动资产周转率的有效分析，管理者可以强化内部管理，充分调动企业临时闲置的货币资金进行短期投资，为企业带来更多收益，并优化流动资产的调动方式，扩大销售规模。

管理流动资产周转率等于管理企业流动资产的周转速度，管理者将企业流动性、灵活性最强的资产作为企业运营的主要工具，并对其运营效果进行合理分析，可以进一步解释企业其他资产的质量情况。

流动资产周转率的表示方法分为两种。

（1）一定时期内企业流动资产的周转次数，其计算公式为：

流动资产周转次数＝流动资产周转额（产品销售收入）÷流动资产平均余额

流动资产周转次数可以帮助管理者了解企业一定时期内流动资产的周转频率。

（2）流动资产周转一次所需的天数，其计算公式为：

流动资产周转天数＝流动资产平均余额 × 计算期天数 ÷ 流动资产周转额

流动资产周转天数可以帮助管理者了解企业流动资产的周转速度。

在企业经营周期内，流动资产周转频率越高、速度越快，代表企业对流动资产的利用效果越好、企业内各部门的工作效率越高。如果企业流动资产周转率不理想，管理者需要找到影响流动资产周转的内部因素，将其落实到企业经营的具体环节中，并针对性地进行改善，以此提升企业的营运能力。

2. 固定资产周转率

固定资产周转率是企业销售收入净额与固定资产平均净值的比率，它主要用于表现企业在一个营业周期内固定资产的周转次数。相关计算公式为：

固定资产周转率＝销售收入净额 ÷ 固定资产平均净值

固定资产周转天数＝360÷固定资产周转率

固定资产与收入比＝固定资产平均净值 ÷ 销售收入

以上公式分别用于表现企业固定资产在一个营业周期内的周转情况、周转一次所需的天数及固定资产占收入的比率。企业管理者需要注意，不同的计算公式涉及的财务数据不同，其中需要明确区分固定资产原价、固定资产净值和固定资产净额。固定资产原价是指企业购入固定资产时的入账价值，也表示为固定资产的历史成本。固定资产净值会随企业发展不断变化，其计算公式为：

$$固定资产净值＝固定资产原价－累计折旧$$

固定资产净额是指企业固定资产的账面价值，它也受资产折旧的影响，其计算公式为：

$$固定资产净额＝固定资产原价－累计折旧－已计提的减值准备$$

厘清了这些财务数据，企业管理者才能准确计算出固定资产周转率。

通常情况下，企业固定资产的周转率主要体现在生产设备、厂房等固定资产的使用效率上，固定资产周转率越高代表企业对固定资产的利用率越高，企业长期盈利能力更稳定，内部管理水平越高。如果企业固定资产周转率较低，则管理者需要考虑是内部管理出现了纰漏，还是市场发生了变化。因为固定资产周转率是大多数生产企业的生命线，所以企业管理者需要重点关注这一财务数据的变动。

如果选用以下公式计算固定资产周转率，企业管理者还需要注意两个问题。

$$固定资产周转率＝销售收入净额÷固定资产平均净值$$

（1）固定资产平均净值受折旧影响会逐年变动，管理者在逐年比较固定资产周转率时要考虑到这一情况。

（2）受折旧影响，企业固定资产平均净值会不断变动，当这一数值过低时上述公式不能准确体现企业固定资产的周转情况。

3. 总资产周转率

总资产周转率是指企业一定经营周期内销售收入净额与平均资产总额的比率，相关计算公式为：

$$总资产周转率＝销售收入净额÷平均资产总额$$

通过总资产周转率，管理者可以了解到企业全部资产的经营质量和利用效率，总资产周转率越高，代表企业总资产周转情况越好，企业资产结构越合理，销售能力越强。

管理者使用上述公式计算企业总资产周转率时需要注意区分企业销售收入净额和销售收入总额，销售收入净额是企业销售收入减去销售折扣及折让退回后的净收入，利用正确的营业收入净额才能准确体现企业总资产的周转情况。

总资产周转率不仅反映企业内部总资产的运营效率，还可以体现企业与同类企业在资产利用率上的差距。管理者通过自身企业与同类企业总资产周转率的对比，可以发现企业运营的各种弊端，进而挖掘企业潜力，增加企业收入。

注意，企业总资产周转率是同类企业之间资产利用情况对比的第一指标，由于各企业的资产结构不同，流动资产周转率与固定资产周转率并不能准确体现同类企业间资产利用情况的差别。

5.1.2　营运能力分析管理

企业收益能力的强弱与企业资产存在直接联系，企业负债及所有者权益也需要资产提供保障，由此得出，企业对资产的利用能力决定了企业的发展。

管理者对企业营运能力分析管理可以从流动资产营运能力、固定资产营运能力及总资产营运能力入手，根据不同资产类型采取不同策略，以增大企业资产获取利益的空间，增强企业资产获取利益的能力。

1. 流动资产营运能力分析管理

企业流动资产营运能力主要体现在流动资产周转率、应收账款周转率和存货周转率之上。

（1）流动资产周转率。流动资产周转率作为企业营运能力的三大指标之一，体现着企业流动资产的经营质量与获利效果。

企业管理者对流动资产的管理主要为加快其周转速度，同时减少产出所需的流动资产或提高流动资产取得的收入。

①加速流动资产周转，同时减少产出所需的流动资产。在企业销售收入稳定的情况下，管理者需要采取各种策略加速流动资产的周转，且同时减少产出所需的流动资产，体现流动资产这一变动状态的财务指标为流动资产节约额，其计算公式为：

流动资产节约额＝报告期销售收入 ×（1÷ 报告期流动资产周转次数 － 1÷

基期流动资产周转次数 ）

这一指标为正，代表企业流动资产在运营过程中处于节约状态；这一指标为负，代表企业流动资产不仅流动缓慢，且产生了浪费。

②加速流动资产周转，同时提高流动资产取得的收入。体现流动资产这种变动状态的财务指标为销售收入增长额，这一指标为正，代表企业流动资产带来的销售收入有所增加；这一指标为负，代表企业流动资产带来的销售收入正在减少。

（2）应收账款周转率。应收账款周转率是企业在一定时期内赊销净收入与应收账款平均余额的比率，它主要反映企业应收账款的周转速度与管理效率。其理论计算公式为：

$$应收账款周转率 = 赊销收入净额 \div 应收账款平均余额$$

应收账款周转率有两种表现方法，不同表现方法使用的计算公式也不同。

①应收账款在一定时期内的周转次数，其计算公式为：

$$应收账款周转率（次）= 360（一年）\div 应收账款周转天数$$

这一指标越高代表应收账款的周转次数越多，应收账款的利用率越高，企业营运能力越强。

②应收账款的周转天数，其计算公式为：

$$应收账款周转率（天）= 360（一年）\div 应收账款周转次数$$

这一指标越高代表企业应收账款的利用率越高，但不能代表应收账款的利用效果越好。所以，企业管理者应将主要表现应收账款在一定时期内的周转次数作为主要工具，周转次数越多代表企业应收账款收回速度越快，企业内部各部门工作效率越高，企业承担的财务风险越低。

（3）存货周转率。存货周转率是企业一定营业周期内销售成本与存货平均余额间的比率，它主要反映企业存货的周转情况。其计算公式为：

$$存货周转率 = 销售成本 \div 存货平均余额$$

这一指标越高代表企业存货周转速度越快，企业销售能力正在增强。

企业在扩大生产规模过程中，生产投入、产品销售、收回的现金都会随之增长，这三者的关系也会体现在存货周转率当中，如果存货周转率降低，代表三者关系不协调，或产出大于销售，或现金收回不畅。

另外，企业管理者还可以通过存货周转率了解企业存货的合理性。正常情况下企业存货数量维持在保障日常生产所需及销售所需的平衡点，所以存货周转率通常不会在短期内发生大幅度变动，这一指标一旦突然出现大幅变动，就代表企业存货的合理性出现了问题。

2. 固定资产营运能力分析管理

企业固定资产营运能力的分析管理可以从固定资产产值率、固定资产收入率、固定资产变动情况和固定资产周转率入手。

（1）固定资产产值率。固定资产产值率又称固定资产生产率，主要反映企业固定资产的利用效率与效果。其计算公式为：

固定资产产值率 = 总产值 ÷ 固定资产平均总值

这一指标越大，代表企业固定资产利用得越好，企业长期获利能力越强。固定资产产值率是一个受多种因素影响的综合指标，主要受固定资产本身影响。

（2）固定资产收入率。固定资产收入率是指企业在一定时期内产品销售收入与固定资产平均总值的比率。其计算公式为：

固定资产收入率 = 产品销售收入 ÷ 固定资产平均总值 = 固定资产产值率 ×

产品销售率

这一指标越高，代表企业固定资产获得的收入越多，企业对固定资产的利用效果越好。

从计算公式中可以看出，管理者想要提高固定资产收入率，可以从两方面入手：一是提高企业的固定资产产值率，二是提高企业的产品销售率。

（3）固定资产变动情况。固定资产变动主要表现为增长、更新、退废与损失。

①固定资产增长率。固定资产增长率是指企业一定时期内增加的固定资产总值与原有固定资产总值的比率，其计算公式为：

固定资产增长率 =（期末固定资产总值 – 期初固定资产总值）÷ 期初固定资产

总值 ×100%

企业固定资产增长率主要体现在固定资产的购置上，管理者需要考虑生产用固定资产与非生产用固定资产的增长比例。

②固定资产更新率。固定资产更新率是企业在一定时期内增加的新的固定资产价值与期初固定资产价值的比率，它主要反映企业固定资产的更新程度。其计算公式为：

固定资产更新率 = 本期新增固定资产总值 ÷ 期初固定资产总值 ×100%

企业为了保持正常的营运能力，必须对固定资产进行更新，管理者需要根据企业的实际经营情况把握固定资产更新率，若盲目扩大生产，很容易带来经营危机和财务风险。

③固定资产退废率。固定资产退废率是指企业在一定时期内报废清理的固定资产原值与期初固定资产原值的比率，这一指标应与企业固定资产更新率保持平衡。其计算公式为：

固定资产退废率 = 本期退废固定资产总值（原值）÷ 期初固定资产总值

（原值）×100%

影响企业固定资产退废率的因素主要有两种：一是企业固定资产使用寿命到期，二是企业固定资产因功能过时不足以满足生产所需而被淘汰。

这一指标过高代表企业存在经营风险，营运能力正在下降，企业需要购置新的固定资产确保企业营运能力处于正常水平。

④固定资产损失率。固定资产损失率是指企业固定资产盘亏及毁损而造成的固定资产损失与期初固定资产原值的比率。其计算公式为：

固定资产损失率 = 本期盘亏、毁损固定资产价值 ÷ 期初固定资产原值 ×100%

这一数值越低，代表企业对固定资产的管理越好，企业营运能力越有保障；这一数值越高，企业营运能力越低。

（4）固定资产周转率。固定资产周转率作为企业营运能力的三大指标之一，可以准确体现固定资产的运营情况。这一指标越高，代表企业营运能力越强。其计算公式为：

$$固定资产周转率 = 营业收入 ÷ 固定资产平均净值$$

3. 总资产营运能力分析管理

企业总资产营运能力的分析管理可以从总资产产值率、总资产收入率及总资产周转率入手。

（1）总资产产值率。总资产产值率是指企业一定时期内总产值与平均总资产的比率，它主要反映企业总资产创造产值的程度。其计算公式为：

$$总资产产值率 = 总产值 ÷ 平均总资产 × 100\%$$

这一指标越高，代表企业总资产的运营情况越好。

（2）总资产收入率。总资产收入率是指企业一定时期内总资产取得的收入与平均总资产的比率。其计算公式为：

$$总资产收入率 = 营业收入 ÷ 平均总资产 × 100\%$$

这一指标越高代表企业总资产获得收入越高，企业主营业务的获利能力越强。

（3）总资产周转率。总资产周转率对企业营运能力的影响主要体现在三方面。

①流动资产周转率。

②固定资产周转率。

③资产结构。

前文已对前两项做出了详细解释，此处不赘述。资产结构是指前两者之间关系的合理性。前面讲过资产结构是企业经营中的一种选择，其产生的效果不同，企业承担的经营风险、财务风险也不同，企业管理者需要根据企业的实际经营情况选择适合的资产结构。

5.2 如何提升企业"但求回报"能力：销售能力分析管理

利用财务数据不仅可以分析管理企业的营运能力，更可以有针对地提升企业"但求回报"的投入产出能力。企业的投入产出能力主要取决于销售能力，因此，管理者认真解读与企业销售能力相关的销售成本率、销售费用率、管理费用率、财务费用率后，对企业的管理将更加轻松、顺畅。

5.2.1 销售能力四大指标

销售能力决定了企业资产运营的效果与企业收益，从财务管理角度出发，销售成本率、销售费用率、管理费用率、财务费用率四大指标可以全面表现出企业销售能力的高低，也可以帮助管理者找出销售系统中的不足，减少投入、增加产出。

1. 销售成本率

销售成本率是指企业在一定经营周期内销售成本与销售收入净额的比率，它主要反映企业每单位销售收入所需的成本支出。其计算公式为：

$$销售成本率 = 销售成本 \div 销售收入净额 \times 100\%$$

这一指标越高代表企业获取单位销售收入支出的成本越高，企业的利润空间越小。

在分析销售成本率时，企业管理者需要认识到销售成本率与营业成本率并不是对等的。企业营业成本率的计算公式为：

$$营业成本率 = 营业成本 \div 营业收入净额 \times 100\%$$

从营业成本率和销售成本率的计算公式中可以看出，企业销售成本率受销售成本影响，营业成本率受营业成本影响，但销售成本是指企业所销售商品或提供劳务的成本，而营业成本包括企业主营业务营业成本、其他业务营业成本。由此可见，营业成本率可以分为主营业务营业成本率、其他业务营业成本率，而销售成本更为全面，可以体现企业整体的销售成本支出情况。

2. 销售费用率

销售费用率是指企业销售费用与销售收入净额的比率。它体现企业每单位销售收入所需花费的销售费用。其计算公式为：

$$销售费用率＝销售费用 ÷ 销售收入净额 ×100\%$$

这一指标越高代表企业获取单位销售收入花费的销售费用越高，企业的利润空间越小。

销售费用率是衡量企业销售能力的一个重要指标，企业管理者判定企业销售能力时通常以销售收入为基准，若销售收入上涨时销售费用同比上涨，则代表企业销售能力变化不大，这是管理者需要清楚掌握的经营情况。

3. 管理费用率

管理费用率是企业管理费用与销售收入净额的比率，它体现企业为取得单位销售收入所花费的管理费用。其计算公式为：

$$管理费用率＝管理费用 ÷ 销售收入净额 ×100\%$$

这一指标越高代表企业获取单位销售收入花费的管理费用越高，企业的利润空间越小。

企业管理者很少对管理费用有透彻的理解，且对降低管理费用缺乏有效的策略。从企业经营角度出发，企业管理费用居高不下代表企业内部控制系统不健全，管理效率低下。优化内部控制系统、提升管理效果可以有效减少企业管理费用。

4. 财务费用率

财务费用率是企业财务费用与销售收入净额的比率，它体现企业为获取单位销售收入花费的财务费用。其计算公式为：

$$财务费用率＝财务费用 ÷ 销售收入净额 ×100\%$$

这一指标越高代表企业获取单位销售收入花费的财务费用越高，企业的利润空间越小。

企业财务费用率主要受企业经营过程中的利息支出、汇兑损失、各种手续费、其他财务费用四项因素的影响。

5.2.2 销售成本的分析与企业各部门的工作管理

销售成本是指企业销售产品的生产成本或提供劳务的劳务成本，其包括主营业务成本和其他业务成本两部分。企业主营业务成本主要指企业销售的产品、半成品以及提供劳务过程中形成的成本，其他业务成本包括出租固定资产、包装物等业务过程中形成的成本。

主营业务成本

主营业务成本是指企业销售商品、提供劳务等主要经营活动过程中形成的成本。企业主营业务成本与主营业务收入是相匹配的，管理者通过对比这两项数据可以了解到企业主营业务的经营情况。

对主营业务成本的管理应先落实到生产部，主营业务成本可以体现生产部的各项支出，其中包括原材料、员工工资、水电费、折旧费等，企业管理者可以根据企业经营实际情况有效控制主营业务成本。之后，管理者可以根据以下主营业务成本管理策略进行部门管理和成本控制。

（1）提升单位成本的销售收入。

①提升单位销售成本的销售额。单位销售成本不变，企业销售额越高，代表企业利润空间越大。根据销售部门的实际销售情况及市场情况，适当提升单位销售成本的销售额可以节约企业主营业务成本，且增大企业利润空间。

②把控成本变动与利润变动的平衡点。企业经营过程中，成本与利润并非固定不变的，某些产品增加 10% 的销售成本便可以增加 20% 的利润。把控成本变动与利润变动的平衡点可以提升企业收入，并有效管理销售成本。

成本变动与利润变动的平衡点与企业销售部门的关系很密切，销售部门通过根据销售情况总结市场需求，并针对市场需求提出产品改进策略，从而达到以较小成本变动获得利润大幅增加的目的。

（2）对主营业务成本进行有效控制。

成本控制是管理者根据企业一定经营周期的经营情况建立的管理目标。管理者通过对企业主营业务的各项财务指标进行管理，发现业务经营中的薄弱环节，挖掘内部潜力，从中寻找到一切有可能降低成本投入的途径。

目前，企业主营业务成本的有效控制策略有以下几种。

①财务管理。企业主营业务成本的财务管理从以下三方面入手。

a. 提高企业资金利用率。企业管理者根据企业主营业务成本主要支出部门的实际经营情况对企业资金进行跟踪管理，加强资金的调度使用，提高资金利用率。

b. 根据仓储部、生产部的实际经营情况，适当减小存货比例，加强存货管理，以降低企业资金的占用率、优化企业资本结构。

c. 协调财务部门做好各项业务的成本预算，根据成本预算和最终核算结构，找出企业主营业务成本中不必要的开支项目，并剔除。

②采购管理。管理者根据对生产部的生产状况了解，结合销售部的销售情况，对采购部门编制合理的采购计划，确保企业主营业务的各个环节处于成本最优状态，具体方式有以下几种。

a. 根据市场需求合理确定生产量与仓储量，管理采购部门的采购时间。

b. 主营业务原材料采取集中采购方式，并建立统一的原材料采购平台，明确原材料价格、供应商的信息。

c. 确保采购的直供制，通过强化采购人员、审价人员的责任意识尽量确保企业采购过程中不出现中间商。

③控制生产。

a. 提高固定资产利用率。合理安排生产计划，减少单位销售收入的固定资产折旧费用。

b. 减少存货量。过量的库存不仅降低企业主营业务的经营效率，还占用企业资金，增加企业主营业务成本。管理者可以根据销售部门的销售情况合理控制存货量以达到主营业务成本最优的状态。

其他业务成本包含的内容都比较明确，不再详细介绍。

5.2.3 管理费用分析与企业各部门的工作管理

管理费用是指企业行政管理部门在组织或管理企业生产经营活动过程中形

成的费用。管理费用主要包括：公司经费、工会经费、董事会费、招待费、办公费、差旅费、邮电费、绿化费、管理人员工资及福利费用等。

企业管理费用也清楚体现在利润表当中，管理者对管理费用的分析可以从提升管理效果、健全企业内部控制制度入手，并在这一基础上制定降低企业管理费用的实际管理条例。目前，管理者主要从以下方面有效控制企业管理费用。

1. 日常消耗

企业日常消耗主要针对水电费。企业使用办公设备、生产设备会产生大量水电费，对各项设备的工作用电、用水量进行合理管控可以在不影响产出的情况下节约大量管理费用。

2. 办公费用

办公用品是企业日常工作的必备用品，其主要特点为更换频繁、用量大，所以也容易造成浪费。办公用品的采购应由企业行政部门统一办理，且对各部门规范日常用量，采用定期、定量方法，以此减少企业管理费用的不必要支出。

3. 车辆费用

企业车辆调配应受行政部门统一管理，并对用途、去向、使用公里数进行明确登记。企业车辆的管理需要以提升工作质量、提高效率为基础，根据工作任务的轻重缓急，调整企业车辆的使用频率。

4. 维修保养费用

企业生产设备、办公设备及车辆的维修保养应以时间为单位，按周期进行，且管理者不能为节约管理费用而延长保养周期。因为设备的及时维修保养可以延长其使用寿命，减少企业固定资产浪费，所以维修保养费用可以适当增加。

5. 通信费

通信费主要来源于企业管理层和销售部门，对于这项费用支出，管理者需要根据不同情况进行不同额度的控制，比如对销售业绩突出的销售员适当提升通信费额度，确保这一费用价值最大化。

6. 接待费

接待费同样需要根据客户属性划分级别：企业优质客户选择最高级别的接待标准，普通客户选择一般级别的接待标准，其他客户选择基础级别的接待标准。

7. 差旅费

差旅费由实际消耗和差旅补助组成，在差旅补助确定的前提下，根据发票和收据进行报销，可以确保差旅费在合理范围内。

5.2.4　销售费用分析与企业各部门的工作管理

企业销售费用是企业销售商品、材料或提供劳务过程中形成的各种费用。销售费用主要包括运输费、广告费、保险费等。

企业销售费用通常分为两种，分别为变动性销售费用和固定性销售费用。其中变动性销售费用指企业销售过程中随产品销售量变化而变化的各项费用，如广告费；固定性销售费用是指企业销售产品过程中不会随产品销量变化而变化的费用。

提升企业销售能力、节约企业销售成本需要管理者对企业销售费用进行严格管理，因为销售费用的不可控因素更多，对净利润影响更大。

例如，现代大多数企业为提高产品销售量采用充分向销售人员授权的方式经营，且企业收入分配不断向企业销售部门倾斜。这种经营方式优点为企业可以在短时间内极大调动销售人员的工作积极性，带动产品销量高速增长，企业利润空间随之增大。缺点为对销售部门的管理难度增加，企业内部控制系统有效性大幅降低，当市场销售形势发生变化时，管理者很难通过内部管理改变销售局面。

管理者对销售费用的控制等于对企业销售部门的有效管理，因为企业销售部门只对销售收入负责，很少主动对企业利润负责。所以，销售部门可能会采用增加销售费用的方式提升销售收入，不会考虑销售成本费用率。一旦企业管理者对销售费用管理不到位，销售人员很可能会产生大量销售费用，导致在销售收入上涨的同时，企业利润却有可能在下降。

随着时代发展，现代商业市场已经进入微利时代，企业增大利润空间的主要方式不再只是针对市场，还需要针对各种开支。开源节流不是管理者的一种经营思维，而是企业实实在在的管理策略，管理者通过各项财务数据细化内部管理，能够让企业获得更大利润。

因此，企业管理者对销售费用进行有效分析、管理是非常必要的。通过对利润表中销售费用的变动趋势分析，可以及时发现企业主营业务的异常情况，并针对性进行调整，确保实现降本提利。

企业管理者对销售费用分析时可以采用以下两种方法。

1. 总体分析

管理者对利润表中销售费用的整体变动趋势进行分析。了解企业销售费用变动频率及变动幅度，针对变动频繁、幅度较大的情况进行深入分析，找出变动原因，并进行针对性整改。

2. 数据分析

首先对企业利润表中销售费用进行横向对比分析，与同期同类企业进行水平对比；其次进行纵向分析，对比企业内部不同时期销售费用的变化。这样可找出控制企业销售费用的有效方法。

5.2.5 财务费用分析与企业各部门的工作管理

财务费用是企业筹集生产、经营所需资金时形成的各种费用，其主要包括利息支出、汇兑损失、手续费及其他财务费用等。

1. 利息支出

企业发生短期借款、长期借款时产生的利息，以及企业应付票据、应付债券等产生的利息都属于企业的财务费用。

2. 汇兑损失

汇兑损失指企业向银行结售或购入外汇时产生的银行买入、卖出价与企业记账所采用的汇率之间的差额。

3. 手续费

手续费主要包括企业发行债券时需支付的手续费、企业向财务公司筹集资金需支付的手续费、开出汇票时银行收取的手续费等。

4. 其他财务费用

其他财务费用指与企业经营相关的其他财务活动产生的相关费用。

企业经营状况不同，财务费用的计算方法也不同，管理者在分析财务费用时需要注意企业财务费用不仅反映支出也反映收入，导致财务费用减少的因素主要包括企业银行存款利息收入、汇兑收益。

因此，财务费用的计算方法为企业短期借款利息、长期借款利息、应付票据利息、票据贴现利息等各种利息支出与汇兑损失的和减去企业银行存款的利息及汇兑产生的收益。

因为企业财务费用是在企业筹集生产、经营所需资金时产生的，所以其与企业各部门有紧密关系。从企业管理的角度出发，管理者可以通过以下方式有效控制企业财务费用，并对相关部门进行有效管理。

1. 降低企业资金占用成本

降低企业资金占用成本的主要方法为企业存货的有效管理，根据销售部门的经营情况及时盘活存货，在确保销售部门日常销售的前提下，相应减少企业资金占用，可以有效减少企业的财务费用。

2. 提高资金利用率，提升商业信用

提高企业资金利用率可以减少企业筹集资金的数量、减少企业筹集资金的次数，相应降低企业的财务费用。

提高企业资金利用率的方法主要有以下两个。

（1）合理管控资金。管理者根据企业经营情况合理调控短期筹款与长期筹款的比例，并对每一项资金进行跟踪管理，确保专款专用。

（2）合理分配资金。在企业经营资金充足的前提下，管理者可通过控制企业现金流的有效性来提高资金利用率。比如对现金流的控制不仅针对其利润率，对其投入时间、收回期限也进行重点管控可以增强企业资金利用的有效性。

企业经营过程中，管理者需重视商业信用的提升，监督财务部门管控好企业账款、利息支付。较高的商业信用便于企业开展融资及其他筹集资金项目，有利于缩短企业资金筹集时间，提高企业资金利用率。

3. 分析资产占用与财务费用的关系

企业管理者要对资产占用的合理性有清楚认知，通过各项财务数据及时发现企业的闲置资产，并根据经营情况进行合理处置，比如短期出租部分设备、交通工具等。这种方法既可以减少资产占用产生的相关费用，也可以提升企业收入，帮助企业降低负债比率。

5.3 如何增强企业可持续发展能力：盈利能力分析管理

盈利能力是指企业获取利润的能力，盈利能力决定了企业的发展情况。企业管理者要想增强企业的盈利能力，便需要从反映企业盈利能力的销售利润率入手，全面分析企业如何通过投入获得回报，并从中发掘管理企业、令企业可持续发展的方法。

5.3.1 如何增强企业项目盈利能力

一家企业是否拥有强大的盈利能力可以从其销售利润率中了解，而销售利润率又与销售毛利率、销售净利率、净资产收益率息息相关，所以从这三项指标入手，企业管理者也可以清楚了解企业的盈利能力，并找到增强盈利能力的方法。

如果企业经营的是生产销售项目，那么管理者需要对企业财务报表的销售毛利率进行全面分析。因为销售毛利率可以体现企业销售收入的水平，反映出企业的产品是否赚钱。

销售毛利率是销售毛利与销售收入的比率，其计算公式为：

销售毛利率＝销售毛利 ÷ 销售收入 ×100%=（主营业务收入 – 主营业务成本）

÷ 主营业务收入 ×100%

从计算公式来看，企业销售毛利是主营业务收入与主营业务成本之差，但事实上，销售毛利体现的是原材料通过企业加工转换成为产品后的增值部分，且增值部分越多，产品的销售毛利越大。

增强企业经营项目的盈利能力，管理者可以从提高企业销售毛利率入手。站在管理者的角度，可以从影响企业销售毛利率的主要因素入手，从中找到提高企业销售毛利率的方法。

1. 经营产品的优化

根据物以稀为贵的原则，企业经营市场稀缺的产品可以增强市场竞争力，并增大企业的利润空间。稀缺性产品对销售毛利率的影响分为提高销售收入与降低销售成本两方面。

（1）提高销售收入。稀缺性产品的销售价格往往大幅高于其实际价值，所以利润空间更大，企业收入更高。

（2）降低销售成本。通过技术手段降低产品的制作成本，或在单位成本上增加产品的功能或其他设计，都可以增大产品的利润空间。比如，随时代发展，各种电子产品不仅功能越来越多，且各项生产成本越来越低，毛利率越来越高。

由此可见，企业加强对企业生产部门、技术研发部门的有效管理，可以提升企业经营项目的盈利能力。

2. 固定资产优化

企业为项目购置的固定资产也将纳入项目成本当中，优化固定资产投入可以有效提升企业经营项目的盈利能力。比如经营项目时需要购置生产设备、建造厂房以提升生产力，收回这些投资需要一定时间，根据销售部的销售情况，管理者需要估算出成本的收回周期，之后才能计算项目的利润。

所以，企业固定资产的购置需要根据销售部的销售情况来确定，企业管理者准确把握住项目，投资后努力最快获得回报，以快速收回成本，也可以提高企业的销售毛利率。

3. 提高资金周转率

企业资金周转率反映经营项目的效率，资金周转率越高代表项目经营情况越好、产品销售情况越好。在企业经营项目过程中，管理者可以通过以下三种方法提高企业的资金周转率。

（1）制订采购计划。部分企业的原材料采购计划是根据生产部门的需求而制订的，事实上，企业管理者需要根据项目整体经营情况提前制订项目的采购计划。管理者可以通过生产部、销售部的生产经营情况把控项目经营的节奏，进而将原料采购把控在既满足生产经营所需，又不会出现较多存货的平衡点上，以此增加企业周转资金，增大项目利润空间。

（2）配送管理。配送看似是企业简单的日常工作，却可以直接影响企业项目经营的效率以及其利润空间。比如，企业日常配送计划为每周周一、周三、周五将产品从仓储部配送到各销售点。销售部反映的实际销售情况显示，周一至周三的销售额仅占整周销售额的20%，周六、周日销售额占整周销售额的60%。这种情况下，管理者可以将配送计划改为周三、周五配送，且增加周五配送量，在保证销售部正常销售的前提下，节约企业配送成本。

（3）账期管理。企业资金周转率在很大程度上受应收账款、应付账款影响。管理者可在项目经营过程中，通过对财务部、销售部、生产部的有效管理，最大限度地缩短应收账款账期。

5.3.2 如何通过部门工作增强企业项目盈利能力

有些管理者发现，企业经营产品的利润空间非常明显，但增加投入，增加销售量后，企业利润并没有同比增长，甚至出现了负增长，这代表管理者对企业经营项目的盈利能力缺乏正确认知。

从财务角度来讲，企业经营项目的销售毛利率可以衡量企业产品是否赚钱，但销售毛利率不能反映出企业经营状况的稳定性。增加项目投入能否增加企业利润主要通过销售净利率反映，通过这一指标管理者才能清楚企业整体是否赚钱。

销售净利率又称销售利润率，是企业净利润占销售收入的百分比，它体现着企业实现的净利润与销售收入的对比关系。其计算公式为：

$$销售净利率 = 净利润 \div 销售收入 \times 100\%$$

通过销售净利率管理者可以了解企业一定时期的销售收入获取的能力，即企业销售收入带来的利润。

从计算公式中可以看出，销售净利率与企业净利率成正向变动关系，与销售收入成反向变动关系。企业增加投资、扩大销售规模增加销售收入时，必须确保净利润同比增长，才能确保销售净利率不变。事实上，很多企业增加投资、扩大销售规模会导致销售费用、财务费用、管理费用大幅增加，利润负增长的情况。由此可见，分析企业销售净利率的变动情况，可以帮助管理者在增加投资、扩大销售规模时发现存在的问题，及时改进企业管理策略，提升企业盈利能力。

从影响销售净利率的驱动因素入手，企业管理者可以用以下四种方法提升企业经营项目的盈利能力，并从中找到企业内部管理的有效策略。

1. 提高产品销量

在不增加或适当增加期间费用的前提下，有效提高产品销量可以同步提升销售收入与提高净利率，也可以使销售净利率获得有效提高。目前，提高产品销售量的主要策略有以下几个。

（1）实施客户管理策略，定位优质客户。企业管理者根据企业销售部门的数据统计，对企业客户进行分级管理，定位优质客户，并将企业销售端口与之准确对接，进而实现产品销量的提高。

（2）分析市场销售规律。市场销售规律是企业销售部门、生产部门必须定期总结的工作情况，尤其应对受地域、季节因素影响较大的产品的销售情况进行详细记录。

企业管理者可根据市场销售规律调整企业生产情况、销售策略、资金投入，根据不同节点采取增加投资或减少投入的措施，力求企业可以根据市场变化规律实现销量最大化、利润最大化。

（3）销售渠道管理。销售渠道的管理主要指对企业产品从企业转至消费者手中的通道进行有效管理，以及时提高销量，如给予异地经销商更多扶持等。

2. 采取适当的方法提高产品价格

在成本不变的前提下涨价并不是管理者的首选经营策略，因为产品价格大多受市场影响，企业自身很难进行有效调控。企业实际经营过程中，合理的涨价方式为在产品迭代过程中，通过功能、外观、规格的升级，利用较少成本增加提高价格，从而获取较大利润空间。

笔者提醒各位企业管理者，产品涨价虽然可以有效增加产品利润，但带有一定经营风险，一定要根据销售部门反馈的销售情况和生产部门的成本情况决定是否涨价。

3. 降低经营费用

降低经营费用是企业管理者需要长期关注的财务问题，尤其是企业经营项目发生变动时，经营费用成了影响销售净利率的关键因素。有效控制企业经营费用可以通过以下几种方法实现。

（1）经营费用分析。管理者对企业经营费用进行定期分析，在全面的数据支撑下判断经营费用中哪些项目存在降本的空间。

（2）变动成本分析。经营费用中容易产生变化的主要为变动成本，如市场推广费、差旅费等，根据企业实际经营情况合理规定各项费用标准与上限，可以有效降低经营费用。

（3）审查资源浪费。管理者可通过财务部各项数据分析企业资金的去向，分析企业资产的利用情况，进而优化组织结构，杜绝经营费用的浪费。

（4）完善内部控制制度。从经营费用的申请、支出、报销多环节完善内部控制制度，限制不合理费用的支出，降低经营费用的消耗。

（5）编制项目预算。项目经营过程中，如投资情况、销售情况发生变化，管理者需要提前编制项目预算，根据预算情况监控各项费用的发生，并管理各部门的日常工作，提高工作效率的同时减少不必要的费用支出。

（6）完善考核机制。管理者可对企业生产部、销售部进行经营费用考核，将经营费的发生与员工绩效挂钩，实现细化管理。

（7）日常办公费用管理。企业管理者可以倡导节约日常办公费用，如推广无纸办公，降低打印费用等。

4. 采用适当的方法降低成本

在销售价格不变的前提下采用适当的方法降低成本也可以提高销售净利率，但企业降低成本的底线为不影响产品质量，一旦产品质量下降，企业将面临较大经营风险。

5.3.3　如何在企业项目经营中提升项目盈利能力

企业经营项目自然追求更多利润，其重要前提为项目拥有较高盈利能力。在项目经营之初，管理者需通过项目预算、发展规划初步了解项目的利润空间，随着项目的开展，管理者还需在经营过程中不断提升项目的盈利能力。

从项目经营角度出发，管理者需要思考以下几个问题。

1. 项目战略选择

企业经营项目如何体现自身优势、如何快速获得较大的市场空间、如何减少不必要的市场竞争。

2. 经营模式选择

企业经营项目采用怎样的经营模式，这种模式下项目经营质量、发展潜力有多大空间，市场预测会出现哪些变动，在变动时经营模式应该如何调整与变革。

3. 组织框架选择

企业经营项目的组织框架怎样确定，怎样的组织框架有利于把握住市场机遇。

4. 核心技术选择

科技时代中，企业经营项目的核心技术如何确定、技术优势如何凸显。

思考了这四个问题，管理者才能确定项目经营的基本方式，并对项目进行有效把控。之后，管理者可以通过以下几种方法有效提升经营项目的盈利能力。

1. 找准市场基数

项目经营过程中，管理者需要根据销售部门的财务数据及时了解企业的市场基数，并衡量企业经营项目投资、销售规模的变动是否可以实现销售目标，获得预期的收益。如果市场基数满足项目发展所需，则管理者可以及时调整项目经营节奏，令项目盈利能力实现纵向和横向的双向提升。

2. 找准盈亏平衡点

项目经营初期，管理者需根据销售部的市场调查情况计算出行业平均利润率，以行业平均利润率为基准找准产品的盈亏平衡点。

管理者应以行业平均利润率为基准，严格控制各项费用的增长情况，在经营费用增长幅度小于销售利润增长的前提下，不断扩大销售规模，增强项目的盈利能力。

3. 提高企业销售毛利率

前面讲到，企业销售毛利率是衡量产品是否赚钱的重要指标，企业项目经营过程中，要实现销售毛利率的有效提高，就要先让销售产品赚到钱，之后才能整体提升项目的盈利能力。

项目经营过程中提高销售毛利率的主要方法有以下 3 种。

（1）降低原材料采购成本。比如随着项目不断发展，管理者可根据项目经营情况加大原材料采购量，与原材料供应商协商降低原材料单价。

（2）产品迭代升级。这是指通过技术研发不断迭代产品，通过产品功能、外观、型号的升级提高产品销售毛利率。

（3）升级营销策略。这是指优化产品结构，加大投入以推广高毛利产品，从而提高其销量，提高项目销售毛利率。

4. 提高企业销售净利率

完成企业销售毛利率提高之后，管理者还需要继续提高企业销售净利率。销售净利率反映企业项目的投资回报的稳定性，在产品获利后继续追求项目整体获利才能确保项目盈利能力稳步提升。

5. 优化产品结构

随着项目经营发展，管理者需要优化产品结构，将销售重点从销售低毛利产品转移到较高毛利产品上。主要方法为采用经销商返利、制定销售人员激励政策，将产品结构逐渐向较高毛利产品倾斜，从而达到项目整体毛利率提高的目的。

6. 提高产品销售率

经营项目过程中，管理者要采取各种措施提高产品销售率，结合产品结构优化策略，盘活项目对应的销售市场。产品销售率越高项目盈利能力提升越快。

7. 控制经营费用

对项目经营阶段经营的费用进行有效控制是实现盈利的保障。企业管理者需根据前述的各项经营费用控制方法严格管理项目经营费用指标，将经营费用细化到项目经营的各个管理制度中，并做到旬度、月度、季度跟踪考核，确保项目盈利能力的提升。

8. 提高人工成本投入产出率

管理者结合项目经营情况，合理进行人工成本投入产出率的提高。人工成本投入产出率的计算公式为：

$$人工成本投入产出率 = 利润总额 \div 人工成本总额 \times 100\%$$

这项指标表明了项目投入人工成本后的产出情况，单位人工成本取得的利润越高，项目盈利能力越强。

提高人工成本投入产出率的主要方法为完善生产部门管理制度、健全考核机制，充分提高人工成本的利用率。

9. 提高项目运营效率

项目运营效率可以全面体现项目的盈利能力。管理者可以采用提高生产效率、降低存货、降低产品报废率等方式加速项目运转，还可以通过健全项目供应链和建立信息流、物流、现金流的内部控制系统对供应链进行整合，以降低企业生产运营成本、提高资产利用率，使项目高效运转，提升项目盈利能力。

5.3.4　如何在日常管理中提升企业项目盈利能力

企业盈利能力不仅体现在项目经营过程中，也体现在管理者的日常管理中。管理者可通过对企业各项资源进行有效管理，使其规避贬值、快速损耗的风险，提升盈利能力。

在日常管理中提升企业项目盈利能力，需要管理者从项目经营的逻辑出发，追求经营成果的真实性，并从效益角度对企业各项财务指标进行分析。

追求经营成果的真实性是指不满足于项目财务指标的表面数据，通过对各项指标进行深入分析了解项目的真实经营情况，并进行有效管理。从效益角度分析，这是指理性对待各项增长指标，制定符合企业项目经营的最优方案。比如，通过勾稽关系核查各项增长指标的准确性，杜绝虚假经营成果的出现，并分析指标增长的实际原因，以此为基准优化经营策略，实现项目盈利能力的提升。

在这种管理思维之上，管理者还可以结合项目经营的实际情况，在日常管理中通过以下几种方法提升项目盈利能力。

1. 优化筹资手段

大多数企业的筹资手段以吸引投资、企业留利、提升商业信用、举债等方式为主，对融资租赁、风险投资、发行股票、发行债券等筹资方式运用较少。企业管理者不应受自身思维的局限，选择筹资方式应当以企业实际经营情况为基础，通过各项筹资预算分析，选择适合的筹资方式，比如选择并购筹资、组合筹资等方式。通过选择适合的筹资方式力求最短时间内提高企业资产利用率、投入产出率、净资产收益率，以此提高项目的经营效率，实现利润的快速增长。

2. 优化投资手段

项目经营过程中，管理者需要根据项目经营实际情况采取各种投资活动。前面讲过体现项目盈利能力的财务指标为销售净利率，也讲过站在项目经营角度提高销售净利率的方法，而站在管理者角度通过对企业各部门的有效管理，实现投资手段的优化，也可以达到提高销售净利率的目的。企业管理者可采取以下几种方法。

（1）通过财务部日常管理，分析项目财务情况，调整项目投资结构，追求更大利润空间。

（2）通过生产部日常管理，分析项目技术优势，以技术投资、人才投资的方式投资合作企业，获得更多利润。

（3）通过销售部日常管理，分析市场变动趋势，有效拓展市场，加速项目运营，实现项目利润增长。

3. 优化资源分配

项目资源合理分配是提高项目运营效率、增大利润空间的重要方式，这需要管理者在日常管理中对企业各部门工作情况有充分了解，从项目经营流程出发，为各部门合理配置资源，力求同步提高企业销售毛利率与销售净利率。

例如，加大技术部门资本投入、增强产品技术优势，从而获得更大利润空间；加大企业销售部门投入、加速市场开拓、提高产品销量，从而提升销售收入与利润。

总之，项目资源的合理分配关系到项目盈利的各个方面，管理者只有对项目各部门运营情况充分了解，才能够做到资源分配的合理化、高效化。

第六章
如何做好企业资金管控

资金管控是企业管理者做好管理的重要组成部分。在竞争环境复杂多变的当下,管理者只有努力提高企业资金的管控水平,才能合理控制企业发展的节奏,比如现金流的管控、银行账户的管控、资金周转的管控等。做好了企业资金管控,企业发展才更高效。

6.1　企业资金安全管控

资金流动性强、易受侵害，资金安全管控是企业运营管控的基础。因此，资金安全管控为财务部门的首要和基础任务，如果资金安全无法得到保障，那么财务部门再多的努力都会化为乌有，财务部门会丧失管理者甚至全体员工的信任。

6.1.1　资金安全基本管控措施

资金安全管控的基本管控措施为必须关注"收支两条线"。收支两条线起源于国家财政管控要求，指中央对地方年度预算，采取收支脱钩，分别计算收入留解比例和支出指标的办法。

运用到公司资金管控中，收支两条线指资金的收入和资金的支出必须全部纳入财务体系，"收是收、支是支"，两条线泾渭分明、自成体系，汇合起来又是完整的货币资金收支关系。

收入在纳入财务体系前不得直接用于支出，即不得坐支。坐支就是指收到的资金没有纳入账务体系，而是直接用于开支。其原因就是疏忽大意或有意规避，不管是何种原因，坐支都造成资金体外循环，严重时造成资金的灭失风险。

一般而言，资金安全的基本管控措施包含以下内容。

1.不相容职务分离

资金安全管控的基本原则就是不相容职务分离原则。

（1）资金收取的执行与确认分离。

（2）资金支付的审批和执行分离。

（3）资金支付的发起和审核分离。

（4）资金保管的记录与盘点分离。

2.资金收入管控

资金安全管控往往侧重于资金支出管控，而轻视或忽略资金收入管控，资金收入管控也是需要管理者注重的环节。资金收入管控措施包括以下内容。

（1）专口收取。所有银行收取款项必须汇至公司对公账户，所有货币资金（含银行票据）收取必须在工作场所、工作时间交付公司出纳。

（2）凭据收取。出纳收取货币资金必须开具加盖财务专用章的收据，收据必须包括出纳签认、经办人签认。不允许出现无签认或单人签认收据。

（3）警戒提示。向客户或潜在交款人温馨提示，款项必须交付公司对公账户，不得私自向他人转交，向业务人员警示、强调不得直接收取货款。

3.资金存放管控

资金存放管控的重点主要包括安全位置和资金盘点两项内容。

（1）安全位置。资金必须存放在安全的位置，尤其是非工作时间，一般要存放在财务室的保险柜内，大型公司的财务用保险柜也有设置在保安室的情形，且存放场所必须安装防盗门窗及监控设备。

（2）资金盘点。资金盘点是对其状态安全的一种确认，公司财务部门应合理组织货币资金、银行存款及银行票据的盘点工作。

4.资金支出管控

资金支出管控是很多企业管控资金安全的重心，在实务中，资金支出管控的措施也比较丰富。

（1）分级审批。一项资金支付的审核审批应当经过经办人申请—经办部门负责人审核—相关会计审核—财务部门负责人审核—总经理审批—出纳支付等六大环节。

（2）印鉴分管。其实质是付款的操作权和审核权要分开，同一笔付款业务须经两人或两人以上协作配合才能成功办理，这种配合其实也是互相制约。财务印鉴包括财务专用章和法人章，财务专用章一般由财务部负责人或其指定的非出纳人员保管，法人章可由出纳保管。网络支付时代，印鉴分管则表现为 U 盾或其他支付工具分管。

（3）凭单支付。所有资金支付必须凭借审批完备的支出类单据，如请款单、借支单、费用报销单。金额巨大的款项在支付前还须与最终审批者再次确认。

（4）逐级支付。一笔款项支付应当经历两人或两人以上人员确认。以支票支付为例，出纳填写支票，凭请款单和支票向财务专用章保管人申请盖章，盖章后将支票交付经办人，经办人签字确认收取支票，这个过程经历 3 人确认。

网银支付与此类似，出纳发起支付申请，网银审批人凭单点击确认。即便最简单的报销业务，费用报销单上也必须有出纳签名及报销人收款签名。

6.1.2　企业现金管控

现金管控是企业资金管控的重要内容，企业应当做好现金限额设定，并确认提取和盘点机制，保障企业现金安全。

1. 现金限额设定

财务部出纳应根据企业日常现金使用量拟定现金限额，以财务部名义报总经理审批后执行。超过限额的现金下班前无法存放银行的，必须马上向总经理书面请示，并按其指示办理。企业应为此制作现金存放限额申请表，如表 6.1-1 所示。

表 6.1-1　现金存放限额申请表

现金存放限额申请表	
年　月　日	
申请人	
现金存放限额申请	
财务部负责人	
总经理	

2. 现金提取申请

取现行为属企业内部资金流转行为，所以多数取现都由出纳与财务经理口头沟通后完成，甚至由出纳随意确定金额。取现申请单将口头沟通转变为书面凭据，完善了证据链。

出纳根据估计的现金使用量确认取现金额报财务经理审批，财务专用章保管人员根据审批后的取现申请单加盖印章，其常用表单如表6.1-2所示。

表6.1-2　取现申请单

取现申请单				
年　月　日				
申请前库存现金余额				
需支出现金	序号	事项	金额	备注
	1			
	2			
	3			
	4			
	5			
	6			
	7			
	8			
	小计			
本次申请取现				
支出后库存现金余额			未超过30 000元库存现金余额	

财务经理　　　　　　　　　　　　　　出纳

3. 现金盘点

现金盘点包括出纳自盘和现金监盘，出纳必须每日自盘现金，确保日清。

现金监盘分为定期监盘和不定期监盘。定期监盘一般在月末盘点，目的是为了确保现金的账实相符。

不定期监盘的频次由财务部负责人确定，不定期监盘必须强调突击性，失去突击性的盘点不能称为不定期监盘。

不定期监盘的简要流程：监盘人员宣布不定期监盘—出纳立即打开保险柜清点库存现金，登记现金盘点表—监盘人员监盘无误签认现金盘点表—出纳登记完整现金日记账与已清点现金核对。现金盘点表如表 6.1-3 所示。

表 6.1-3　现金盘点表

现金盘点表				
年　月　日			单位：元	
清　点　现　金				
面值	张（枚）数	金额	加：已支付未登账事项	金额
100 元			1	
50 元			2	
20 元			3	
10 元			4	
5 元			5	
2 元			减：已收到未登账事项	
1 元			1	
5 角			2	
2 角			3	
1 角			4	
5 分			5	
2 分			日记账应有金额	
1 分			日记账实载金额	
实点金额			差异金额	
差异说明（如有）：				

财务经理　　　　　　　　监盘人　　　　　　　　出纳

4. 不得白条抵库

白条抵库指以个人或单位名义开具的不符合财务制度和会计凭证手续的字条与单据，抵冲库存现金的行为。

白条抵库会使实际库存现金减少、库存现金账实不符，违反资金支出管控，不管金额大小，其性质都极为恶劣，应坚决杜绝。

6.1.3　银行账户管控

银行账户管控包括银行账户的开设、变更、注销及银行存款余额调节表的编制。银行账户开设、变更、注销必须依据经有效审批的银行账户管理表进行，如表6.1-4所示。

表 6.1-4　银行账户管理表

银行账户管理表			
年　月　日			
经办部门		经办人	
事项	□ 开户　　□ 变更　　□ 销户　　□ 其他		
开户银行名称			
开户银行地址			
银行账户号码			
账户性质	□ 基本户　　□ 一般户　　□ 临时户　　□ 专用户		
事由			
财务经理			
总经理			
资料移交清单	1		
	2		
	3		
	4		
	5		
	6		
	7		
资料移交清单	8		
	9		
	10		

移交人（经办人）　　　　　　　　　　接收人

银行存款余额调节表是调整企业银行日记账与开户银行资金收支的重要工具，财务部应指派非出纳人员取得银行对账单并及时编制银行存款余额调节表，如表6.1-5所示。

即便银行账户不存在调整事项，也必须编制该表。

表 6.1-5　银行存款余额调节表

银行存款余额调节表										
年　　月　　日										
银行名称						银行账号				
银行存款账面余额						银行对账单账面余额				
加：银行已收，企业未收						加：企业已收，银行未收				
序号	日期	凭证号	摘要	金额	备注	序号	日期	摘要	金额	备注
1						1				
2						2				
3						3				
4						4				
5						5				
小计						小计				
减：银行已付，企业未付						减：企业已付，银行未付				
1						1				
2						2				
3						3				
4						4				
5						5				
小计						小计				
调节后的存款余额						调节后的存款余额				
差异金额			差异说明							

财务经理　　　　　　　　　　　　　　　　　　　编制

6.1.4　银行票据管控

银行票据包括银行支票、银行承兑汇票等，企业应做好票据购买、登记、使用、核销管控。以银行支票管理为例说明银行票据的管控。银行支票管控流程和银行支票使用登记表分别如表 6.1-6 和表 6.1-7 所示。

表 6.1-6　银行支票管控流程

管控过程		管控要求
支票购买		出纳向财务部负责人申请后购买支票
支票登记		支票监管人登记支票使用登记表并签认
支票使用	正常支付	出纳按审批完备的付款申请开具支票
	支票作废	将作废支票右上角支票号码剪下粘贴至对应支票核销栏
支票稽核		支票监管人核查本支票使用情况

表 6.1-7　银行支票使用登记表

银行支票使用登记表								
公司名称			开户银行			银行账户		
支票号码	日期	摘要	对方名称	开户银行	银行账户	金额	领用人签字	支票核销
××××01								
××××02								
××××03								
××××04								
××××05								
××××06								
××××07								
××××08								
××××09								
××××10								

支票监管　　　　　　　　　　　　　　　　　　　　　　出纳

6.2　投资活动控制

投资活动主要分为两部分，即企业长期资产的构建，以及不包括在现金等价物内的投资及其处置活动。投资活动的控制，需要落脚于投资项目的评估，只有当投资项目符合企业需求时，企业才能进行后续的执行管理和收回管理。

6.2.1 投资评估

投资活动控制的前提，就在于对投资活动及其项目的有效评估，避免企业因投资失误陷入财务困境。因此，企业也需要制定严格的投资活动审批流程。

1. 投资活动的主要风险

企业在进行投资评估时，一般需要关注五个风险点。

（1）投资活动与企业战略不符带来的风险。

企业投资活动应该以企业发展战略为导向，正确选择投资项目，合理确定投资规模，恰当权衡收益与风险。

（2）投资与筹资在资金数量、期限、成本与收益上不匹配的风险。

为了避免出现这样的风险，企业需要从三个角度出发。

①投资量力而为，不可贪大求全，不可超过企业资金实力和筹资能力进行投资。

②投资的现金流在数量和时间上要与筹资现金流保持一致，以避免财务危机发生。

③投资收益要与筹资成本相匹配，保证筹资成本的足额补偿和投资盈利性。

（3）投资活动忽略资产盈利性与流动性的风险。

对企业而言，资产流动性和盈利性是存在矛盾关系的，这就要求企业投资中要恰当处理资产流动性和盈利性的关系，通过投资保持合理的资产结构。

（4）缺乏严密的授权审批制度和不相容职务分离制度的风险。

授权审批制度和不相容职务分离制度是投资内部控制、防范风险的重要手段。同时，为了与投资责任制度相适应，企业还应建立严密的责任追究制度，使职责权利得到统一。

（5）缺乏严密的投资资产保管与会计记录的风险。

企业应建立严密的投资资产保管制度，明确保管责任，建立健全账簿体系，严格账簿记录，通过账簿记录对投资资产进行详细、动态反映和控制。

2. 投资活动的审批流程

基于上述五个主要风险点，企业应当建立完善的投资活动审批流程。

（1）拟定投资方案。

根据企业发展战略、宏观经济环境、市场状况等，提出本企业的投资项目规划，在对规划进行筛选的基础上，确定投资项目。

（2）投资方案可行性论证。

对投资方案应进行严格的可行性研究与分析。可行性研究需要从投资战略是否符合企业的发展战略、是否有可靠的资金来源、能否取得稳定的投资收益、投资风险是否处于可控或可承担范围内、投资活动的技术可行性、市场容量与前景等几个方面进行论证。

（3）投资方案决策。

按照规定的权限和程序通过分级审批、集体决策对投资项目进行决策审批，决策审批应与方案制定适当分离。审查投资方案时应重点关注：投资项目是否可行、是否符合投资战略目标和规划，是否具有相应的资金能力，投入资金能否按时收回，预计收益能否实现，以及投资和并购风险是否可控等。

重大投资项目，应当报经董事会或股东（大）会批准。投资方案需要经过有关管理部门审批的，应当履行相应的报批程序。

（4）投资计划编制与审批。

根据审批通过的投资方案，与被投资方签订投资合同或协议，编制详细的投资计划，落实不同阶段的资金投入数量、投资具体内容、项目进度、完成时间、质量标准与要求等，并按程序报经有关部门批准，审批通过后签订投资合同。

6.2.2 投资执行管理

投资项目往往周期较长，在投资执行的过程中，企业需要指定专门机构或人员对投资项目进行跟踪管理，进行有效管控。

1. 投资执行管理

在投资项目执行过程中，必须加强对投资项目的管理，密切关注投资项目的市场条件和政策变化，准确做好投资项目的会计记录和处理。

企业应及时收集被投资方经审计的财务报告等相关资料，定期进行投资效益分析，关注被投资方的财务状况、经营成果、现金流以及投资合同履行情况。发现异常情况时，应当及时报告并妥善处理。

同时，在项目实施中，企业还必须根据各种条件，准确对投资的价值进行评估，根据投资项目的公允价值进行会计记录。如果发生投资减值，应及时提取减值准备。

2. 投资执行风险控制

基于投资执行管理的主要内容，为了做好投资执行过程中的风险控制，保证投资活动按计划合法、有序、有效进行，企业应当做好四个层面的工作。

（1）根据投资计划，严格分期、按进度适时投放资金，严格控制资金流量和投入时间。

（2）以投资计划为依据，按照职务分离制度和授权审批制度，各环节和各责任人应正确履行审批监督责任，对项目实施过程进行监督和控制，防止各种舞弊行为，保证项目建设的质量和进度要求。

（3）做好严密的会计记录，发挥会计控制的作用。

（4）做好跟踪分析工作，及时评价投资的进展，将分析和评价的结果反馈给决策层，以便及时调整投资策略或制定投资退出策略。

6.2.3　投资收回管理

对已到期投资项目的处置同样要经过相关审批流程，妥善处置并实现最大的经济收益，确保投资收益的收回。

1. 投资收回管理

企业应加强投资收回和处置环节的控制，对投资收回、转让、核销等决策和审批程序做出明确规定。

在投资收回管理中，企业应当做好以下三项工作。

（1）重视投资到期本金的收回。

（2）转让投资应当由相关机构或人员合理确定转让价格，报授权批准部门批准，必要时可委托具有相应资质的专门机构进行评估。

（3）核销投资应当取得不能收回投资的法律文书和相关证明文件。

2. 投资收回风险控制

基于投资收回管理的主要内容，为了做好投资收回过程中的风险控制，保证投资资产的处理符合企业的利益，企业应当做好两个层面的工作。

（1）投资资产的处置应该通过专业中介机构，选择相应的资产评估方法，客观评估投资价值，同时确定处置策略。

（2）投资资产的处置必须经过董事会的授权批准。

6.3　资金运营活动控制

资金运营活动主要包括采购、生产、销售，以及支付工资和企业费用等活动，是指企业日常生产经营中发生的各种资金收付行为。进行资金运营活动控制，主要是为了控制资金的流入和流出，确保资金运营的合理、合规。

6.3.1　资金运营活动的业务流程

资金运营活动的业务流程，主要可以分为以下四个环节。

1. 业务发生

资金收付需要以业务发生为基础。企业资金收付，应该有根有据，不能凭空收款或付款。所有收款或者付款需求，都由特定的业务引起，因此，有真实的业务发生，是资金收付的基础。

2. 企业授权部门审批

收款方应该向对方提交相关业务发生的票据或者证明，然后收取资金。资金支付涉及企业经济利益流出，应严格履行授权分级审批制度。不同责任人应该在自己授权范围内，审核业务的真实性、金额的准确性，以及申请人提交票据或者证明的合法性，严格监督资金支付。

3. 财务部门复核

财务部门收到经过企业授权部门审批签字的相关凭证或证明后，应复核业务的真实性、金额的准确性、相关票据的齐备性，以及相关手续的合法性和完整性，并签字认可。

4. 支付资金

出纳或资金管理部门在收款人签字后，根据相关凭证支付资金。

6.3.2　资金运营内部控制的关键控制点及控制措施

由于企业日常资金往来频繁，资金运营活动的内容十分繁杂。因此，在资金运营活动控制中，企业一定要把握住内部控制的关键控制点、控制目标，并采取相应的控制措施，如表 6.3-1 所示。

表 6.3-1　资金运营内部控制的关键控制点、控制目标及控制措施

关键控制点	控制目标	控制措施
审批	合法性	未经授权不得经办资金收付业务；明确不同级别管理人员的权限
复核	真实性与合法性	会计对相关凭证进行横向复核和纵向复核
收支	收入入账手续完整，支出手续完备	出纳根据审核后的相关收付款原始凭证收款和付款，并加盖戳记
记账	真实性	出纳人员根据资金收付凭证登记日记账；会计人员根据相关凭证登记有关明细分类账；主管会计登记总分类账
对账	真实性和财产安全	账证核对、账表核对与账实核对
银行账户管理	防范小金库；加强业务管控	开设、使用与撤销的授权；是否有账外账
票据与印章管理	财产安全	票据统一印制或购买；票据由专人保管；印章与空白票据分管；财务专用章与企业法人章分管

具体而言，资金运营内部控制主要有七个控制点。

1. 审批控制点

把收支审批点作为控制点，是为了控制资金的流入和流出，审批权限的合理划分是资金运营活动顺利开展的前提条件。审批控制点包括：制定资金的限制接近措施，经办人员进行业务活动时应该得到授权审批，任务未经授权的人员不得办理资金收支业务；使用资金的部门应提出用款申请，记载用途、金额、时间等事项；经办人员在原始凭证上签章；经办部门负责人、主管总经理和财务部门负责人审批并签章。

2. 复核控制点

把复核作为控制点有利于减少错误和舞弊。根据企业内部层级的隶属关系，复核可以划分为纵向复核和横向复核这两种类型。前者是指上级主管对下级活动的复核；后者是指平级或无上下级关系人员的相互核对，如财务系统内部的核对。复核控制点包括：资金运营活动会计主管审查原始凭证反映的收支业务是否真实合法，审核通过并签字盖章后才能填制原始凭证；凭证上的主管、审核、出纳和制单等印章是否齐全。

3. 收付控制点

资金的收付导致资金流入流出，反映着资金的来龙去脉。收付控制点包括：出纳人员按照审核后的原始凭证收付款，并对已完成收付的凭证加盖戳记，并登记日记账；会计人员及时准确地将收付业务记录在相关账簿中，定期与出纳人员的日记账核对。

4. 记账控制点

资金的凭证和账簿是反映企业资金流入流出的信息源，如果记账环节出现管理漏洞，很容易导致整个会计信息处理结果失真。记账控制点包括：出纳人员根据资金收付凭证登记日记账；会计人员根据相关凭证登记有关明细分类账；主管会计登记总分类账。

5. 对账控制点

对账是账簿记录的最后一个环节，也是报表生成的前一个环节，对保证会计信息的真实性起到重要作用。对账控制点包括：账证核对、账账核对、账表核对、账实核对等。

6. 银行账户管理控制点

企业应当严格按照《支付结算办法》等国家有关规定，加强银行账户的管理，严格按规定开立账户，办理存款、取款和结算。银行账户管理的关键控制点包括：银行账户的开立、使用和撤销是否有授权，下属企业或单位是否有账外账。

7. 票据与印章管理控制点

印章是明确责任、表明业务执行及完成情况的标记。印章的保管要贯彻不相容职务分离的原则，严禁将办理资金支付业务的相关印章和票据集中由一人保管，印章要与空白票据分管，财务专用章要与企业法人章分管。

6.4　并购交易控制

简单来讲，并购就是一家企业吸收合并另一家或多家企业，或通过收购获取另一家企业的所有权。在实务中，并购交易是一项复杂性与技术性并存的专业投资活动，更被称为"财力与智力的高级结合"。企业必须对并购交易进行严格控制。

6.4.1　并购交易管理控制流程

并购交易是一项复杂性与技术性并存的专业投资活动。如果企业未能妥善制定并购交易管理控制流程，并购交易不仅无法推动企业的发展，反而可能引发企业管理风险。

1. 并购交易的主要风险

并购交易并不总能达到企业的预定目标，甚至可能对企业正常经营与管理带来负面影响。企业应当关注并购交易的主要风险，主要风险如下。

（1）并购交易违反国家法律法规，可能造成经济损失和信誉损失。

（2）并购交易方案未经严格审核，或审批程序不规范，则可能存在重大差错风险，甚至出现舞弊、欺诈风险，给企业造成重大损失。

（3）对并购对象的调查不全面、不合理，导致企业并购交易失败，股东权益也可能因此受损。

（4）并购交易合同或协议履行不恰当，或未经有效监控，则可能发生违约损失的风险。

（5）并购交易的会计处理不当，则可能导致财务报告信息失真的风险。

2. 并购交易关键环节控制

针对并购交易的主要风险，企业在制定并购交易管理控制流程时，应加强关键环节控制。

（1）企业要设置专门的并购机构，确保机构人员的配置科学合理，并明确相关人员的职责和权限。

（2）《并购意向书》、项目草案的撰写应当详细、合规，并经过明确、规范的审批程序。

（3）并购机构对并购对象的调查应科学合理、规范严谨。

（4）财务部应对并购交易的全程进行严格控制，按照国家会计制度及相关法律法规，对并购成本进行合理科学的分配。

3. 并购交易管理控制流程及风险控制

根据并购交易的主要风险和关键环节，企业可以着手进行并购交易管理控制流程的设计，并做好相应环节的风险控制。

具体而言，并购交易管理控制流程及风险控制，如图6.4-1所示。

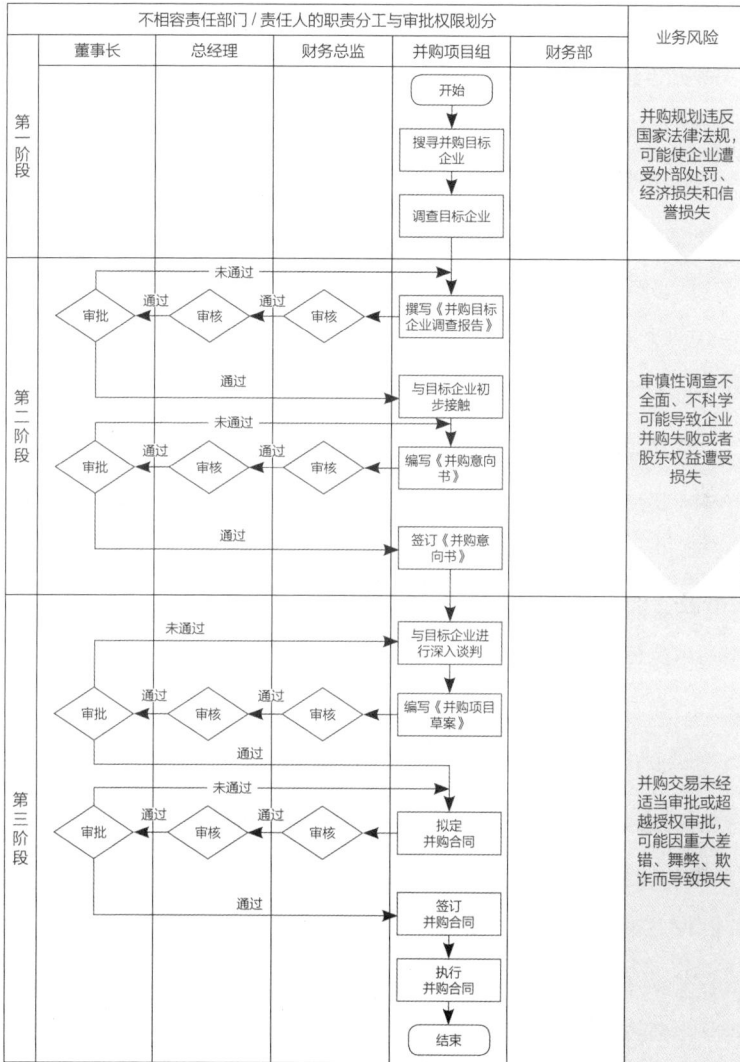

图 6.4-1　并购交易管理控制流程及风险控制

6.4.2　《并购意向书》编制流程

根据企业与并购对象达成的初步共识，并购项目组需要编制《并购意向书》。编制《并购意向书》是企业发起并购交易的重要环节，因此，《并购意向书》的编制必须经过严格的流程，并经过财务总监、总经理、董事长等相关人员的审核、审批。

1.《并购意向书》的内容

《并购意向书》的主要内容应当包含以下八个方面。

（1）保密条款。

（2）排他协商条款。

（3）费用分摊条款。

（4）提供资料与信息条款。

（5）并购终止条款。

（6）并购标的条款。

（7）并购价格条款。

（8）并购的进度安排条款。

2.《并购意向书》的审批程序

并购项目组撰写的《并购意向书》，必须经过相关高层管理者的审批。其审批程序一般包含三个环节。

（1）法律顾问审核法律相关问题，并确认无误。

（2）财务总监审核财务相关问题，并确认无误。

（3）总经理和董事长对《并购意向书》进行审批，并确认无误。

在审批程序的任一环节，如相关岗位对《并购意向书》存在疑问，都应及时将其返给并购项目组，并由并购项目组人员进行修改；如并购对象对需要修改的条款存在争议，则应就此重新进行协商，并重新拟定条款。

只有在《并购意向书》完全审批通过后，并购项目组才能据此与并购对象开展进一步谈判。

第七章
如何做好企业融资渠道与方式创新

　　资本是企业的血脉，企业需要一次次融资活动、投资活动来确保良性运营。融资作为企业发展的主要推动力，既促使企业内部各环节间资金供求平衡，又帮助企业抓住市场机遇，迅速发展壮大。因此，企业管理者需要及时了解与创新符合时代发展的融资渠道与融资方式。

7.1 企业资金筹集：如何合理确定资金来源结构

筹集资金是企业经营过程中必不可少的活动，企业管理者对筹资活动需要注意两点：一是所需筹集的资金数量，这需要管理者根据企业经营所需进行准确预算，并根据具体数量选择不同的筹资方式；二是考虑企业资金来源结构，确保负债与资本的比例合理。这样企业才能在降低经营风险与财务风险的前提下，有效运用财务杠杆扩大企业收益。

7.1.1 财务杠杆

财务杠杆又称筹资杠杆或融资杠杆，从财务的专业角度解释，它是指企业固定债务、优先股股利的存在导致普通股每股利润增长或下降幅度大于息税前利润增长或下降幅度的现象。从企业经营角度来讲，财务杠杆表现为，企业负债经营过程中，其债务利息一般是固定的，企业利润增加或减少时，单位利润对应的利息便会相应地减少或增加，从而为企业投资者带来更多的收益或损失。

财务杠杆系数的计算公式为：

$$财务杠杆系数 = 普通股每股收益变动率 \div 息税前利润变动率$$

值得企业管理者注意的是，虽然运用财务杠杆是一种经营手段，但其不仅可以放大收益，也可以放大损失。财务杠杆是一把双刃剑，管理者需要先熟悉其原理，再运用。

1. 财务界对财务杠杆的三种观点

目前，财务界对财务杠杆有不同的理解，主要有以下三种。

（1）财务杠杆重点体现企业对负债的利用情况。部分理财人士将财务杠杆定义为"企业在制定资本结构决策时对债务筹资的利用"，所以财务杠杆主要体现企业对资本、融资、负债的利用情况。

（2）财务杠杆重点体现企业的资本结构调整情况。部分理财人士认为，财务杠杆是指企业在筹资过程中通过调整资本结构获取额外收益的手段。企业财务杠杆有正负之分，融资、负债如果使企业每股利润上升，则为正财务杠杆；如果使企业每股利润降低，则为负财务杠杆。

（3）财务杠杆重点体现企业负债经营的结果。部分理财人士认为，财务杠杆是指企业由于利用利率固定的债务资金而对企业主权资金收益产生的影响。这种观点与第二种观点相似，即财务杠杆都体现了企业负债经营的情况。

企业管理者了解以上三种观点，可以更清楚地分析企业负债经营中影响财务杠杆的各种因素，并更好地利用财务杠杆放大企业收益，降低财务风险。

2.财务风险与财务杠杆的关系

从财务理论角度出发，企业运用财务杠杆过程中，必然产生财务风险，且财务风险与财务杠杆系数成正相关关系。另外，管理者需要清楚，财务杠杆与财务风险的关系只体现在企业有息负债当中，由商业信用产生的无息负债的相关财务风险，并不能从财务杠杆系数中体现。

当企业存在有息负债时，如果企业息税前利润率上升，且财务杠杆系数大于1，则企业权益资本收益率会更大限度地上升；如果企业息税前利润率下降，则企业权益资本收益率会更大幅度地下降。这就是财务风险与财务杠杆间的正相关关系。

由此可见，在企业运用财务杠杆的过程中，影响财务杠杆作用的因素自然也会影响财务风险。下面分析影响财务风险的三个因素。

（1）息税前利润率。财务杠杆的作用主要体现在息税前利润率的变化上。普通股每股收益变动率一定，息税前利润率越高，则财务杠杆系数越小；息税前利润率越低，则财务杠杆系数越大。财务杠杆系数又与财务风险成正相关关系，所以息税前利润率与财务风险之间存在必然关系。

管理者在运用财务杠杆时需要充分考虑息税前利润率，合理预测运用财务杠杆后息税前利润率可能变动的幅度，努力提高息税前利润率，以便运用财务杠杆帮助企业扩大收益。

（2）负债利息率。企业运用财务杠杆时，负债利息率越高企业主权资本的收益率越低，且财务杠杆系数越大，财务风险越高。负债利息率越低，财务杠杆系数越小，财务风险越低。

企业负债时，管理者当然希望降低负债利息率，这需要通过负债筹资的方式实现，这也是管理者必须了解筹资、融资方式与创新的主要原因。

（3）资产来源结构。企业资产来源结构主要体现为借入资产与自有资产的关系，体现两者关系的财务指标为资产负债率。

企业资产负债率是企业负债总额与资产总额的比率，其计算公式为：

$$资产负债率 = 负债总额 \div 资产总额 \times 100\%$$

资产负债率主要体现企业负债占企业总资产的比重，也可以反映企业的偿债能力。

企业在运用财务杠杆过程中，在息税前利润率和负债利息率不变的前提下，企业资产负债率越高，财务杠杆系数越大，承担的财务风险越高；企业资产负债率越低，财务杠杆系数越小，相应的财务风险越低。

通过了解影响财务杠杆系数与财务风险的主要因素，管理者可以了解到财务杠杆运用与企业经营情况、企业资产情况息息相关，管理者必须根据实际情况预测企业承受的财务风险，并准备好各种应对措施。其中，规避财务风险的主要方法有以下几种。

（1）降低企业资产负债率。

（2）减少企业负债金额。

（3）优化企业资本结构。

（4）选择适合的筹资方式，降低负债利息率。

（5）举债后提高企业运营效率，提高息税前利润率。

转移财务风险的主要方法为选择利率可浮动、偿还期可变动的债务资金，在财务风险发生时通过恰当的方式促使债权人与企业共担一部分财务风险。

财务杠杆作为企业发展过程中管理者经常运用的经营工具，必然附带一定的风险，在运用过程中管理者还要学会将财务杠杆与企业主营业务经营杠杆深度结合，使之形成复合杠杆。虽然运用复合杠杆企业也需要承担相应的复合风险，但可提高风险的可控性，提升企业经营效果。

7.1.2　借贷资金与自有资金

前文讲过在企业筹集资金过程中管理者需要把握企业资金来源结构，而企业资金来源结构是指企业各项资金的来源构成以及各项资金占全部资金的比重。从财务构成角度分析，企业资金分为借贷资金与自有资金，管理者协调企业资金来源结构是指合理安排借贷资金与自有资金的比例。

在企业运用财务杠杆过程中，借贷资金与企业自有资金的比例越大，财务杠杆系数越大，企业承担的财务风险越大。因此，管理者需要熟悉与企业借贷资金和自有资金相关的财务知识，以安全使用财务杠杆。

1. 借贷资金

借贷资金又称借入资金，是指企业发展过程中根据经营所需临时借入并需要偿还的资金，其特点为：有实物保证，需按商定计划定期或到期归还，需支付利息。

企业借贷资金一般包含以下几种。

（1）根据企业经营生产所需向银行或其他金融机构借入的定额流动资金。

（2）根据企业基本建设投资所需向银行或其他金融机构借入的资金。

（3）在企业经营过程中，因内部供销所需临时占用的部分应付款、预收款等。

（4）其他与企业经营相关的银行贷款或其他金融机构借款。

2. 自有资金

企业自有资金是借贷资金的对称，主要指企业经营发展过程中自己长期持有、能够自行支配、不需要偿还的资金，自有资金主要来源于股东投资和未分配利润。

从财务构成角度分析，企业资金包含自有资金和借入资金两种，但从企业资金来源角度分析，除以上两种资金外，企业还有另外一种资金，即赠款。赠款进入企业后，也会被纳入自有资金。

了解了企业资金的来源之后，管理者便可以对企业资产的合理性进行深入分析，并了解企业资金来源结构在财务杠杆运用中会产生哪些影响。

前文提到体现企业资金来源结构的财务指标为资产负债率，下面对企业资产负债率的合理性展开深入分析。

资产负债率是反映企业负债经营中承担风险程度的重要指标。资产负债率越低代表企业借入资金越少。企业对外部资金运用越少，也表明企业对外部资金的利用率较低。资产负债率越高代表企业借入资金越多，对外部资金利用率越高，财务杠杆系数越大，承担的财务风险越高。

虽然资产负债率可以反映企业负债经营的风险程度，但不能表示企业负债经营的情况好坏。资产负债率较高虽然代表企业承担较大财务风险，但也代表财务杠杆的利用率较高；资产负债率较低虽然代表企业借入资金较少，承担的财务风险较低，但也代表企业不善于运用财务杠杆。

企业资金来源结构的合理性取决于管理者对企业经营情况的分析与经营项目的预测，以及企业对财务风险的应对能力。只有充分权衡上述因素后管理者才可以根据实际情况有效协调企业资金来源的结构。一般情况下，企业资产负债率维持在 40% ~ 60% 更为稳妥，但也要根据行业、地区的实际情况而定。

企业管理者还需要清楚，企业利益主体不同，对资产负债率的观点、态度不同，企业管理者需站在不同角度为企业利益主体分析资产负债率的实际情况，并协调好企业利益主体之间的关系。

1. 债权人关注风险

从债权人的角度来看，企业资产负债率越低越好。因为企业资产负债率低首先代表企业经营过程中承担的财务风险小，而企业财务风险一般由股东分摊，所以资产负债率越低对债权人越有利。

当企业资产负债率升高时，企业管理者需要向债权人从企业经营情况的角度进行解释：通过财务杠杆企业将提高资产负债率获得的利润进行了放大，企业经营情况更良好，企业偿债能力也有所提升，这对债权人是有益的。

2. 企业所有者关注资产利用率

对于企业所有者而言，比如，在总资产回报率高于负债利率时，提高资产负债率代表企业可以运用更多资产，获得的回报更多，尤其在财务杠杆放大收益时，利润更多，这时企业所有者自然乐于提高资产负债率。

另外，站在企业所有者的角度，企业提高资产负债率增加的风险会由企业股东分摊，所以相比财务风险其更关注利润的增加幅度。

企业管理者向企业所有者分析资产负债率的变动时，需要将预期资产报酬率与负债利率进行比较，向企业所有者表明企业资产负债率变动后，企业资产与利润会发生哪些变化，之后才能顺利调节企业资产负债率。

3. 企业管理者注重经营情况

企业管理者对资产负债率的了解比企业债权人、企业所有者更为详细，因为企业管理者可以根据经营项目的现状与前景客观分析资产负债率变动后的财务风险变动。如果企业管理者通过经营情况分析，得出企业发展前景良好、企业利润空间较大，并通过财务计算得出总资产报酬率明显高于负债利率，则可以适当提高企业资产负债率，利用更多借入资金获取更多利润。

反之，如果企业管理者根据企业财务数据分析得出，企业发展前景并不乐观，则需要采取保守的方式，将企业资金来源结构向自有资金倾斜，降低资产负债率，避免因借入资产增加企业经营风险与财务风险。

企业经营发展过程中，企业会适当利用债务提升获利能力，这便是财务杠杆运用的过程，但当企业负债超过企业承受能力时，财务风险便会不断加大，甚至形成企业的财务危机。因此企业管理者需要根据企业经营的实际概况合理调控资金来源结构，既要保证企业收益最大化，又要考虑企业资金来源结构产生的相应风险，之后做出更优的经营决策。

7.1.3　决定资金成本的三个方面

想要更有效地运用财务杠杆，管理者需要在分析完合理的资金来源结构后，对企业资金成本进行详细分析。资金成本是指企业为取得资金使用权所支付的费用，它是衡量企业借入资金收益率的关键指标。比如，企业通过借入资金增加项目投入，所增加的利润必须大于资金成本，否则借入资金的收益将为负数。

从企业经营的角度分析，影响资金成本的重要因素有三个。

1. 资金使用的时间

企业资金使用的时间决定着资金成本的高低，资金使用时间越长产生的资金成本越高。比如企业借入资金的利息，借入资金的时间越长利息自然越多。

2. 出资者承担的风险

资金成本与出资者承担的风险同样成正相关关系，出资者承担的风险越高，企业需要支付的资金成本自然越高，否则企业很难获取借入资金。

3. 资金供求状况

资金成本的高低与企业所需资金供求状况同样成正相关关系，在企业所需资金不变的前提下，外部投资者越少，支付的资金成本自然越高；企业外部投资者越多、投资渠道越广，企业需要支付的资金成本越低。

企业资金成本通常分为筹集费用与资金占用费用两部分。其中筹集费用主要指企业筹资过程中支付的各项费用；资金占用费用主要指企业占用他人资金时需要支付的各项费用。

从企业经营角度出发，资金成本发挥的作用非常重要，主要表现在以下几方面。

（1）企业管理者可以根据资金成本准确调节企业筹资总额，即当企业资金成本过高时适当减少借入资金，确保企业利润不受影响。

（2）企业管理者可以根据资金成本确定资金来源，即管理者通过对比各种资金来源的成本，选择最优的资金来源渠道。

（3）企业管理者可以根据资金成本确定筹资方式，即管理者通过对各种筹资方式的成本对比，选择对企业经营最有利的筹资方式。

（4）企业管理者可以根据资金成本调节企业资金结构，即管理者通过企业资金成本的变动情况分析企业资金结构的合理性，以确保资金结构保持最优。

企业管理者在日常管理中一定要善用资金成本，因为资金成本是企业管理的一项细化财务指标，不同于资金来源结构、资产负债率，企业每一笔资金都有其对应的成本，所以通过资金成本，管理者可以更加准确地管理企业资金。

例如，企业通过债券筹资增加借入资金，需要承担一定的债券利息，但债券利息是有选择的，可以为固定利率，也可以为变动利率，管理者可以结合企业经营情况选择合适的利息支付方式，降低筹资带来的财务风险，确保企业的有效经营。

另外，资金成本也可以作为衡量企业经营项目优劣的重要指标。比如当企业经营项目的收益率低于资金成本时，则代表项目经营效果不佳，企业管理者必须改善经营措施，及时提高项目收益。

从财务角度出发，企业资金成本与以下三个财务指标存在直接关系。

1. 无风险报酬率

无风险报酬率是指企业把资金投入没有任何风险的投资对象中取得的收益率。前面提到资金成本与出资者承担的风险成正相关关系，由此可以得出，企业无风险报酬率越高，代表其投资收益能力越强，相应资金成本越低。

2. 风险溢价

风险溢价是指企业经营中因不确定因素导致财务杠杆风险的增加。企业借入资金越多，普通股收益的变动性越大，企业要求的收益率自然越高。由此可见，风险溢价越高，企业资金成本越高。

3. 资金成本率

资金成本率是企业使用资金所负担的费用与筹集资金净额的比率，从理论上讲，它是资金成本合理性的直接衡量标准。其计算公式为：

资金成本率＝资金占用费用÷筹资净额＝资金占用费用÷[筹资总额×（1－筹资费率）]

但在企业实际经营中，通过资金成本率衡量资金成本的合理性存在以下缺点。

（1）从资金成本率的计算公式中可以看出，资金成本率主要表现资金占用费用的情况，但事实上资金成本包含了资金占用费用与资金筹集费用两项，所以这一公式并不能准确衡量资金筹集成本的合理情况。

（2）在企业经营过程中，企业资金筹集费用与资金占用费用都会计入财务费用中，但财务费用还包含其他费用，所以管理者不能通过财务报表准确计算出资金成本率。

7.2　企业融资方式与创新

企业在发展过程中需要不断扩大生产规模，开展投资、筹资活动，而融资便是企业资金短缺或经营不畅时解决资金问题的重要手段。充足的资金是企业发展壮大的关键因素，可以确保企业快速发展。因此，企业管理者不仅要了解企业融资的各种方式，还要懂得与时俱进和创新，让融资成为企业发展的重要保障。

7.2.1　内部融资方式

企业融资分为内部融资与外部融资两种。内部融资是指企业利用内部自有资金进行筹资的行为。内部融资主要依靠企业内部积累，内部积累决定了融资的空间。

相比外部融资，企业内部融资受企业盈利能力、净资产规模、未来预期收益等方面的影响较大，但也具有自身独有的优势。内部融资的主要优点体现在以下几方面。

1. 自主性

企业内部融资的实质是企业自有资金的运用，尤其上市公司在使用内部融资时可以表现出很大的自主性，经过股东（大）会或董事会举手表决便可以开展内部融资。内部融资方式基本不受外界影响。

2. 低成本

企业进行外部融资需要支付券商费用、会计师费用、律师费用等大量财务费用，企业无论采用哪种外部融资方式，都不可避免相关费用。企业内部融资主要指内部资金的运用与重新分配，并没有太多财务费用的支出，所以内部融资成本比外部融资成本更低。

3. 有效降低企业股东个人所得税

企业会定期将税后利润分配给股东，而股东在取得分红时需要缴纳个人所得税。企业采用内部融资后可以减少股东股利，这样企业股东所需缴纳的个人所得税可以大幅降低。

虽然内部融资拥有独特的优点，但其缺点也十分明显。相比外部融资，内部融资的缺点主要表现在以下几方面。

1. 融资规模受限

内部融资主要取决于企业盈利能力与内部员工的参与度，这两项因素无法吸引较大额度的投资，所以内部融资规模有限，一般用于企业小规模融资。

2. 融资受企业股利支付率限制

股利支付率又称股息发放率，它是指企业每股净收益中每股股利所占的比重。其计算公式为：

$$股利支付率 = 每股股利 \div 每股净收益 \times 100\%$$

股利支付率可以反映企业股利的支付能力。

企业进行内部融资需要得到股东的同意，股东出于自身利益考虑，一般会要求股利支付率保持在某一水平之上，只有满足了相关要求企业才能够进行内部融资。

7.2.2　外部融资方式

企业在通过内部融资方式无法满足资金需求时，可以采用外部融资改善企业筹资情况。外部融资是指企业通过一定方式向企业外的其他经济体筹资的方式，主要包括银行贷款、发行股票、发行债券等。另外，企业通过商业信用或采用融资租赁方式获取筹资也属于外部融资的范围。

站在管理者的角度分析，外部融资是企业吸收其他经济体储蓄增加内部资金的过程，这种方式主要受企业自身财务状况与国家融资体制的影响。

外部融资主要分为直接融资和间接融资两种方式。

1. 直接融资

随着我国经济发展，现代企业融资方式越发多元化，但大多数企业仍习惯用直接融资的方式解决企业资金短缺问题。

直接融资是一种不需要金融中介机构介入的资金融通方式，主要表现为在一定时期内，债权人通过与筹资者达成融资协议，或直接在金融市场中购买筹资者发行的有价证券等方式将货币资金提供给筹资者使用。直接融资对筹资者而言支付成本较低；对债权人而言，收益较高，但需要根据筹资者的资信程度承担相应的投资风险，且部分直接融资具有不可逆性。

直接融资的种类主要以下几种。

（1）商业信用融资。商业信用融资是企业间直接形成的资金融通形式，它主要体现为两种方式。

①企业间的商品赊销及分期付款等。

②企业间的预付定金、预付货款等。

上述两种方式中的商业票据为企业间债务债权关系的证明。

（2）国家信用融资。国家信用融资是以国家为主体的资金融通活动，它主要表现为国家通过发行政府债券来筹措资金。国家信用融资属于借贷行为，需要偿还本金及支付利息。

（3）消费信用融资。消费信用融资是日常生活中常见的直接融资，它主要指企业以商品或货币形式向个人提供的信用方式。比如企业销售商品时提供的分期付款形式。

（4）个人信用融资。个人信用融资是指个人间的资金融通活动。值得企业管理者注意的是，股东通过个人信用筹集资金然后投入企业当中属于两种融资情况。股东通过个人信用筹资属于个人信用融资，股东的个人信用与企业之间不存在直接关系。股东将这笔资金投入企业属于外部融资，这是因为股东与企业是相互独立的，这也是《中华人民共和国公司法》（以下简称《公司法》）的精髓，所以股东投资也属于企业外部融资。

通过对直接融资四个种类的分析，我们可以了解到直接融资拥有以下几种特点。

（1）直接性。直接融资不需要金融中介机构的介入，筹资者直接从债权人手中获得资金，两者直接建立债权债务关系。

（2）差异性。不同种类的直接融资存在较大差异，且相互间不存在直接联系。

（3）部分不可逆性。直接融资的不可逆性主要表现在企业发行股票上，因为企业通过发行股票取得的资金是无须返还的，购买股票者只能出售股票，无权中途要求企业退回股金。

直接融资具有两个独有的优势。

（1）直接融资对筹资者而言成本低，对债权人而言收益大。

（2）直接融资建立债权债务关系，筹资者与债权人关系更为紧密，有利于双方协调资金的配置及资金融通速度，资金利用率更高。

直接融资存在以下三个缺点。

（1）直接融资产生直接债权债务关系，一旦筹资方信用下降，债权人将承担较大风险。

（2）直接融资受《公司法》等多项法律法规的限制，所以在融资数量、期限等方面受限制。

（3）直接融资的金融工具主要为股票、债券等，其流动性较弱、兑现能力较低。

2. 间接融资

间接融资是指筹资者与债权人之间不直接发生关系，而与金融中介机构发生独立交易的融资方式。其主要表现为债权人使用闲置资金购买银行、信托等金融机构发行的有价证券，银行、信托等金融机构再将这类资金以贷款、贴现等形式提供给筹资者，从而实现三方的资金融通。

间接融资主要分为两类。

（1）银行融资。银行信用不仅指银行以货币形式向筹资者提供的信用，也包括其他金融机构以货币形式向筹资者提供的信用，银行融资是一种以银行或其他金融机构作为中介为筹资者与债权人提供资金融通渠道的形式。

银行融资具有以下特点。

①间接性。由于间接融资过程中筹资者与债权人之间不发生直接借贷关系，所以两者之间没有直接联系，资金融通的渠道由银行或其他金融机构搭建，而筹资者与债权人与银行或其他金融机构之间存在直接关系，所以银行融资具有间接性，即筹资者与债权人不会直接相互影响。

②可逆性。筹资者与银行或其他金融机构之间、债权人与银行或其他金融机构之间的关系都属借贷关系，到期须返还本金并支付利息，所以其具有可逆性。

③集中性。由于间接融资是通过金融中介机构完成的，金融中介机构作为金融平台自然有大量客户，所以金融中介机构的筹资者、债权人更为集中。

管理者需要注意，企业采用间接融资方式融资，需要考察金融中介机构的地位及信用，之后才能确保融资的有效性与安全性。

④金融中介机构拥有更高主权。银行融资虽然是满足筹资者与债权人双方债务关系的融资方式，但银行或其他金融机构作为中介平台，拥有更高的主权。即银行或其他金融机构可以决定给谁贷款，筹资者的地位更加被动。

⑤风险低。与直接融资不同，我国对银行与其他金融机构的融资管理十分严格，金融中介机构作为中介平台受各种管理措施的约束，且我国还实行了多种相关保险制度，所以银行与其他金融机构的信誉程度更高，风险性更小。

（2）消费信用融资。消费信用融资主要指银行提供给消费者个人的贷款，如房贷、车贷等。

从不同角度对不同融资方式加以观察，就会发现不同的融资方式具有不同的作用特点。考察不同融资方式的不同特点，对于客户根据需要选择特定的融资方式具有重要意义。

通过对间接融资的类型与特点分析，我们可以清楚了解到间接融资的优点，间接融资的优点主要有以下三点。

（1）融资额度较高。银行与其他金融机构属于社会常见金融中介机构，拥有广泛的金融客户，其吸收存款的能力更强，可以通过筹集社会闲散资金形成巨额资金。所以这些金融中介机构可以满足企业高额融资需求。

（2）安全性高。直接融资的融资风险由融资双方共同承担，而间接融资的融资风险主要由金融中介机构承担、筹资者与债权人分担，所以间接融资对筹资者与债权人而言安全性更高。

（3）有效解决信息不对称引起的逆向选择和风险问题。由于间接融资中金融中介机构阻断了资金供求双方的直接联系，所以其完全规避了筹资者与债权人之间的相互考量，即便在双方信息不对称的前提下，金融中介机构也可以通过内部运作协调满足双方的需求。

7.2.3　企业内外部融资的模式与渠道

随着我国经济发展，融资已经成了大多数企业经营的一种基本手段，确保资金充足也是企业管理者日常经营、管理的重点。但分析我国企业目前表现出的融资形式，可以得出企业融资渠道并不畅通、融资方式缺乏创新等特点，主要原因为企业管理者对内外部融资的模式与渠道还不够了解。

笔者研究多家企业融资方式后，分析得出大多数企业融资过于依赖银行贷款，这种间接融资方式虽然的确可以解决企业资金需求问题，但是否是最优融资策略，管理者无法判断。这导致了很多企业存在资产负债率较高、负债结构不合理的情况，企业在融资后可能出现以下几种问题。

1. 融资后经营变动性较强

由于企业在融资时将主要目标放在了资金筹集数量上，管理者并没有对融资进行整体规划，企业在融资后依然按照原有的经营策略发展，进而导致企业发展出现多种拐点，经营逐渐不畅。

例如，大部分企业外部融资的方式为银行贷款，但又没有制订中长期的投资发展计划，导致银行贷款只解决了企业一时的资金问题，没有对未来发展产生长期影响。

2. 现有融资方式与融资渠道的有效性不断降低

企业将银行贷款作为主要融资方式，并没有考虑这种方式是否属于最优融资方式，导致企业融资成本不断升高，融资后获取的利润不断降低，企业的资金利用率不断降低。

事实上，管理者可以考虑其他融资渠道与融资方式，受经济发展影响，其他融资渠道、融资方式已经逐渐表现出优势，企业可以根据资金需求的具体情况适当选择成本低、安全性高的其他融资渠道与方式。

3. 资本结构失衡

单一的融资方式与融资渠道容易降低企业融资的有效性，当融资有效性降低后，企业资本结构将发生变化，普遍表现为资产负债率升高、流动比率下降，以及长短期借款比例失调。

解决资本结构失衡的主要方法为管理者根据企业资金需求的实际情况从内部融资、外部融资、直接融资、间接融资中选择恰当的方式，在降低负债的同时提升企业偿债能力。

4. 财务风险增加

部分企业管理者由于缺乏对融资渠道与方式的了解，在银行贷款不畅时无法及时筹集资金，从而引发企业财务危机。为避免这一情况的发生，企业管理者需要了解更多的融资渠道与方式，减少企业对银行贷款的依赖性，降低企业融资的难度。

事实上，企业可以选择的融资渠道与融资方式十分多样，以房地产企业为例，其可以通过表 7.2-1 所示的融资方式解决资金需求问题。

表 7.2-1　房地产企业融资方式一览表

序号	融资方式
1	银行贷款
2	房地产信托融资
3	保险投资计划
4	国内首次公开募股
5	国外首次公开募股
6	买壳上市
7	造壳上市
8	借壳上市
9	存托凭证上市
10	中国预托证券
11	上市再融资
12	房地产基金
13	房地产公司私募
14	房地产项目股权合作
15	房地产企业债券
16	房地产企业收购与兼并
17	房地产典当
18	委托贷款
19	商品房预售
20	融资租赁
21	夹层贷款
22	建筑企业垫资
23	卖方信贷
24	房地产证券化
25	前沿货币合约
26	反向抵押贷款
27	票据贴现，股票、债券抵押

近年来，越来越多的融资渠道、融资方式开始出现，这些创新性融资对企

业利润、经营也产生了相同影响，所以管理者在了解企业融资渠道与方式后还需要了解融资的创新路径。

1. 新型保险类融资

近年来，各种新型保险类融资开始出现，这种保险公司合理引导保险金流向的融资方式为诸多企业带来了融资便利，且表现出了较多优势。目前，新型保险类融资的优势主要有以下三点。

（1）资金规模大。

（2）期限长。

（3）利率低。

基于这些优势，新型保险类融资也成了很多企业的融资选择。

2. 新型供应链融资

新型供应链融资主要是指企业利用互联网技术对供应链进行管理的一种模式，在供应链管理过程中，企业与银行展开合作，银行对供应链各个节点提供金融服务。这种融资可以纳入银行信用当中，在融资过程中整体提升企业供应链的市场竞争力。

7.3 如何构建企业低成本融资能力

企业融资也需要考虑融资成本，融资成本高不仅影响企业融资后的收益，甚至会影响企业的后续发展。管理者想要构建低成本融资能力，需要详细了解影响企业融资能力的八大关键因素，以及企业资本运营的相关概念。

7.3.1 融资能力的八大关键因素

企业之所以出现融资难、融资不畅或无法低成本融资等情况，主要是因为管理者对融资缺乏系统的规划，在融资总量、融资战略、融资目标不确定的前提下盲目筹集资金，这类行为不仅会导致无法高效完成融资，而且会提高企业经营风险。管理者提升企业低成本融资能力需要充分了解融资能力的八大关键因素，并根据这八大关键因素制订融资计划。

1. 融资总量

融资总量是指企业需要融资的总额，或者用于表示企业已经融通到的资金数量。因为融资必然附带融资成本，融资总量越大融资成本越高，比如企业向金融机构融资，融资总量越高，需要支付的手续费等费用则越高。所以，管理者在融资前一定要精准把控融资总量，在全面解决企业资金需求问题的前提下，最大化降低融资成本。

2. 融资战略

融资战略是指企业为了筹集资金而制定的资金筹集策略，以及相应的企业发展战略。融资战略不仅影响企业的融资能力，还影响企业的偿债能力与财务风险。

目前，很多企业管理者在融资前未能及时制定融资战略，甚至对融资的目的分析不清，这是导致融资困难、融资不畅的主要原因。

企业资金短缺绝不是融资的原因，企业需要多少资金来做哪些事才是融资的原因，这些与融资相关的因素需要企业管理者在融资战略中明确体现。通过全面的融资战略，企业可以提高融资成功率、缩短融资时间、确定最优的融资方式。

另外，融资战略也是一种财务管理，管理者可以通过融资战略分析出降低融资成本、提升企业理财效果的方法，进而提高企业经济效益，优化企业资本结构。

下面通过案例分析融资战略的制定方法。

2020 年，我国一家注册资本为 1 000 万元人民币的企业 A 与另外两家国内同行企业 B、C 及一家国外同行企业 D 达成了合资协议，四家企业决定共同成立一家总投资为 1 亿美元的新合资企业。

四家企业商定，注册资本投入 3 500 万美元，其余投资由合资企业在后续建设与经营过程中融资解决。

新合资企业的建设期限为两年，企业建成投产后预计年利润可达 2 亿元人民币，A 企业决定投入注册资本 600 万美元，在新合资企业中股权占比为 10%，每年获得 2 000 万元人民币的平均投资收益。

A 企业管理者的融资战略为，利用 A 企业现有资产向银行贷款 6 000 万元人民币，贷款期限为 10 年，在新合资企业投产后逐年用平均投资收益还款。

下面我们对 A 企业的融资战略进行分析。从 A 企业的融资战略中可以看出，A 企业管理者对企业融资、发展及承担的财务风险缺乏正确认知，且对资本市场运作逻辑及融资目的不了解，他的问题主要表现在以下几点。

（1）缺乏对融资相关法律法规的了解。法律不允许企业出现长达 10 年的长期借款。

（2）缺乏融资逻辑的认知。股权投资不能作为融资理由，银行或其他金融机构也不会对 A 企业放款。

（3）缺乏对企业经营法律法规的了解。A 企业注册资金仅为 1 000 万元人民币，而《公司法》规定企业对外投资不能超过注册资金的 50% 以上，所以 A 企业也无法兑现对新合资企业的股权投资的承诺。

由此看出，企业融资战略的制定与企业的各方面存在直接关系，管理者还需要了解企业经营、融资相关的法律法规，才能够顺利完成企业发展中的投资、融资活动。

3. 融资工具

融资工具是指企业在融资过程中证明供求双方债权债务关系的凭证，如股票、债券等。

融资工具按照不同标准可以分为不同类型。

（1）按流动性划分，融资工具可以分为完全流动性融资工具和有限流动性金融工具。完全流动性融资工具主要指现金和活期存款，有限流动性金融工具主要指存款凭证、股票、债券等。

（2）按偿还期限划分，融资工具可以分为长期融资工具和短期融资工具。

长期融资工具是指期限在一年以上的融资凭证，如股票、公债等；短期融资工具是指期限在一年以内的融资凭证，如支票、信用卡等。

4. 融资成本

融资成本是指融资发生时筹资者支付给债权者的报酬或筹资者为获得资金使用权支付的相关费用，如企业委托金融机构代理发行股票时支付的代理费。

融资成本不仅受融资总量的影响，也受融资方式、融资渠道的影响。

5. 融资环境

融资环境是指企业在融资过程中，使筹资活动受到影响的各种因素的集合，比如国家扶持政策等。

融资环境既可以为企业带来更多的融资机会与优厚条件，也可能制约、干预企业开展的融资活动。

融资环境主要包括宏观经济环境、行业竞争环境、企业内部环境三方面。从这三方面的因素中管理者可以判定企业融资的实际及预估成本的大小。

6. 融资平台

融资平台主要指企业采用间接融资时合作的银行或其他金融机构。融资平台的信用是企业融资的关键。在融资平台信用较高的前提下，企业管理者需要根据各平台不同的融资条件选择适合企业的银行或其他金融机构。

7. 企业规模

企业规模与融资总量、融资渠道、融资方式存在紧密关联。在企业资本结构合理的前提下，企业规模越大可融资总量越高，且对融资渠道、融资方式的选择越多。

但企业规模与企业融资能力直接成正相关关系，影响两者关系的关键指标还是企业资本结构。当企业资产明显大于负债时，企业规模越大自然融资能力越强；当企业资产与负债接近或持平时，企业融资能力与企业规模之间无直接关系，主要影响企业融资能力的是企业经营状况；当企业负债大于企业资产时，企业规模越大，企业融资能力越弱。

8. 银企关系

银企关系对企业融资有多种影响，比如银行对信用偏低的企业普遍存在"惜贷"行为、信息不对称产生的逆向选择与道德风险。总体而言，银企关系越紧密，企业融资越顺畅；银企关系不紧密，则容易出现融资不畅、融资难等情况。

要想建立良好的银企关系，管理者需要采用一系列的改善策略，主要方式有以下几种。

（1）通过日常管理提高企业信用水平，创造可靠和可信的市场声誉。

（2）增强银企合作。在企业经营过程中尽量获得政府及金融机构的支持，增加企业融资方式，与银行达成长期良好合作关系。

（3）完善融资管理制度。对企业各项融资活动进行完善管理，在企业内部明确银企关系的重要性，并健全企业制度，制定科学的财务管理制度、为企业融资创造良好的内部环境。

（4）建立融资创新奖励机制。鼓励企业财务人员、部门管理者根据企业实际经营情况创新融资方式，加深银企合作，体现企业良好的经营态势，提升银行对企业的价值评估。

（5）加深与民营银行的合作。就我国银行体系发展现状而言，国有银行长期占据主导地位，大多数民营银行处于发展阶段，需要与更多企业展开合作，共同发展。在这种市场局势下，企业加强与民营银行的合作可以快速增进两者之间的关系，提高融资效率。

7.3.2　资本运营

一直以来，资本运营是金融人士十分关注的话题，有人认为资本运营等于融资，事实上，资本运营与融资存在本质差别。融资注重筹集企业发展所需要的资金，资本运营则注重筹集资金的使用、注重筹集资金的价值与效益提升。

资本运营的定义为通过市场法则、财务技巧的运用，令资本本身实现价值与效益科学性提升的企业经营方式。管理者善于管理企业并实现了企业资产的增长、增值，被称为资本扩张；管理者的经营策略存在问题，导致企业资产受损或贬值，被称为资本收缩，这是资本运营的两种情况。

纵观成功的企业，都拥有较强的资本运营能力，要具备这种能力需要管理者自身积累大量的财务管理知识、金融理财知识、银行渠道以及丰富的企业管理经验。其中，财务管理知识属于重中之重，因为资本本身就是"财"，资本运营就是对"财"的管理运营。

管理者要实现企业资本的优化配置，令其产生价值增长，融资是重要前提，因为融资与资本运营间存在紧密的关系。

1. 融资是资本运营的基础条件

管理者进行资本运营需要企业在生产经营中时刻保持资金充足，进而提高运营效率。企业资金越充足，资本运营的空间越大，资本运转速度才能不受限制，企业经营才可以更加顺畅。

企业管理者投资、经营项目是资本运营的主要方式。这一过程更需要充足的资金支撑，项目经营的各个阶段中，企业需要及时补充资金以扩大经营规模，如果项目资金长期缺乏，企业资本运营的效果则得不到保障。

2. 融资是资本运营的升级条件

资本运营的主要方式包括内部经营与外部投资。内部经营是管理者日常工作的重点，主要指对企业流动资产、非流动资产的运营。当内部经营趋于稳定后，管理者还可以进行对外投资，通过企业资本的有效利用，获得主营业务之外的股息或利息收入，提升企业资本运营效果。

对外投资的方式主要指将资金投放到证券等金融性资产中，其形式多种多样，对企业发展可以起到维持现有规模效益、扩充企业收入渠道的效果。

管理者进行投资的类型有两种：一是企业经营状态稳定后，将企业闲置资金投放于资本市场；二是企业升级或生产规模扩大时，通过收购、兼并、控股等方式发展成为集团企业，在这种情况下，企业通常需要进行融资，用大量资金帮助企业实现升级。

由此可见，融资不仅提升了企业资本运营效果，还为企业升级带来了重要保障。

3. 融资是企业资本结构稳定的重要保障

资本运营是根据市场动态对企业资产运用财务技巧从而实现企业资本增值，这代表资本运营的重点是市场的动态，即管理者注重的是市场中的发展机遇。融资是企业根据自身生产经营中资本需求而进行的筹资活动，这代表融资的重点是企业内部的需要，及管理者注重的是企业内部的资本需求。

那么管理者能不能根据市场动态进行融资呢？可以，但需要承担较大风险，且对企业资本结构的合理性、稳定性有较大影响。

正常情况下，融资是根据企业自身的经营策略与发展规划需要进行的，与市场动态无直接关系。在融资前，管理者需要对资本需求量和资本投放时间进行预算，再选择适合的融资渠道与方式，之后计算融资成本、预估融资风险，并制定相应的防范措施。只有严格遵循这一流程，企业才能够使用最低成本、承受最低风险获取企业所需资本，并保证企业资本结构的合理性与稳定性。

根据资本市场动态进行融资，管理者则很难算出资本需求的准确数量，也很难把控资本投放的正确时间，且市场变动较大，管理者很难全面预测风险，更无法制定相应的风险应对策略。所以，管理者应尽量避免根据市场动态进行融资。融资主要用于企业经营、发展，只有根据企业内部需求融资才能够确保资本结构合理、稳定。

如果管理者坚持高风险、高收益的经营思维，根据市场动态进行融资，那么融资前首先要衡量企业资本结构的合理性，在资本结构合理的前提下计算最大的融资空间，之后根据资本运营所需选择合理的融资渠道与融资方式，最大限度地降低融资风险、融资成本，以此为基础运营企业资本。

管理者需要清楚，资本运营的主要目标为保持企业资本长期增值的态势，而不是短期内获得巨大收益。低成本、低风险的资本运营是企业长期健康发展的基础，而高成本、高风险的盲目融资将增加企业发展中的变数、提高企业经营风险与财务风险，甚至导致企业遭遇财务危机。

通过了解融资与资本运营的关系，我们可以看出融资对资本运营产生着深远的影响，下面分析资本运营的三个目标。

1. 企业利润最大化

管理者通过将企业资本投入生产经营，使其产生的收入大于过程中的消耗，这便是资本运营的目的，管理者追求的目标自然是收入与消耗的差值最大化。

在资本运营中，实现收入与消耗差值最大化的方向有两个。

（1）在单位商品利润不变的前提下，通过资本运营降低消耗，但前提是不影响商品品质。主要方法有以下几种。

①财务控制。管理者需要提高资金利用率，对运营资金进行跟踪管理，加强资金周转与使用的管理；加强存货管理，调整存货比例，减少资金占用量；优化资金结构，降低运营成本。

②采购控制。管理者需要根据企业财务数据合理制定企业原材料、商品的采购量，并根据经营情况调整采购时间与采购单位。企业内部还需要建立采购信息平台，实现供应商与采购价格的信息共享。

③生产控制。管理者需要根据市场情况合理安排生产，提高企业资产利用率；加强设备保养维护，提高资产完好率；优化工作流程，提高经营效率；控制人工成本，提高成本利润率。

④销售控制。扩大企业销售规模，提高市场占有率；有效管理物流，提高商品周转率。

（2）在成本不变的前提下，增大收入空间。增大收入空间并非提高商品价格，而是指管理者不仅要注重商品的短期利润，还需要注重商品的长期利润；不仅要注重产品利润率，还要注重资产利润率。

2. 股东权益最大化

判断资本运营是否实现了股东权益最大化主要方法为对资产负债表进行分析。管理者进行资本运营后，资产负债表中期末股东权益总额如果大于期初股东权益总额，则代表企业盈利，股东权益增加；期末股东权益总额如果小于期初股东权益总额，则代表企业亏损，股东权益减少。

正常情况下，企业通过资本运营获取的利润越多，企业期末税后利润中的盈余公积金与未分配利润就越多，股东权益增加越多。

3. 企业价值最大化

资本运营实现的资本增长不仅体现在企业利润与股东权益中，还体现在企业自身的价值中。比如，管理者进行资本运营后，资产负债表显示期末股东权益与期初股东权益相差不大、利润表显示企业利润增长不多，但企业规模实现了快速扩大，这也是资本运营成功的表现。

企业价值的评估主要指企业在连续经营的情况下，未来经营期间的预估年收益，如果估算出企业价值大于企业全部资产的账面价值，则代表资本运营效果良好，企业实现了资本增值；如果估算出企业价值小于企业全部资产的账面价值，则代表企业资本运营存在问题，不仅企业价值贬值，而且出现经营风险与财务风险。

管理者需要注意，虽然资本运营的效果有可能阶段性地体现在某一个指标中，但三个方向是同步的，只有企业利润、股东权益、企业价值同步向最大化靠拢，才代表资本运营效果良好。

资本运营的主体虽然是企业资本，但承担运营责任的是企业管理者。管理者需要清楚，资本运营不同于企业日常经营管理，因为资本运营的对象是"财"，管理者通过调整"财"的大小，确定"财"去向，选择"财"的使用方式，令"财"产生更大价值。简而言之，企业经营管理的目标是盈利，资本运营的目标则是资本增值。

第八章
如何做好企业采购业务管控

　　企业采购业务的质量与企业生产经营息息相关。采购物资的质量和价格、供应商的选择、采购合同的订立、物资的运输和验收等供应链状况，在很大程度上决定了企业的生存与可持续发展。因此，企业必须建立严格的企业采购业务管控制度，不断优化采购流程。

8.1 采购流程控制

采购流程主要涉及编制需求计划、编制采购计划、请购、选择供应商、确定采购价格、订立框架协议或采购合同、管理供应过程、验收、退货、入库、取得发票、付款、会计控制等环节，如图 8.1-1 所示。

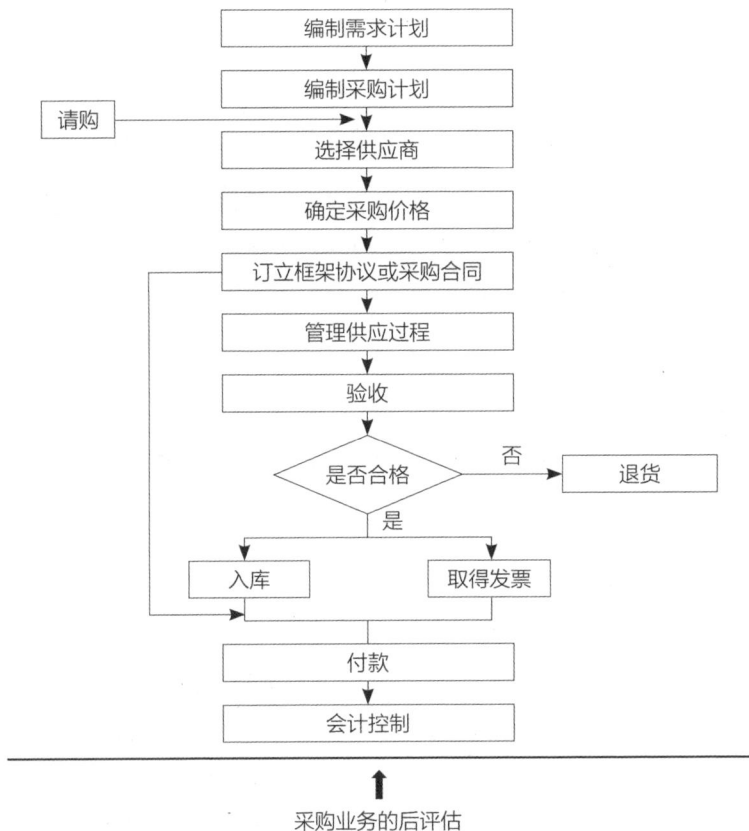

图 8.1-1 采购流程

图 8.1-1 列示的采购流程适用于各类企业的一般采购业务，具有通用性。

企业在实际开展采购业务时，可以参照此流程，并结合自身情况予以扩充和具体化。

8.1.1 请购流程及审批

请购是指企业生产经营等部门根据生产计划和实际需要，提出采购申请。为了确保请购流程的有序进行，企业应建立采购预算制度和申请制度，要求各部门于每年 12 月底前制订下一年度物资需求计划，并报董事会等权力机构审批。

为了避免企业发生未经适当审批的请购行为，导致采购物资过量，企业必须建立严格的请购流程及审批机制。

1. 建立采购申请制度

依据购买物资或接受劳务的类型，确定归口管理部门，授予相应的请购权，明确相关部门或人员的职责权限及相应的请购程序。企业可以根据实际需要设置专门的请购部门对需求部门提出的采购需求进行审核，并进行归类汇总，统筹安排企业的采购计划。

2. 办理请购申请

具有请购权的部门对预算内采购项目，应当严格按照预算执行进度办理请购手续，并根据市场变化提出合理采购申请。对于超预算和预算外采购项目，应先履行预算调整程序，由具备相应审批权限的部门或人员审批后，再行办理请购手续。

3. 进行请购审批

具备相应审批权限的部门或人员审批采购申请时，应重点关注：采购申请的内容是否准确、完整，是否符合生产经营需要，是否符合采购计划，是否在采购预算范围内等。

对不符合规定的采购申请，审批部门或人员应要求请购部门调整请购内容或拒绝批准。

8.1.2　采购过程控制

采购流程的有效控制，关键就是采购过程的有效控制。只有对供应商选择、采购价格、采购供应过程等全过程进行有效控制，企业才能确保采购业务的有序推进。

1. 选择供应商

选择供应商就是确定采购渠道，是企业采购流程中非常重要的环节。如果供应商选择不当，不仅可能导致采购物资质次价高，甚至可能出现舞弊行为。

对此，企业应建立科学的供应商评估和准入制度，择优选择供应商并对供应商进行有效管理。

（1）供应商评估和准入。

企业要结合市场状况和企业需求，建立科学的供应商评估和准入制度，对供应商资质信誉的真实性和合法性进行审查，确定合格的供应商清单，建立健全企业统一的供应商网络。

针对新增供应商的市场准入、供应商新增服务关系以及调整供应商物资目录，都应由采购部门根据需要提出申请，并按规定的权限和程序审核批准后，纳入供应商网络。

企业可委托具有相应资质的中介机构对供应商进行资信调查。

（2）择优选择供应商。

采购部门应当按照公平、公正和竞争的原则，择优确定供应商，在切实防范舞弊风险的基础上，与供应商签订质量保证协议。

（3）供应商管理。

企业应建立供应商管理信息系统和供应商淘汰制度，对供应商进行实时管理和考核评价，其考核要点主要包括：提供物资或劳务的质量、价格，交货及时性，供货条件及其资信、经营状况等。

根据考核评价结果，采购部门可提出供应商淘汰和更换名单，经审批后对供应商进行合理选择和调整，并在供应商管理信息系统中做相应记录。

2. 确定采购价格

如何以最高性价比采购到符合需求的物资，是采购部门的永恒主题。不科学的采购定价机制、不恰当的采购定价方式，都可能引起采购价格不合理，造成企业资金损失。

（1）健全采购定价机制。

采购部门应采取协议采购、招标采购、询比价采购、动态竞价采购等多种方式，科学合理地确定采购价格；对标准化程度高、需求计划性强、价格相对稳定的物资，通过招标、联合谈判等公开、竞争方式签订框架协议。

（2）重要物资价格跟踪。

采购部门应当定期研究大宗通用重要物资的成本构成与市场价格变动趋势，确定重要物资的采购执行价格或参考价格；建立采购价格数据库，定期开展重要物资的商情分析并合理利用分析情况。

3. 采购供应过程控制

采购供应过程控制，主要是指企业建立严格的采购合同跟踪制度，科学评价供应商的供货情况，并根据合理选择的运输工具和运输方式，办理运输、投保等事宜，实时掌握物资采购供应过程的情况，确保采购合同的有效履行，使采购物资能够按时、按质、按量供应。

（1）依据采购合同中确定的主要条款跟踪合同履行情况，对有可能影响生产或工程进度的异常情况，出具书面报告并及时提出解决方案，采取必要措施，保证物资的及时供应。

（2）对重要物资建立并执行合同履约过程中的巡视、点检和监造制度。对需要监造的物资，择优确定监造单位，签订监造合同，落实监造责任人，审核确认监造大纲，审定监造报告，并及时向技术等部门通报。

（3）根据生产建设进度和采购物资特性等因素，选择合理的运输工具和运输方式，办理运输、投保等事宜。

（4）实行全过程的采购登记制度或信息化管理，确保采购过程的可追溯性。

8.1.3　验收与付款

针对供应商供应的物资，企业必须经过验收之后才能付款。

1. 验收

验收是指企业对采购物资和劳务的检验接收，以确保其符合合同相关规定或产品质量要求。

验收环节的主要风险有：验收标准不明确、验收程序不规范、对验收中存在的异常情况不做处理。这些都可能造成账实不符、采购物资损失。对此，企业可以从以下三个层面完善验收环节控制。

（1）制定明确的采购验收标准，结合物资特性确定必检物资目录，规定出具质量检验报告后此类物资方可入库。

（2）验收机构或人员应当根据采购合同及质量检验部门出具的质量检验证明，重点关注采购合同、发票等原始单据与采购物资的数量、质量、规格型号等核对一致。

对验收合格的物资，填制入库凭证，加盖物资收讫章，登记实物账，及时将入库凭证传递给财会部门。物资入库前，采购部门须检查质量保证书、商检证书或合格证等证明文件。

验收时如涉及技术性强的、大宗的、新的和特殊的物资，验收机构还应进行专业测试，必要时可委托具有检验资质的机构或聘请外部专家协助验收。

（3）对验收过程中发现的异常情况，如无采购合同或大额超采购合同金额的物资、超采购预算采购的物资、毁损的物资等，验收机构或人员应当立即向企业有权管理的相关机构报告，相关机构应当查明原因并及时处理。

针对不合格物资，采购部门依据检验结果办理让步接收、退货、索赔等事宜。对延迟交货造成生产建设损失的，采购部门要按照合同约定索赔。

2. 付款

付款是指企业在对采购预算、合同、相关单据凭证等内容审核无误后，按照采购合同规定及时向供应商支付款项的过程。

付款环节的主要风险有：付款审核不严格、付款方式不恰当、付款金额控制不严。这些都可能导致企业资金损失或信用受损。对此，企业可以借助以下三个手段加强付款环节管控。

（1）严格审查采购发票等票据的真实性、合法性和有效性，判断采购款项是否确实应予支付。如审查发票填制的内容是否与发票种类相符合、加盖的印章是否与票据的种类相符合等。

企业应当重视采购付款的过程控制和跟踪管理，如果发现异常情况，应当拒绝向供应商付款，避免出现资金损失等。

（2）根据国家有关支付结算的相关规定和企业生产经营的实际，合理选择付款方式，并严格遵循合同规定，防范付款方式不当带来的法律风险，保证资金安全。

除了不足转账起点金额的采购可以支付现金外，采购价款应通过银行办理转账。

（3）加强预付账款和定金的管理，涉及大额或长期的预付账款，应当定期进行追踪核查，综合分析预付账款的期限、占用款项的合理性、不可收回风险等情况，发现有疑问的预付账款，应当及时采取措施，尽快收回款项。

8.2　采购组织结构管理

不同企业的采购组织结构各不相同，但其管理目的都是确保采购职能的实现，确保采购组织的高效、灵活，以加强采购业务内部控制。

8.2.1　采购组织形式

在实际工作中，采购组织形式一般分为集中采购和分散采购。常见的组织形式则是集中采购，集中采购体现了经营主体的权利和利益，有利于稳定本企业与供应商的关系，控制成本、提高效率。

根据企业情况，企业可以按照不同的标准设计采购组织形式。

1. 按企业规模设计

根据企业规模，采购组织形式分为中小型企业和大型企业。中小型企业的采购组织形式较为简单，如图 8.2-1 所示；大型企业的采购组织形式则较为复杂，如图 8.2-2 所示。

图 8.2-1　中小型企业采购组织形式

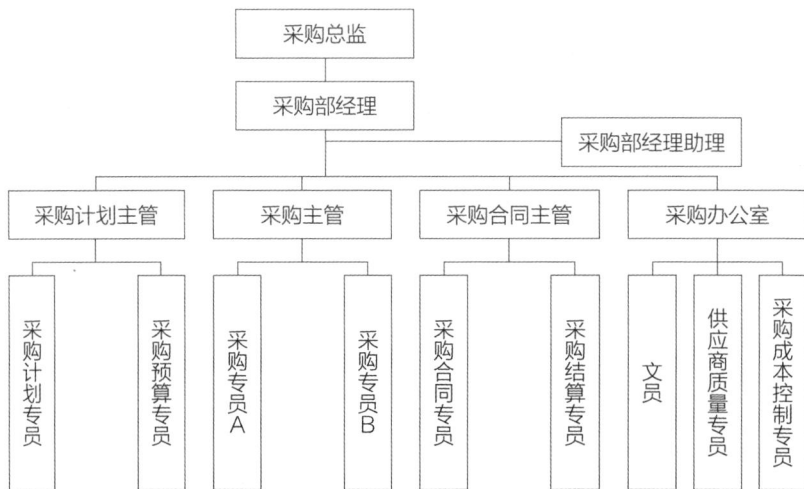

图 8.2-2　大型企业采购组织形式

2. 按专业分工设计

根据采购过程中的专业分工，采购组织形式一般如图 8.2-3 所示。

图 8.2-3　按专业分工设计的采购组织形式

3. 按采购物资类别设计

按所采购的物资类别来设计，则采购组织形式一般如图 8.2-4 所示。

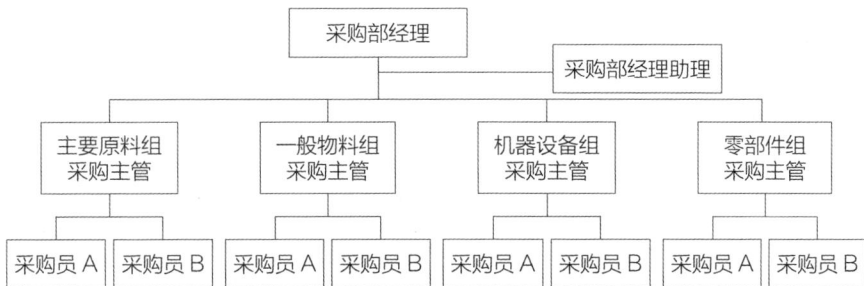

图 8.2-4　按采购物资类别设计的采购组织形式

8.2.2　采购岗位设置

采购部门根据企业规模和采购特点分设不同职能部门或不同岗位。应当按照科学、精简、高效、制衡原则，对各岗位的职能进行科学的分解，明确各个岗位的权限和相互关系，既要避免职能交叉、设置过于复杂，又要避免权力过于集中。

根据采购过程中的职能，采购岗位的设置一般如图 8.2-5 所示。

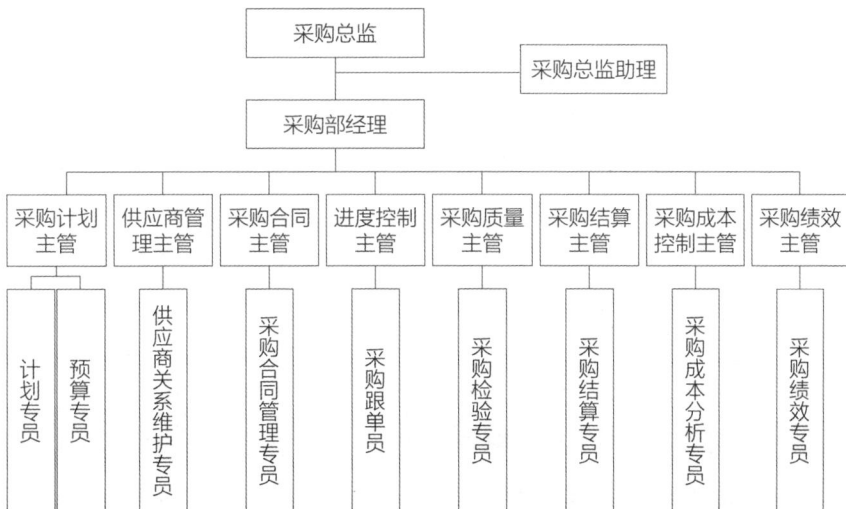

图 8.2-5　采购岗位的设置

8.3　采购授权及采购责任

随着市场经济不确定性的提高，产品的市场定价不断波动，企业的采购业务也愈发难以把控。在这种情况下，为了避免采购业务风险的发生，企业更应该建立起完整的采购内部控制制度，明确采购授权及采购责任。

8.3.1　采购授权

企业应对采购部门的各个岗位明确授权，并形成固定的授权制度，要求各岗位严格按照权限执行程序。

1. 采购经理权限

采购授权主要应以采购经理为核心，避免过度授权。采购经理的权限范围一般包括五类。

（1）根据预算组织实施采购业务。

（2）调查各部门物资需求及消耗情况。

（3）掌握各种物资的供应渠道和市场变化。

（4）监督采购人员的业务洽谈。

（5）检查合同的执行和落实情况。

2. 特殊采购权限

对企业正常的物资采购，应严格按权限执行。大宗商品或临时紧急物资采购等特殊采购，则应由企业总监负责，或制定相应的授权办法。

必要时，特殊采购应报董事会批准或集体决策。

8.3.2　采购责任

采购业务的有效控制，并不只是采购部门的责任，采购业务各环节部门均应承担相应责任，以确保采购业务的有序推进。

根据采购业务流程，采购责任主要涉及请购、采购、验收和付款四部门。

1. 请购部门责任

请购部门应按预算、生产计划合理确认采购需求，并合理使用物资，避免物资的浪费或积压。

企业需制定具体的追责制度，对因请购部门责任造成损失的情况，如生产计划不能按时完成造成的物资积压或采购延误等，请购部门需承担责任及接受相应惩罚。

2. 采购部门责任

对采购部门工作失误引起的损失，企业同样需要制定具体的追责制度。具体到采购部门内部，其职责则可以分为采购经理的职责和采购专员的职责两部分。

（1）采购经理的职责。

采购经理的责任主要体现在采购管理工作上，一般包括以下五点内容。

①制定企业内部采购管理制度和工作流程。

②负责采购法律、法规及各项规章制度的宣传、贯彻和落实。

③指导、协调和管理企业的采购活动。

④组织内部采购业务的培训工作。

⑤对采购工作提出意见和建议。

（2）采购专员的职责。

采购专员是采购业务的具体执行者，应当具有良好的职业道德，能够在采购工作中秉公办事、坚持廉洁自律。为此，企业也需进一步明确采购专员的责任。

①了解企业产品生产过程，掌握企业对物资的需求特点和规律。

②收集市场和产品信息，做好市场调研，对市场形势有较准确的判断，及时为决策者提供信息，提升应对市场风险的能力。

③发展优质客户，从质量、服务、价格等方面对供应商加以分析评估，建立供应商资料数据库，并及时维护和更新。

④熟悉采购相关法律法规制度，掌握采购操作规程等基本知识。

3. 验收部门责任

验收部门的主要职责是核对数量、检验质量，确保入库物资符合合同约定。

为此，验收部门应当配备必要的专业人员对质量进行检验，必要时也可将物资送到第三方机构检验。如发现物资存在问题，验收部门应及时报告，并对不符合合同要求的物资办理退货手续。

4. 付款部门责任

付款部门的主要职责是对采购业务进行审核并付款。付款部门审核的事项主要包括：付款程序合规、凭证完整合规。

付款部门应严格审核预算、合同、相关单据凭证，并确认发票真实、合法、有效，只有当相关事项都符合要求时才能付款。

为进一步确保企业资金安全，付款部门还需建立定期对账制度，如发现问题，应及时上报。

8.4　采购主要风险及控制策略

随着成本优势逐渐成为企业竞争的关键，采购风险的控制，也逐渐成为企业采购业务内部控制的重要任务。如无法有效控制采购风险，企业必然面临资源浪费、采购成本增加等损失，甚至出现舞弊、欺诈风险。

8.4.1　采购主要风险

要控制采购风险，企业就必须明确采购的主要风险，这样才能在企业内部制定相应的控制措施。

企业采购业务风险主要体现在三个方面。

（1）采购计划不合理，或市场变化偏离预测，导致采购物资不足或过多，进而造成库存短缺或积压，使采购成本因生产停滞或资源浪费而进一步增加。

（2）供应商选择不当，或采购方式不合理，如缺乏完善的招投标制度或采购授权，使舞弊欺诈风险骤增，企业采购物资可能出现质次价高的情况。

（3）采购验收不规范、付款审核不严，可能导致采购物资、资金损失或信用受损。

8.4.2　采购风险控制策略

为了有效防范采购业务风险，企业应当建立完善的采购风险控制策略。一般而言，该策略的制定可以从六个方面着手。

1. 控制目标

（1）防范采购业务控制不当可能导致的所采购物资及价格偏离目标要求，或者舞弊和差错造成的经营风险，确保采购业务按规定程序和适当授权进行。

（2）防范采购业务会计核算多记、错记、漏记采购成本和应付账款等可能导致的财务风险，确保采购和付款核算规范、准确，账实相符。

（3）防范采购业务违反有关法规，确保采购和付款业务、招标、合同等符合国家有关法律法规。

2. 组织保障

（1）一般项目由采购部门牵头负责。

（2）重大项目由成立的项目领导小组负责。

（3）项目全过程中，确保计划、采购、财务等部门紧密衔接与配合。

3. 信息沟通

（1）采购计划编制中的配合与协调。

（2）采购计划编制部门与预算编制部门的沟通协调。

（3）商务谈判中对与原采购计划相比发生重大变更情况的沟通。

（4）商务、财务部门就付款事项进行的相关沟通。

4. 管控思想

（1）以风险为导向。

（2）各环节由业务管理部门实施自主管理。

5. 制度支持

（1）采购管理办法。

（2）合同管理办法。

（3）商务谈判组织管理制度。

（4）招投标管理办法。

（5）招投标工作监督办法。

（6）财务管理办法。

（7）资金管理办法。

（8）财务事项审批办法。

（9）预算管理办法。

6. 监督检查

（1）采购项目后评估。

（2）采购项目阶段性审计和综合审计。

（3）采购管理程序执行情况的测试检查。

（4）监督整改和规范。

第九章
如何做好企业资产管控

在现代企业制度下，资产管控已从如何防范资金挪用、非法占用和实物资产被盗拓展到重点关注资产效能、充分发挥资产的物质基础作用。因此，企业资产管控不仅应当对资产进行全面梳理，确保相关管理落实到位，还要审视管理流程，确保各项资产最大限度地发挥应有效能。

9.1 存货管控

存货是企业资产的重要组成部分，无论是存货积压，还是存货短缺，都会对企业正常生产运营造成重大影响。因此，企业必须对存货取得、入库、保管、发出等各环节进行严格控制。

9.1.1 存货管理基础

要对存货进行严格控制，企业管理者就必须对存货的业务流程有深入的认知，并明确其在企业生产运营全流程中的地位。

以一家生产企业为例，其存货业务流程一般如图9.1-1所示。

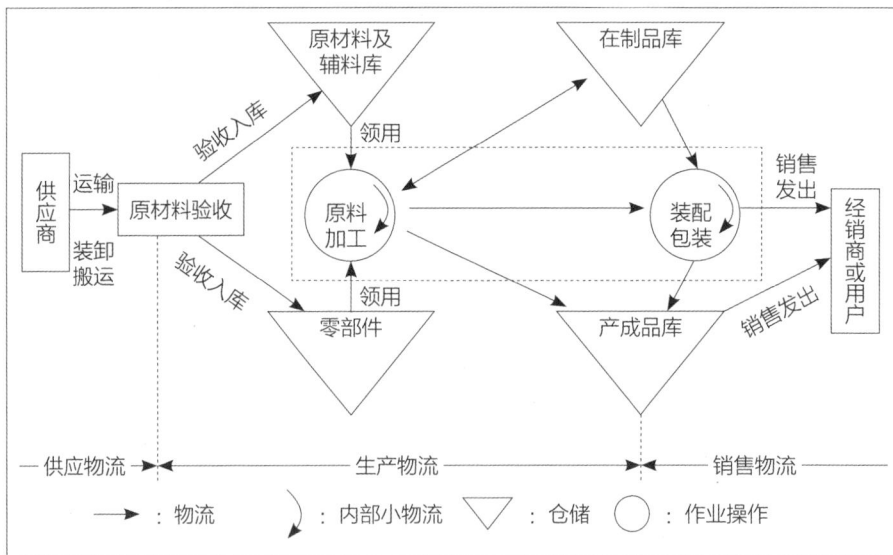

图 9.1-1 生产企业存货业务流程

图9.1-1展示了该生产企业的大概流程，从更加细分的角度来说，一般生

产企业的存货业务流程可分为取得、验收、仓储保管、生产加工、盘点处置五个阶段，历经取得存货、验收入库、仓储保管、领用发出、原料加工、装配包装、盘点清查、销售处置等主要环节。

具体到某个特定生产企业，存货业务流程可能较为复杂，不仅涉及上述所有环节，甚至有更多、更细的流程，且存货在企业内部要经历多次循环。比如，原材料要经历验收入库、领用加工，形成半成品后又入库保存或现场保管、领用半成品继续加工，加工成为产成品后再入库保存，直至发出销售等过程。也有部分生产企业的生产经营活动较为简单，其存货业务流程可能只涉及上述流程中的某几个环节。商品流通企业存货业务流程如图 9.1-2 所示。

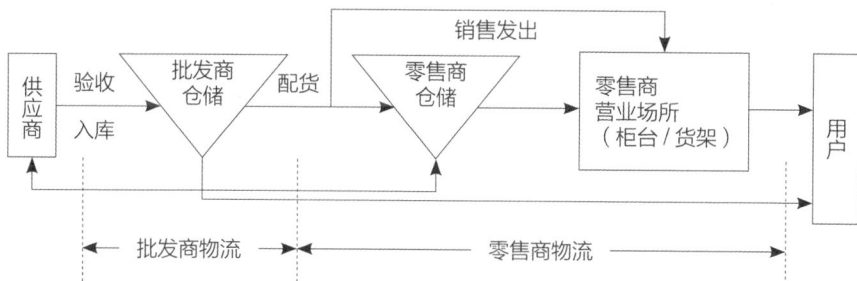

图 9.1-2　商品流通企业存货业务流程

从图 9.1-2 可见，商品流通企业批发商的存货，通常经过取得、验收入库、配货和销售发出等主要环节；零售商从供应商或批发商那里取得商品，经验收后入库保管或者直接放置在营业场所对外销售，比如，仓储式超市货架里摆放的商品就是超市的存货，商品仓储与销售过程紧密联系在一起。

概括地讲，无论是生产企业，还是商品流通企业，存货取得、验收入库、仓储保管、领用发出、销售处置等是其共有的环节。

9.1.2　存货管理措施

存货的有效管理，应当从存货取得、验收入库就已经开始，而这同样是采购业务控制的重要环节。因此，本小节将着重从仓储保管和领用发出环节讨论存货管理措施。

1. 仓储保管

生产企业为保证生产过程的连续性，需要对存货进行仓储保管；商品流通企业的存货从购入到销往客户之间也存在仓储保管环节。

存货仓储保管的主要风险点在于：方法不适当、监管不严密，可能导致损坏变质、价值贬损、资源浪费。

因此，针对仓储保管的主要管理措施有五点。

（1）存货在不同仓库之间流动时，应当办理出入库手续。

（2）仓储期间要按照仓储物资所要求的储存条件妥善贮存，做好防火、防洪、防盗、防潮、防病虫害、防变质等保管工作，不同批次、型号和用途的存货要分类存放。生产现场的在加工原料、周转材料、半成品等要按照有助于提高生产效率的方式摆放，同时防止浪费、被盗和流失。

（3）对代管、代销、暂存、受托加工的存货，应单独存放和记录，避免与本企业存货混淆。

（4）结合企业实际情况，加强存货的保险投保，保证存货安全，合理降低存货意外损失风险。

（5）仓储部门应对库存物料和产品进行每日巡查和定期抽检，详细记录库存情况；发现毁损、存在减值迹象的，应及时与生产、采购、财务等相关部门沟通。进入仓库的人员应办理进出登记手续，未经授权的人员不得接触存货。

2. 领用发出

生产企业生产部门领用原材料、辅料、燃料和零部件等用于生产加工，仓储部门根据销售部门开出的发货单向经销商或用户发出产成品，商品流通领域的批发商根据合同或订货单等向下游经销商或零售商发出商品，消费者凭交款凭证等从零售商处取走商品等都涉及存货领用发出问题。

存货领用发出的主要风险点在于：存货领用发出审核不严格、手续不完备，可能导致存货流失。其主要管理措施有 3 点。

（1）企业应当根据自身的业务特点，确定适用的存货发出管理模式，制定严格的存货准出制度，明确存货发出和领用的审批权限。

（2）生产企业仓储部门应核对经过审核的领料单或发货通知单的内容，做到单据齐全，名称、规格、计量单位准确，符合条件的准予领用或发出，并与领用人当面核对、点清交付。

（3）商场、超市等商品流通企业，在存货销售发出环节应侧重于防止商品失窃、随时整理弃置商品、每日核对销售记录和库存记录等。无论是何种企业，对于大批存货、贵重商品或危险品的发出，均应当实行特别授权；仓储部门应当根据经审批的销售（出库）通知单发出货物。

9.1.3　存货盘点技巧

存货盘点清查一方面是要核对实物的数量，是否与相关记录相符、是否账实相符；另一方面也要关注实物的质量，是否有明显的损坏。存货盘点是盘查存货真实状况、确保存货管理措施妥善落实的重要手段。

一旦存货盘点清查制度不完善、计划不可行，就可能导致存货管理工作流于形式、无法查清存货真实状况，难以制定更具针对性的管理办法。

为了提升存货盘点效果，企业应掌握以下四个技巧。

（1）企业应当建立存货盘点清查工作规程，结合本企业实际情况确定盘点周期、盘点流程、盘点方法等相关内容，将定期盘点和不定期抽查相结合。

（2）盘点清查时，应拟订详细的盘点计划，合理安排相关人员，使用科学的盘点方法，保持盘点记录的完整，以保证盘点的真实性、有效性。

（3）要根据盘点清查结果及时编制盘点表，形成书面报告，包括盘点人员、时间、地点，实际所盘点存货名称、品种、数量、存放情况，以及盘点过程中发现的账实不符情况等内容。

（4）对盘点清查中发现的问题，应及时查明原因，落实责任，按照规定权限报经批准后处理。

9.2 固定资产管控

固定资产在企业资产负债表中占有重要地位，其购置，使用、维护，处置和转移都应当遵循一套严格的内部控制流程。只有在相互监督、相互制约中，固定资产才能得到有效控制。但目前，许多企业对固定资产的管理仍然存在诸多局限。

9.2.1 固定资产管理存在的问题

现阶段，我国许多企业对固定资产的内部控制认识不够，导致固定资产管理存在诸多问题，主要表现在五个方面。

（1）实施环境问题。固定资产内部控制制度的制定、完善与实施，都需要决策层的支持，但很多企业对此不够重视，导致企业固定资产管理的实施基础比较薄弱，相关制度很难发挥应有的调控作用。

（2）风险评估问题。固定资产需要占用企业大量的流动资金，且涉及后续的管理维护工作，而很多企业却未能就此进行妥善的风险评估。由于缺乏自我防范、自我约束机制，固定资产管理会出现较大风险。

（3）控制方法问题。固定资产的有效控制，离不开科学的、合理的、先进的管理控制方法，如果企业职责不清、授权不明，内部控制制度同样难以落地。

（4）信息沟通问题。针对固定资产内部控制制度不全面、不适用的问题，企业内部应积极主动沟通，确保信息渠道通畅、问题得以及时解决。

（5）监督检查问题。制度的有效执行，需要完善的监督检查机制保障。只有建立起规范化的监督检查程序，内部控制制度才不会形同虚设、成为一纸空文。

9.2.2 固定资产购置环节控制

固定资产的购置环节，具体应当分为固定资产取得和固定资产登记造册两部分。

1. 固定资产取得

固定资产的取得方式包括外购、自行建造、非货币性资产交换换入等方式。

生产设备、运输工具、房屋建筑物、办公家具和办公设备等不同类型固定资产有不同的验收程序和技术要求，同一类固定资产也会因标准化程度、技术难度等的不同而对验收工作提出不同的要求。通常来说，办公家具、计算机、打印机等标准化程度较高的固定资产验收过程较为简单，对一些复杂的大型生产设备，尤其是定制的高科技精密仪器，以及建筑物竣工验收等，需要一套规范、严密的验收制度。

固定资产取得环节的主要风险：新增固定资产验收程序不规范，可能导致资产质量不符要求，进而影响资产运行；固定资产投保制度不健全，可能导致应投保资产未投保、索赔不力，不能有效防范资产损失风险。

对此，企业通常可以从验收制度和投保工作两个方面进行控制。

（1）建立严格的固定资产交付使用验收制度。企业外购的固定资产，应当根据合同、供应商发货单等对所购固定资产的品种、规格、数量、质量、技术要求及其他内容进行验收，出具验收单，编制验收报告。企业自行建造的固定资产，应由建造部门、固定资产管理部门、使用部门共同填制固定资产移交使用验收单，验收合格后移交使用部门投入使用。未通过验收的不合格资产，不得接收，必须按照合同等有关规定采取退换货或其他弥补措施。对于具有权属证明的资产，取得时必须有合法的权属证书。

（2）重视和加强固定资产的投保工作。对应投保的固定资产项目按规定程序进行审批，办理投保手续，规范投保行为，从而应对固定资产损失风险。对于重大固定资产项目的投保，应当考虑采取招标方式确定保险人，防范固定资产投保舞弊。已投保的固定资产发生损失的，应及时调查原因及受损金额，向保险公司办理相关的索赔手续。

2. 固定资产登记造册

企业取得每项固定资产后均需要进行详细登记，编制固定资产目录，建立固定资产卡片，便于固定资产的统计、检查和后续管理。

如缺乏完整的固定资产登记，则可能出现资产流失、资产信息失真、账实不符等风险。

因此，企业应制定完整的固定资产登记造册制度。

（1）编制适合本企业的固定资产目录，列明固定资产编号、名称、种类、所在地点、使用部门、责任人、数量、账面价值、使用年限、损耗等内容。

（2）按照单项固定资产建立固定资产卡片，固定资产卡片应在固定资产编号上与固定资产目录保持对应关系，详细记录各项固定资产的来源、验收、使用地点、责任单位和责任人、运转、维修、改造、折旧、盘点等相关内容，便于对固定资产进行有效识别。应定期或不定期复核固定资产目录和卡片，保证信息的真实和完整。

9.2.3　固定资产使用、维护环节的控制

固定资产的使用、维护环节，主要涉及运营维护、更新改造两部分的工作。

1. 固定资产运营维护

固定资产必须操作得当、合理维护，才能拥有较长的使用寿命，并避免生产质量低下，甚至出现生产事故的风险。

对此，企业可以从四个方面进行有效控制。

（1）固定资产使用部门会同资产管理部门负责固定资产日常维修、保养，将资产日常维护流程体制化、程序化、标准化，定期检查。

（2）固定资产使用部门及管理部门建立固定资产运行管理档案，并据以制订合理的日常维修和大修理计划。

（3）固定资产实物管理部门审核施工单位资质和资信，并建立管理档案；修理项目应分类，明确需要招投标项目。修理完成，由施工单位出具交工验收

报告，经固定资产使用和实物管理部门核对工程量并审批。重大项目应进行专项审计。

（4）企业生产线等关键设备的运作，操作人员上岗前应由具有资质的技术人员对其进行充分的岗前培训，特殊设备实行岗位许可制度，操作人员需持证上岗；必须对固定资产运转进行实时监控，保证固定资产使用流程与既定操作流程相符，确保安全运行，提高使用效率。

2. 固定资产更新改造

固定资产的长期使用，必然涉及更新改造工作，具体可分为部分更新与整体更新两种情形。

部分更新通常包括局部技术改造、更换高性能部件、增加新功能等方面，企业对此需权衡更新活动的成本与效益，综合决策。

整体更新主要指对陈旧设备的淘汰与全面升级，企业应更加关注固定资产技术的先进性。

具体来说，固定资产更新改造的控制应从两方面着手。

（1）定期对固定资产技术先进性进行评估，结合盈利能力和企业发展可持续发展能力，固定资产使用部门根据需要提出技改方案，与财务部门一起进行预算可行性分析，并且经过管理部门的审核批准。

（2）管理部门对技改方案实施过程实时监控、加强管理，有条件的企业可建立技改专项资金并定期或不定期开展审计。

9.2.4　固定资产处置和转移环节的控制

固定资产的处置和转移方式不合理，同样会给企业带来重大经济损失。企业应当建立健全固定资产处置和转移的相关制度，采取相应的控制措施。固定资产的处置和转移具体可分为4种情形。

（1）对使用期满、正常报废的固定资产，应由固定资产使用部门或管理部门填制固定资产报废单，经企业授权部门或人员批准后对该固定资产进行报废清理。

（2）对使用期限未满、非正常报废的固定资产，应由固定资产使用部门提出报废申请，注明报废理由、估计清理费用和残值、预计处置价格等。企业应组织有关部门进行技术鉴定，按规定程序审批后进行报废清理。

（3）对拟出售或投资转出及非货币性交换换出的固定资产，应由有关部门或人员提出处置申请，对固定资产价值进行评估，并出具资产评估报告，报经企业授权部门或人员批准后予以出售或转让。企业应特别关注固定资产处置中的关联交易和处置定价，固定资产处置价格应报经企业授权部门或人员审批后确定。对于重大固定资产处置，应当考虑聘请具有资质的中介机构进行资产评估，采取集体审议或联签制度。涉及产权变更的，应及时办理产权变更手续。

（4）对出租或出借的固定资产由相关管理部门提出出租或出借的申请，写明申请的原因，并由相关授权部门或人员就申请进行审核。审核通过后应签订出租或出借合同，列明合同双方的具体情况、出租或出借的原因和期限等内容。

9.3　无形资产控制

建立完善的无形资产控制制度，能够保证企业财务报告中有关无形资产的数据准确、合法，同样能够保护无形资产的安全，避免企业无形资产的损失。

9.3.1　无形资产内部控制目标与授权批准

无形资产管理的基本流程包括无形资产的取得、验收并落实权属关系、自用或授权其他单位使用、安全防范、技术升级与更新换代、处置与转移等环节。

明确无形资产管理流程后，企业需要进一步明确无形资产的内部控制目标，并建立授权批准机制。

1. 内部控制目标

（1）确保无形资产记录相关业务都按照适当授权进行，确保无形资产的使用安全且有效。

（2）确保无形资产的会计记录完整、有效、及时，符合会计准则的相关要求。

（3）确保无形资产账实相符。

2. 授权批准

（1）不兼容职务相分离，即同一无形资产业务的审批、执行、记录和复核人员的职务相互分离。

（2）设立专门管控机构，该机构的主要职责包括五点。

①对无形资产的开发、引进、投资活动进行总体控制。

②指导无形资产控制制度的实施。

③协调企业与外部相关机构的沟通协作。

④维护无形资产的安全完整。

⑤考核无形资产的经济效益。

（3）无形资产专门管控机构在办理无形资产相关业务时，应经过机构主管的授权，并接受内部监督机构的监督。

9.3.2　无形资产内部控制环节

根据无形资产业务的主要流程，其内部控制可以分为四个环节。

1. 无形资产取得与验收

（1）企业应当建立严格的无形资产交付使用验收制度，明确无形资产的权属关系，及时办理产权登记手续。企业外购无形资产，必须仔细审核有关合同协议等法律文件，及时取得无形资产所有权的有效证明文件，同时应特别关注外购无形资产的技术先进性。

（2）企业自行开发的无形资产，应由研发部门、无形资产管理部门、使用部门共同填制无形资产移交使用验收单，移交使用部门投入使用。

（3）企业购入或者以支付土地出让金方式取得的土地使用权，必须取得土地使用权的有效证明文件。

（4）当无形资产权属关系发生变动时，应当按照规定及时办理权证转移手续。

2. 无形资产的使用与保全

（1）企业应当强化无形资产使用过程的风险管控，充分发挥无形资产对提升企业产品质量和市场影响力的重要作用。

（2）建立健全无形资产核心技术保密制度，严格限制未经授权人员直接接触核心技术资料，对核心技术资料等无形资产的保管及接触应保有记录，实行责任追究制度，保证无形资产的安全与完整。

（3）对侵害本企业无形资产的行为，要积极取证并形成书面调查记录，提出维权对策，按规定程序审核并上报等。

3. 无形资产的技术升级与更新换代

企业应当定期对专利、专有技术等无形资产的先进性进行评估。发现某项无形资产给企业带来经济利益的能力受到重大不利影响时，企业应当考虑淘汰落后技术，同时加大研发投入，不断推动企业自主创新与技术升级，确保企业在市场经济竞争中始终处于优势地位。

4. 无形资产的处置

（1）企业应当建立无形资产处置的相关管理制度，明确无形资产处置的范围、标准、程序和审批权限等要求。无形资产的处置应由独立于无形资产管理部门和使用部门的其他部门或人员按照规定的权限和程序办理。

（2）相关部门应当选择合理的方式确定无形资产处置价格，并报经企业授权部门或人员审批。

（3）重大的无形资产处置，应当委托具有资质的中介机构进行资产评估。

第十章
如何做好企业销售业务管控

    不断加大销售力度、拓宽销售渠道、扩大市场占有份额的过程，实质上就是企业生存、发展、壮大的过程。销售业务管控，就是要健全相关管理制度，明确以风险为导向的、符合成本效益原则的销售管控措施，并对现行销售业务流程进行全面梳理，查找管理漏洞，及时采取切实措施加以整改。

10.1　销售业务主要风险点

销售主要是指企业出售商品或提供劳务及收取款项的相关活动，其业务流程如图 10.1-1 所示。

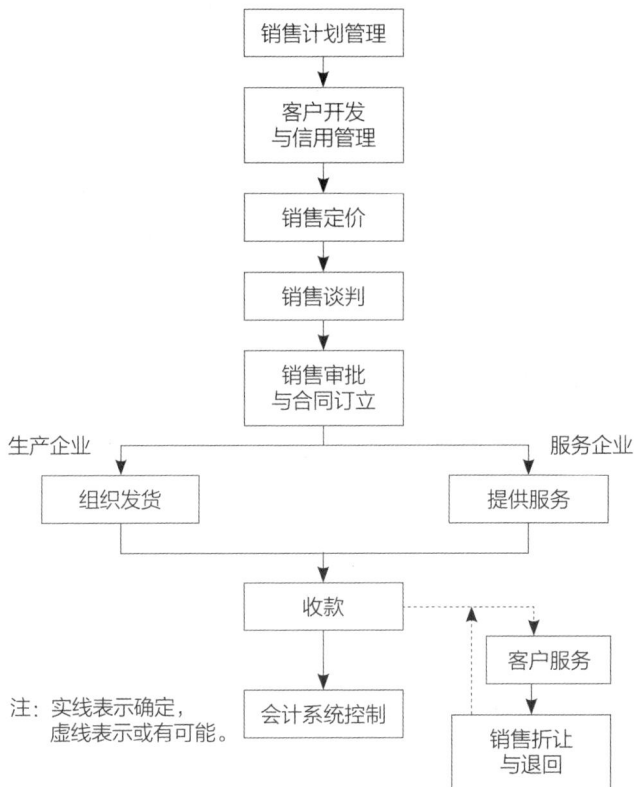

图 10.1-1　销售业务流程

由图 10.1-1 可见，销售业务的风险点主要集中在销售计划管理和收款环节，以及各环节可能存在的舞弊风险。

10.1.1　库存积压

很多企业往往不重视库存控制，更多关注的是销售额的增长，而非库存周转的问题，只有到资金链断裂，空有库存的时候，企业才开始重视库存积压的风险。

在销售业务的开展中，如果企业销售政策或策略不当、市场变化预测不准确、销售渠道管理不当等，就可能导致销售不畅、库存积压的问题，进而陷入资金链断裂、经营难以为继的困境。

10.1.2　销售款项不能收回或遭受欺诈

与库存积压相对的是销售款项不能及时收回，这同样会造成企业的资金风险。当企业遭受欺诈时，应收款项会变为坏账，导致企业需要付出相当的处置成本。

客户信用管理不到位、结算方式选择不当、账款回收不力等情况，都可能导致销售款项不能收回或企业遭受欺诈。

10.1.3　舞弊行为

销售与收款环节是企业经营的重要环节，也是极易产生舞弊风险的环节。销售与收款环节的舞弊行为，都会导致企业利益受损。

一般而言，销售与收款环节的舞弊行为可以分为企业舞弊和员工舞弊两类。

（1）企业舞弊，是指企业领导层授意、其他部门配合实施的舞弊行为，主要包括虚增或提前确认销售收入、隐瞒或延迟确认销售收入等，其目的通常是为整个企业牟取利益。

（2）员工舞弊，是指员工个人通过不正常手段获取收益，如大量赊销、签订虚假合同、挪用或私吞货款、窃取存货、制造虚假费用等，其结果通常是员工个人获得好处、企业蒙受损失。

10.2 销售环节的关键控制点及控制措施

针对销售业务的主要风险点，企业必须在销售环节加强市场调查，合理确定定价机制，并根据市场变化及时调整销售策略和营销方式，并对客户进行有效管理。要做到对整个销售环节的妥善控制，企业就要抓住销售环节的关键控制点，并采取相应的控制措施。

10.2.1 销售计划管控措施

销售计划的妥善制订，是企业有效控制销售环节的基础。在制订销售计划时，企业可从两方面着手。

（1）企业应当根据发展战略和年度生产经营计划，结合企业实际情况，制订年度销售计划，在此基础上，结合客户订单情况，制订月度销售计划，并按规定的权限和程序审批后下达执行。

（2）企业应定期对各产品（商品）的区域销售额、进销差价、销售计划与实际销售情况等进行分析，结合生产现状，及时调整销售计划，调整销售计划需履行相应的审批程序。

10.2.2 客户开发与信用管控措施

对客户的有效开发与信用管控，是提高销售效率的关键环节。企业需要做好相关管控措施。

（1）企业应当在进行充分市场调查的基础上，合理细分市场并确定目标市场，根据不同目标群体的具体需求，确定定价机制和信用方式，灵活运用销售折扣、销售折让、信用销售、代销和广告宣传等多种策略和营销方式，促进销售目标实现，不断提高市场占有率。

（2）企业应建立和不断更新客户信用动态档案，并成立与销售部门相对独立的信用管理部门。信用管理部门的主要职责就是对客户付款情况进行持续跟踪和监控，并对客户信用等级进行划分和调整。信用管理部门可与销售部门协商制定企业信用政策，并根据客户信用等级设定客户赊销限额和时限，经财务部门等相关部门审批。

针对境外客户和新开发客户，企业应当建立严格的信用保证制度。

10.2.3　销售定价管控措施

价格是企业进行市场竞争的关键要素，也是企业获取利润的关键来源。因此，企业必须制定合适的销售定价机制，对销售价格进行有效管控。

（1）企业应根据有关价格政策，综合考虑企业财务目标、营销目标、产品成本、市场状况及竞争对手情况等多方面因素，确定产品基准价格，定期评价产品基准价格的合理性，定价或调价需经具有相应权限的人员或部门审核批准。

（2）在执行基准价格的基础上，企业针对某些产品可以授予销售部门一定限度的价格浮动权，销售部门可结合产品市场特点，将价格浮动权向下实行逐级递减分配，同时明确权限执行人。

价格浮动权限执行人必须在规定的价格浮动范围内调价，不得擅自突破。

（3）销售折扣、销售折让等政策的制定应由具有相应权限的人员或部门审核批准。销售折扣、销售折让的实际金额、数量、原因及对象应予以记录，并归档备查。

10.2.4　订立销售合同管控措施

为避免后期产生履约风险，企业在订立销售合同时应经过全面考量。

（1）订立销售合同前，企业应当指定专门人员与客户进行业务洽谈、磋商或谈判，关注客户信用状况，明确销售定价、结算方式、权利与义务条款等相关内容。重大的销售业务谈判还应当吸收财会、法律等专业人员参加，并形成完整的书面记录。

（2）企业应当建立健全销售合同订立及审批管理制度，明确必须签订合同的范围，规范合同订立程序，确定具体的审核、审批程序和所涉及的部门人员及相应权责。审核、审批时应当重点关注销售合同草案中提出的销售价格、信用政策、发货及收款方式等。重要的销售合同，应当征询法律专业人员的意见。

（3）销售合同草案经审批同意后，企业应授权有关人员与客户签订正式销售合同。

10.2.5　发货管控措施

发货环节的管控主要涉及销售部门及仓储部门，两个部门都应履行发货管控职责，独立完成相应工作。

（1）销售部门应当按照经审核后的销售合同开具相关的销售通知交仓储部门和财会部门。

（2）仓储部门应当落实自身在出库、计量、运输等环节的岗位责任，对销售通知进行审核，严格按照所列的发货品种和规格、发货数量、发货时间、发货方式、接货地点等，按规定时间组织发货，形成相应的发货单据。发货单据应连续编号。

（3）应当以运输合同或条款等形式明确运输方式，商品短缺、毁损或变质的责任，到货验收方式，运输费用承担，保险等内容；在货物交接环节应做好装卸和检验工作，确保货物的安全发运，由客户验收确认。

（4）应当做好发货各环节的记录，填制相应的凭证，设置销售台账，实现全过程的销售登记制度。

10.3　收款环节中的关键控制点和控制措施

结合企业的销售政策，企业在销售之初就应当选择恰当的收款方式，加快款项收回速度，以提高资金使用效率。而在收款环节，企业也需加强对应收款项、商业票据的管控以及会计系统控制，并做好应收账款坏账的管理。

10.3.1　应收款项管理制度

为了加快应收款项的收回速度，企业应当完善应收款项管理制度，对销售人员进行严格考核，并据此给予奖惩。

1. 建立回款奖惩制度

为激励销售人员积极回收货款，企业可将销售人员收入与应收款项回收情况挂钩。

例如，某企业制定的销售人员回款奖惩细则包括四点内容。

①回收率达 100% 的，给予 0.12% 的提成奖励；回收率在 98%~100%，给予 0.06% 提成奖励；回收率在 95%~98%，则取消提成奖励；回收率低于 95%，则按照未收回货款的 1% 进行处罚。

②如应收款项被拖延 1 年以上，则每月都按照未收回款的 0.5% 进行处罚。

③如出现倒账或收回票据未能如期兑现，经办人员均应负责赔偿损失款项的 5%。

④如因销售人员失误导致坏账，则需按坏账金额的 5%~6% 扣减业务提成。

2. 加强赊销管理

建立完善的赊销管理机制，避免赊销导致的款项拖欠风险。

（1）需要赊销的商品，应由信用管理部门按照客户信用等级审核，并经具有相应权限的人员审批。

（2）赊销商品一般应取得客户的书面确认，必要时，要求客户办理资产抵押、担保等收款保证手续。

（3）应完善应收款项管理制度，落实责任、严格考核、实行奖惩。销售部门负责应收款项的催收，催收记录（包括往来函电）应妥善保存。

（4）加强代销业务款项的管理，及时与代销商结算款项。

10.3.2 商业票据的管理

针对以商业票据为结算方式的业务，企业应结合销售政策和信用政策，建立票据管理制度，明确商业票据的受理范围和管理措施。

商业票据的管理内容主要包括 4 点。

（1）对票据的取得、贴现、背书、保管等活动予以明确规定。

（2）严格审查票据的真实性和合法性，防止票据欺诈。

（3）由专人保管商业票据，对即将到期的商业票据，及时办理托收，定期核对盘点。

（4）票据贴现、背书应经恰当审批。

10.3.3 会计系统控制

销售业务与会计系统息息相关，建立健全会计系统也是收款环节的重要控制措施。因此，企业应建立完善的会计系统。

（1）开票应当依据相关单据（计量单、出库单、货款结算单、销售通知单等）并经相关岗位审核，严禁开具虚假发票。根据原始凭证审核销售价格、数量等，并根据国家统一的会计准则确认销售收入，登记入账。财会部门与相关部门月末应核对当月销售数量，保证各部门销售数量的一致性。

（2）建立应收账款清收核查制度。销售部门应定期与客户对账，并取得书面对账凭证，财会部门负责办理资金结算并监督款项回收。

（3）及时收集应收账款相关凭证资料并妥善保管；及时要求客户提供担保；对未按时还款的客户，采取申请支付令、申请诉前保全和起诉等方式及时清收欠款。对收回的非货币性资产应经评估和恰当审批。

（4）企业对于可能成为坏账的应收账款，应当按照国家统一的会计准则计提坏账准备，并按照权限范围和审批程序进行审批。

对确定发生的各项坏账，应当查明原因，明确责任，并在履行规定的审批程序后进行会计处理。企业核销的坏账应当进行备查登记，做到账销案存。已核销的坏账又收回时应当及时入账，防止形成账外资金。

10.3.4　应收账款坏账的管理

企业应当加强对应收账款坏账的管理。应收款项全部或部分无法收回的，应当查明原因，明确责任，并严格履行审批程序。

应收账款坏账的管理，除需按照国家统一的会计准则处理之外，企业还需制定相应的管理措施，减少坏账损失、维护企业利益。

一般而言，可确认为坏账的情形主要包括三类。

（1）债务人死亡，其遗产清偿后仍无法收回全部款项。

（2）债务人破产，其破产财产清偿后仍无法收回全部款项。

（3）债务人长期（一般为 1 年）未履行偿债义务，并有足够证据表明该款项无法收回或收回可能性极小。

10.4　销售交易的管控要点

针对销售交易环节的内部控制，企业应遵守职责分离、授权审批的原则，并确保相关凭证和记录的准确、完整，以便于内部核查程序的开展。

10.4.1　适当的职责分离

销售交易环节涉及企业货、款、账等各项变动，因此，企业需遵守职责分离原则，妥善设计销售交易环节的职能分布。

（1）销售、收款、发货三项业务应分别由三个部门（或岗位）负责。

（2）在销售合同订立前，企业应当指定专人就此进行谈判，谈判内容包括销售价格、信用政策及收款方式等具体事项。需要注意的是，谈判人员至少应有两人，且与订立合同的人员相互分离。

（3）编制销售发票通知单与开具发票的职责应分别由不同人员负责。

（4）销售人员应当避免接触销货款项。

（5）应收票据的取得和贴现必须经有权限的主管人员书面批准，该主管人员需与发票保管人员相分离。

10.4.2　恰当的授权审批

销售交易环节的授权审批主要包含四点内容。

（1）如需进行赊销，则必须在销售业务发生之前审批通过。

（2）如未经过正当审批程序，仓储部门不得发出货物。

（3）销售合同的重要因素必须经过审批，如销售价格、销售条件、运费、折扣等。

（4）企业需制定销售与收款授权批准制度，严格规定审批人员的授权范围，禁止无权限审批。

10.4.3　充分的凭证和记录

只有具备充分、完整的凭证和记录手续，才能确保各项控制目标的实现。为此，企业可以从两个方面着手。

（1）对凭证预先进行编号，并定期对凭证编号进行清点，确保凭证编号连续。对凭证进行预先编号，能够有效防止销售后忘记向客户开具账单或登记入账，也能避免重复开具账单或重复记账。

（2）按月向客户寄发对账单，与客户核对收款情况，避免应付账款余额不符的情况。在此环节同样要遵循职责分离的原则，寄发对账单的人员应与现金出纳、销售及应收账款记账人员相分离。

10.4.4　内部核查程序

内部核查程序，是指企业安排内部审计人员或独立人员定期对销售交易流程进行核查，核查重点包括：销售交易流程是否符合既定规则，有无违规或执行疏漏的情况。

在内部控制实务中，企业一般会设置独立的内部稽查部门，监督销售交易内部控制的正常运行，并对企业销售业务控制体系进行完善。

第十一章
如何做好企业成本管控

　　成本管控关系到企业的竞争，在同质化竞争激烈的今天，有效的成本管控是企业获得强大竞争力的关键。

11.1　成本性态管控

成本已经成为市场竞争的重要元素，但成本并非孤立存在的，而是与企业业务总量息息相关的，成本管控也必然需要与相关业务联系起来。因此，成本管控的前提是成本性态管控，只有对成本性态形成明确的认知，企业才能对症下药。

11.1.1　什么是成本性态

成本性态是指成本总额与业务总量之间的依存关系，也称为成本习性。成本总额指为取得营业收入而发生的成本费用，包括生产成本、销售费用、管理费用等。按性态划分，成本可分为变动成本、固定成本和混合成本等三大类。

1. 变动成本

变动成本指在一定条件下，成本总额随业务量变动而正比例变动的成本项目，通常包括：直接材料、燃料及动力、计件工资、运输费、业绩提成等项目。

变动成本的特点及性态模型如下。

变动成本总额的正比例变动性。在坐标图中，变动成本是一条以单位变动成本为斜率的直线，其总成本模型为 $y=bx$。

单位变动成本的不变性。单位变动成本的性态模型为 $y=b$。

变动成本的性态模型如图 11.1-1 所示。

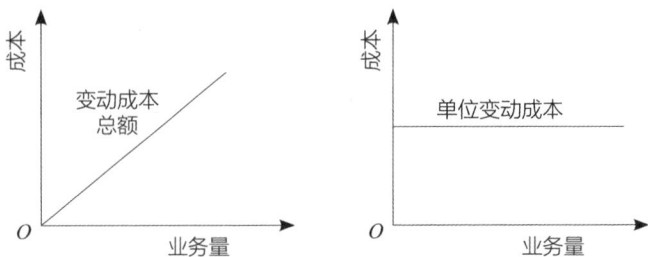

图 11.1-1　变动成本的性态模型

2. 固定成本

固定成本指在一定条件下，成本总额不随业务量变动而变动的成本项目，通常包括：固定资产折旧、房屋设备租赁费、保险费、固定底薪等项目。

固定成本的特点及性态模型如下。

固定成本总额的不变性。在坐标图中，固定成本线是一条平行于 x 轴的直线，其总成本性态模型为 $y=a$。

单位固定成本的反比例变动性。单位产品负担的固定成本随着业务量变动而成反比例变动，其单位固定成本性态模型为 $y=a/x$。

固定成本性态模型如图 11.1-2 所示。

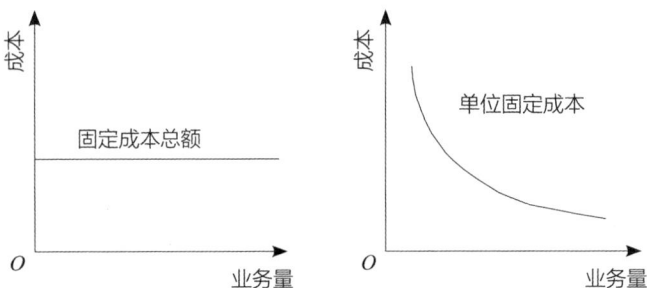

图 11.1-2　固定成本性态模型

3. 混合成本

混合成本就是除变动成本和固定成本以外的成本。混合成本虽受业务量变动的影响，但其变动并不同业务量变动保持严格的比例，即既不成正比例变化，也不成反比例变化。混合成本包括半变动成本和半固定成本。

半变动成本，通常有一个基数。在该基数内，成本与业务量变化无关，相当于固定成本；在这个基数之上，业务量增加了，成本也会相应增加。

半固定成本，也叫阶梯式成本。当业务量在一定范围内增加时，其成本固定不变，但在业务量增长超过一定限度时，其成本就会跳跃式上升，然后成本在新的一定范围内又保持不变，直到业务量又超过该范围上限。

11.1.2　成本性态特点

成本性态分析都存在一个基础性假定，即存在于一定范围内，脱离了这个范围，性态有可能发生变化。成本性态具有相对性、暂时性和可转化性等特点。

1. 相对性

同一时期内同一成本项目在不同公司之间可能具有不同的性态。这种相对性决定了任一公司都有着区别于其他公司的不同成本特性。

2. 暂时性

同一公司同一成本项目在不同时期可能有不同的性态。成本性态分析的基础性假定是"一定范围内"，然而，从长远看任何一种成本不可能永久地保持不变，也不可能与业务量永久地保持线性关系。因此，就公司而言，应当经常进行成本性态分析，而不能将某次成本性态分析的结果作为一成不变的标准。

3. 可转化性

同一时空条件下，某些成本项目可以在固定成本和变动成本之间实现相互转化。因此，进行成本性态分析时，都要从实际出发，具体问题具体分析。

11.1.3　成本管控思维

在成本管控中，企业必须树立成本管控的应有思维，在掌握成本管控理论逻辑的基础上，结合实际应用问题，真正形成有利于实际应用的现场实务思维。

1. 理论逻辑思维

理论上讲，所有成本都可区分为变动成本与固定成本两类，混合成本只是两者之间的过渡类型，是人们利用现有管理及分析手段难以解析其与业务量关联关系的成本。

成本管控的首要任务就是成本区分，只有尽可能将成本分解为固定成本和变动成本，才可进一步选择管控措施，合理降低成本。

成本性态分析对于成本预测、决策和分析，特别是对于控制成本和寻求降低成本的途径同样重要。所以成本性态分析在生产成本管理中理应得到普遍应用。

成本区分包括简单区分和深度分解，简单区分即将标志明确的变动成本和固定成本分类列示，深度分解指运用数理统计方法对混合成本进行分解。

2. 实际应用问题

（1）管理者意识及业务水平不强。它直接影响到成本划分的正确与否，最终影响到成本的控制管理。

（2）成本原始资料不足。有些资料难以全面获得，因此成本划分与分析也就存在隐患。

（3）办公自动化条件不够。成本性态分析工作量大，数据分析复杂，没有全面的计算机数据模型作为工具进行快速分析处理，成本性态分析应用范围受到限制。

（4）假设的局限性。一方面，"成本与业务量之间的完全线性关系"的假定不可能完全切合实际。另一方面，固定成本与变动成本的成本性态，只在一段有限期间和一个有限产量范围内才是正确的，如果超过了一定时期或者一定的业务量范围，成本性态的特点就有可能发生变化，所以成本性态分析及其结果的应用必须保持在一定的相关范围内，也正是因为相关范围的多变性，所以成本性态分析只能用于短期分析，而不能用于企业的长期分析。

3. 现场实务思维

（1）成本合理思维。准确或者精确是人们对成本数据的期望，从计算手段上讲，这种期望并不高，但是从运用计算手段之前的数据获取路径来讲，合理才是人们对数据的务实期望。换言之，要将成本性态分析的理论逻辑思维和现场应用问题有机结合，追求成本的合理思维，而不是走向理论精准或现实消极两个极端方向。这样才能合理运用成本性态分析手段，将以成本性态分析为主导的成本管控落到实处。

（2）成本效益思维。要从投入与产出的对比分析来看待投入（成本）的必要性、合理性，即考察成本高低的标准是产出（收入）与投入（成本）之比，该比值越大，则说明成本效益越好，相对成本越低。在成本效益观念下，成本绝对数并非越低越好，关键看成本产生的效益（或成本节省）是否大于该项成本支出。

11.1.4　混合成本分解

混合成本分解方法一般有高低点法、散布图法和回归分析法。

1. 高低点法

高低点法是根据一定期间的最高业务量及其成本与最低业务量及其成本来推算成本中固定成本和变动成本的成本性态分解方法。

单位变动成本＝（最高业务量成本 − 最低业务量成本）÷（最高业务量 − 最低业务量）

固定成本＝最高业务量成本 − 最高业务量 × 单位变动成本

用高低点法分解混合成本计算简单、易于运用，只要有最高和最低的业务量和成本，就可求解，使用较为广泛。但这种方法只根据最高点、最低点两项资料，而不考虑两点之间业务量和成本的变化，计算结果往往不够精确。高低点法的运用如表 11.1-1 所示。

表 11.1-1　成本性态分析——高低点法

单位：元

月份	机器工时（业务量）	维修费用（混合成本）	高低点
1	300	18 000	最低点
2	330	19 000	
3	345	20 000	
4	375	22 000	
5	390	23 000	
6	420	24 500	
7	450	26 000	
8	480	27 500	
9	510	28 500	
10	525	29 250	最高点
11	380	23 000	
12	460	25 500	
合计	4 965	286 250	
单位变动	＝（29 250－18 000）÷（525－300）		50
固定成本	＝18 000－300×50		3 000
性态公式	维修费用＝3 000＋50×业务量		

2. 散布图法

散布图法是根据若干期的业务量和成本数据，在坐标图中标出各期的业务量和成功数据对应点，再用目测方式画出一条能够反映成本变动平均趋势的直线，直线与 y 轴的截距即固定成本，进而计算出的直线斜率即单位变动成本。

散布图法准确程度比高低点法高，散布图直观有效，数据变成坐标图上的点，其相关关系清楚地呈现出来。

但因散布图法采用目测方法画图得出固定成本及单位变动成本，不同的人利用相同数据可能绘制出不同的直线，所以计算结果存在一定的不准确性。

3. 回归分析法

回归分析法是将业务量和混合成本数据分别作为自变量和因变量，通过对二者一定期间内历史观测数据的处理，建立起描述业务量和成本数据相互关系的回归方程式，借以将混合成本分解为固定成本和变动成本的数理统计方法。回归分析法较为精确，一般适用于成本数据变动趋势较大的企业。

业务量（自变量）和混合成本（因变量）的关系表达式及计算结果如下。

$$y=a+bx$$

$$b=\left(n\sum xy-\sum x\sum y\right)\div[n\sum x^2-(\sum\times)^2]$$

$$a=\left(\sum y-b\cdot\sum x\right)\div n$$

根据上述公式，回归分析法的应用如表 11.1-2 所示。

表 11.1-2　成本性态分析——回归分析法

单位：元

月份	机器工时（x）	维修费用（y）	xy	x^2
1	300	18 000	5 400 000	90 000
2	330	19 000	6 270 000	108 900
3	345	20 000	6 900 000	119 025
4	375	22 000	8 250 000	140 625
5	390	23 000	8 970 000	152 100
6	420	24 500	10 290 000	176 400
7	450	26 000	11 700 000	202 500
8	480	27 500	13 200 000	230 400
9	510	28 500	14 535 000	260 100
10	525	29 250	15 356 250	275 625
11	380	23 000	8 740 000	144 400
12	460	25 500	11 730 000	211 600
合计	4 965	286 250	121 341 250	2 111 675
单位变动	=（12×121 341 250−4 965×286 250）÷（12×2 111 675−4 965×4 965）			50.61
固定成本	=（286 250−4 965×50.61）÷12			2 914.28
性态公式	维修费用 =2 914.28+50.61× 业务量			

11.1.5　本量利分析法

本量利分析法是"成本－销量－利润"依存关系分析的简称，具体指在变动成本计算模式基础上，以数学化会计模型与图文来揭示固定成本、变动成本、销售量、单价、销售额、利润等变量之间的内在规律性联系，为会计预测决策和规划提供必要的财务信息。

1. 单产品本量利分析

（1）盈亏平衡分析。盈亏临界点指毛利润与固定成本恰好相等时的销售量，此时，企业处于不盈不亏的状态。确定盈亏临界点是进行本量利分析的关键。

盈亏平衡分析是运用本量利分析法的首要目标，人们运用本量利分析法首先想获知的是什么情况下盈亏平衡。

盈亏平衡点销售量计算公式为：

盈亏平衡点销售量 = 固定成本 ÷（单位产品销售收入 − 单位产品变动成本）

在销售总成本已定的情况下，盈亏临界点的高低取决于单位售价的高低。单位售价越高，盈亏临界点越低；单位售价越低，盈亏临界点越高。

在销售收入已定的情况下，盈亏临界点的高低取决于固定成本和单位变动成本的高低。固定成本越高，或单位变动成本越高，则盈亏临界点越高；固定成本越低，或单位变动成本越低，盈亏临界点越低。

在盈亏临界点不变的前提下，销售量越大，企业实现的利润便越多（或亏损越少）；销售量越小，企业实现的利润便越少（或亏损越多）。

在销售量不变的前提下，盈亏临界点越低，企业能实现的利润便越多（或亏损越少）；盈亏临界点越高，企业能实现的利润便越少（或亏损越多）。

（2）目标利润管理。目标利润管理是运用本量利分析法的次要目标，在获知盈亏临界点后，人们期望通过多重分析、多重努力，定位企业能实现的目标利润。

目标利润销售数量 =（目标利润 + 固定成本）÷（单位售价 − 单位变动成本）

根据上述公式，目标利润管理如表 11.1-3 所示。

表 11.1-3　目标利润管理

项目	按销售数量	按销售金额
单位产品售价（元）	12	12
单位变动成本（元／件）	8	8
边际贡献（元）	4	4
边际贡献率	33.33%	33.33%
固定成本总额（元）	30 000	30 000
目标利润（元）	10 000	10 000
目标利润销售数量（件）	10 000	

2. 多产品本量利分析

多产品本量利分析一般不能直接计算产品的实物数量，而必须利用能够综合反映各种产品销售量的金额指标，即销售收入。实务中常采取综合边际贡献率法计算多产品条件下的盈亏平衡销售量。该方法是在掌握每种产品边际贡献率基础上，按各种产品销售额的比重进行加权平均，据以计算综合边际贡献率，进而计算多品种保本额和保利额的一种方法。

多产品本量利分析的应用如表 11.1-4 所示。

表 11.1-4　多产品本量利分析的应用

项目	甲产品	乙产品	丙产品	合计
预计销售数量（件）	1 000	800	600	
单位产品售价（元）	10	25	50	
单位变动成本（元／件）	6	12	24	
固定成本总额（元）	100 000			
产品收入（元）	10 000	20 000	30 000	60 000
产品收入占比	16.67%	33.33%	50%	
产品成本（元）	6 000	9 600	14 400	30 000
边际贡献（元）	4 000	10 400	15 600	30 000
边际贡献率	40%	52%	52%	50%
综合盈亏平衡收入（元）	＝固定成本总额÷综合边际贡献率			200 000
单产品盈亏平衡收入（元）	33 340	66 660	100 000	

11.2　生产成本管控

为什么制造费用对决策影响较大呢?

这是因为，直接材料一般属于变动成本，其体量虽大，但归属明确，核算固化。直接人工一般属于半变动半固定成本，其固定部分也与保底工作量关联，所以直接人工也可归属为变动成本。

制造费用则不同，包括固定制造费用、变动制造费用和混合制造费用。制造费用与直接材料和直接人工相比，最大的差异在于制造费用需要归集和分配，而直接材料只需归集，直接人工虽也需要归集和分配，但其体量较小，分配偏差对成本核算合理性影响不大，而制造费用的归集偏差、分配基础对成本核算合理性的影响较大。

11.2.1　直接成本和间接成本

直接成本指成本费用发生与特定的产品存在直接关联，通常为变动成本，但也可能是固定成本；间接成本与之相对应，指成本费用发生与特定的产品存在间接关联，即存在关联但不是直接关联，通常为固定成本，但也可能是变动成本。

凡是有形物体，其成本构成分为直接材料、直接人工、制造费用，也就是常说的料工费。直接材料、直接人工属于直接成本，制造费用属于间接成本。

料工费的关联关系和成本性态如表 11.2-1 所示。

表 11.2-1　料工费的关联关系和成本性态

项目	直接成本 / 间接成本	变动成本 / 固定成本 / 混合成本
直接材料	直接成本	变动成本
直接人工	直接成本	变动成本
制造费用	间接成本	变动成本、固定成本、混合成本

11.2.2　直接材料管控

在制造业，材料成本控制是一件非常复杂的事情。企业要做好材料成本控制，就需要多个部门的协同工作。

企业采购什么材料、采购多少材料，首先取决于客户的订单需求，这就要求销售部门明确客户需求及其动态变化。

企业采购是高品质材料还是低品质材料、是采购国产配件还是进口配件，则由研发部门在研发产品时决定。

企业向哪家供应商采购、预计采购费用为多少，则由采购部决定。

采购材料的品质高低、交货期是否准时，则会影响到生产部门的工作效率及产品成本的高低等。

在材料成本控制的问题上，企业各个部门的工作会掺杂在一起，进行材料成本控制并非一件易事。

直接材料一般属于变动成本，对其的管控模式以满足客户需求为前提。直接材料管控不外乎数量和单价管控，具体则分为夯实物料清单和采购竞价比价。

1. 夯实物料清单

物料清单是计算物料需求、预估材料成本、按单领料的重要依据。技术部门根据销售部门提供的客户产品需求组织设计物料清单。

一般而言，物料清单包括三类场景应用：第一类是高度标准化产品制造企业，第二类是高度定制化产品制造企业，第三类是综合性产品制造企业。

高度标准化产品制造企业特点：物料清单固化；以产品为会计核算对象，提前备货销售；生产计划变化少；物料采购相等稳定。

高度定制化产品制造企业特点：产品均为定制化产品，即非标产品、产品批量多样化、以订单为会计核算对象、按订单独立设计物料清单、物料采购时间紧迫。

综合性产品制造企业特点：既有标准化产品又有定制化产品，分别按照高度标准化模式和高度定制化模式处理。

高度标准化模式中，物料清单包括标准物料清单和订单物料清单。标准物料清单指生产或组装最小批量的某个产品所需物料的需求清单，包含物料编码、物料名称、规格型号、单位用量、损耗率等信息，最小批量的默认值就是1。订单物料清单指参照标准物料清单修正而成的用于指定生产的物料清单，包含物料编码、物料名称、规格型号、生产数量、单位用量、总体用量、损耗率等信息。

高度定制化模式中，物料清单只有订单物料清单，是根据客户具体需求而独立设计出的物料清单。

（1）物料清单的问题。物料清单关乎客户需求满足、现实生产管理、物料采购需求、积压存货消化，更重要的是，物料清单的准确性直接影响着直接材料核算，进而影响成本管控举措的选择与实施。

然而，物料清单运用中也存在诸多问题。

①标准物料清单长期不更新，逐渐失去对订单物料清单及现实生产领料的指导意义。

②以标准物料清单代替订单物料清单，在标准物料清单的基础上简单乘生产数量，订单物料清单与现实材料耗用差异较大。

③订单物料清单设计纸上谈兵。设计人员对订单物料清单的设计认识僵化，未深入物料现场，不了解物料库存状态，未考虑现有物料消化。采用这样的订单物料清单，直接导致采购工作量增加，或间接导致存货积压。

④物料领用未严格遵照订单物料清单。生产部门自认为切近生产现实，知晓物料属性，随意领用生产材料，且不屑与产品设计部门衔接沟通，不及时将领用变更反馈给产品设计部门。

上述事项导致物料清单与生产实际耗用严重偏离，给存货库存管理、成本核算管控带来极大隐患，这样的物料清单难以指导生产，更不谈成本核算的准确。所以直接材料管控的首要任务就是夯实物料清单，尤其是订单物料清单与现实生产领料的衔接。

（2）物料清单管控。针对上述问题，物料清单的管控要点主要在于以下方面。

①确保客户临界需求。满足客户需求是企业占领市场、树立口碑的首要任务，但满足客户需求不能僵化地理解运用，要结合成本管控的目的来实施，在确保产品满足客户临界需求的基础之上，有效降低产品成本。

②优化产品结构。在满足产品性能的基础上，进一步优化产品结构，降低产品成本。要注意的是，优化产品结构不是单纯为优化而优化，而是要切实结合企业工艺路线合理优化。

③充分利用现有物料。在考虑客户需求、优化产品结构的同时，不能忘记对现有库存物料的充分利用，提高库存周转率，降低库存成本。

④合理使用积压物料。充分利用现有物料的同时，也不能遗漏对积压物料的使用，在设计物料清单时，筛选现有积压物料，加以合理利用。

2. 采购竞价比价

采购价格是影响直接材料成本的又一项重要因素，企业应通过供应商遴选、合理询价比价、优化采购批次等举措，降低材料采购成本及相应采购费用。

直接材料分为专用材料和常用材料，对于不同的材料，采用不同的管理方法。

（1）专用材料指只有某种产品才用得上的材料。控制方法一般为按需采购、订单采购。销售人员须与客户紧密联系，便于掌握订单变化，避免专用材料储备不够或采购过多造成呆滞的情况。

（2）常用材料指很多种产品都会用的材料。控制方法一般为设定安全存量、计算经济订货批量和请购点。

11.2.3　直接人工管控

直接人工管控的主要手段包括提高劳动生产率、完善人工薪酬结构、自动设备替代人工等。

1. 提高劳动生产率

劳动生产率是劳动者在一定时期内创造的劳动成果与其相适应的劳动消耗量的比值。劳动生产率水平可以用同一劳动在单位时间内生产某种产品的数量来表示，单位时间内生产的产品数量越多，劳动生产率就越高；也可以用生产单位产品所耗费的劳动时间来表示，生产单位产品所耗费的劳动时间越少，劳动生产率就越高。

提高劳动生产率不仅会使生产过程中的活劳动消耗得到节约，促使单位成本中的直接人工降低，也会使产量增加，从而促进单位产品中的固定费用下降。

企业应编制先进合理的劳动定额和定员，制定出勤率指标，控制非生产性损失，实行合理的工资制度和奖励制度，努力降低产品成本中的工资费用。

提高劳动生产率的举措包括合理安排生产、改善劳动组织、建立岗位责任制、强化岗位培训、提高员工素质等。

2. 完善人工薪酬结构

直接人工属于变动成本，与保底工作量相关的保底薪酬不属于严格的固定成本，超过保底工作量按计件工资计算的薪酬属于变动成本。

完善人工薪酬结构指有效衔接生产一线工人的薪酬与生产业务量的对应关系。主要举措就是建立直接人工薪酬体系，包括保底生产量设计、保底薪酬设计、超额计件薪酬设计等。

保底生产量设计一般要确保实际生产量不跌破保底生产量，否则保底人工单价将会变高；保底薪酬设计一般要确保不低于所在城市最低工资标准，否则有可能无法执行或带来法律风险；超额计价薪酬一般分段实施且轻度超额累进。

为了进一步明确如何完善人工薪酬结构，我们可以借助表11.2-2进行具体分析。

表 11.2-2　直接人工薪酬方案的对比

项目	方案一	方案二	方案三
最低产量（吨）	4 000		
基础保底薪酬（元）	2 000		
保底产量（吨）	5 000	4 000	3 000
保底产量吨薪酬（元 / 吨）	0.5	0.5	0.5
产量保底薪酬（元）	2 500	2 000	1 500
综合保底薪酬（元）	4 500	4 000	3 500
综合保底吨薪酬（元 / 吨）	0.9	1	1.17
超额吨薪酬（元 / 吨）	0.6		
实际生产 3 000 吨的薪酬（元）	4 500	4 000	3 500
实际生产 4 000 吨的薪酬（元）	4 500	4 000	4 100
实际生产 5 000 吨的薪酬（元）	4 500	4 600	4 700
实际生产 6 000 吨的薪酬（元）	5 100	5 200	5 300
实际生产 7 000 吨的薪酬（元）	5 700	5 800	5 900
实际生产 8 000 吨的薪酬（元）	6 300	6 400	6 500
实际生产 3 000 吨的综合吨薪酬（元 / 吨）	1.5	1.33	1.17
实际生产 4 000 吨的综合吨薪酬（元 / 吨）	1.125	1	1.025
实际生产 5 000 吨的综合吨薪酬（元 / 吨）	0.9	0.92	0.94
实际生产 6 000 吨的综合吨薪酬（元 / 吨）	0.85	0.87	0.88
实际生产 7 000 吨的综合吨薪酬（元 / 吨）	0.81	0.83	0.84
实际生产 8 000 吨的综合吨薪酬（元 / 吨）	0.7875	0.8	0.8125

由表 11.2-2 可见，方案一的保底产量高于最低产量，可能会出现实际产量低于保底产量时，仍需按照综合保底薪酬发放工资的情况，导致综合吨薪酬过高：实际产量为 3 000 吨时，不足最低产量 4 000 吨，方案一的综合吨薪酬 1.5 元，高于方案二的 1.33 元和方案三的 1.17 元。

3. 机器设备代替人工

人力资源是企业内部的重要生产要素，也是具备较高弹性的生产要素。人力资源的积极影响与消极影响往往难以察觉，但机器设备则不同。所以，单纯从管理难度和成本效益原则去分析，用机器设备代替人工尤其是基础性人工是多数企业的希望和选择。

11.2.4　制造费用管控

直接材料和直接人工属于直接成本，其归集、分配方法简单，制造费用属于间接费用，其归集、分配方法较复杂。

制造费用管控简而言之就是归集管控、分摊管控和目标管控。

1.归集管控

首先要清楚制造费用所包括的内容，然后才能有目的地降低每个项目产生的费用。制造费用是指企业为组织和管理生产所发生的各项费用，一般包括：车间管理人员薪酬、厂房和机器折旧费、厂房和机器租赁费、水电能耗费、劳动保护费、机物料消耗、检验和试验费、维修费、办公费、差旅费、财产保险费等。

归集管控要做到以下几点。

（1）确保制造费用归集内容稳定延续。每个公司生产情况不同、管理风格各异，制造费用归集内容和范围也是略有差异的，公司需要根据自己的实际情况，梳理制造费用归集内容和涉及范围并稳定延续。

例如，部分大宗物料存放在车间，占用车间场地，那么产生的费用是归属于仓储费用还是归属于制造费用，公司要视情况而定，且要有理有据，确定方式要稳定延续。

（2）严格区分制造费用与其他成本费用。既不能将制造费用归集至其他成本费用，也不能将其他成本费用归集至制造费用，确保制造费用归集的真实性和完整性。

（3）归集期间必须与核算期间一致。例如，水电能耗供应商的抄表周期可能与核算周期不一致，这就要求公司自行在各核算周期节点自行查表核实能耗情况。

2.成本分摊管控

做好制造费用核算内容与范围的准确归集后，下一步就是如何将制造费用合理地分配到成本对象上。遗憾的是，这一程序并没有标准做法，这就导致成本项目的发生与成本对象的关系判断及其依据因人而异，公司只能追求合理的分摊。这种合理的分配方案应当是经过大多数人认可且由决策者确认选择的，一经确定就应当保持。

传统的制造费用分摊方法包括按材料数量占比、材料金额占比、机器工时、人工工时等方法分摊，我们称之为传统成本法。

作业成本法在成本费用和核算对象之间提出作业这一关联词语，采取追溯、动因分配、分摊的方式将资源也就是成本费用分配至作业库，再从作业库分配至成本对象。

传统成本法和作业成本法的差异主要通过制造费用的分摊体现，简略总结：传统成本法的分配依据单一，只考虑了主要因素，未考虑主要因素以外的其他因素；作业成本法按影响因素将制造费用分类归属，可以分为制造费用一、制造费用二、制造费用三等，每一类制造费用受同种分配依据（即作业水平）的影响，这样的分配更趋向合理。

可以说，作业成本法并不是对成本管理理论的颠覆，甚至谈不上创新，而是对成本管理理论和实践的细化，属于电子计算机普及过程中的实际运用之一。

3. 目标管控

制造费用分为固定性制造费用和变动性制造费用，其中固定性制造费用为主，变动性制造费用为辅。虽然无法确定制造费用的标准目标，但是为强化管控，也必须根据历史数据及未来预测确定制造费用的管控目标，即使这个目标的合理性存在瑕疵。

固定性制造费用包括生产管理人员薪酬、厂房折旧费用、机器设备折旧费用、厂房租赁费用、机器设备租赁费用、财产保险费用等。这些费用中已成定局的、各个使用部门不能改变的，属于不可控成本。

变动性制造费用包括水电能耗费用、维修费用等。变动性制造费用的管控手段类似直接材料和直接人工的管控手段，包括制定消耗定额，杜绝"跑冒滴漏"。

其他制造费用，诸如办公费、差旅费等因费用金额较小，其管控可参照期间费用管控手段。

11.3 目标成本管控

常见的目标成本管控方法包括定额成本法、标准成本法、目标成本法。

定额成本法和标准成本法属于传统的成本管控方法，从成本管控正面入手，即从产品成本构成及其管控入手，确定标准，并将实际耗费与标准对比从而分析改进。两种方法的本质基本一致。

目标成本法属于现代的成本管控方法。表面上看该方法是基于产品售价，在考虑必要利润因素后倒推出产品预期成本。从具体内涵看，目标成本法是确定目标成本及围绕目标成本落实而展开的一系列成本控制活动的总称。目标成本法不仅是成本管控方法，也是在既定营销政策下进行利润规划的一种方法。

11.3.1 定额成本法

定额成本法是企业为了及时地反映和监督生产费用和产品成本脱离定额的差异，加强定额管理和成本控制而采用的一种成本计算方法。一般成本计算方法下，生产费用的日常核算，都是按照生产费用的实际发生额进行的，产品的成本也都是按照实际生产费用计算的实际成本。这样，生产费用和产品成本脱离定额的差异及其发生的原因，只有在月末通过实际资料与定额资料的对比、分析，才能反映，而不能在差异发生的当时反映出来，因而不利于企业加强成本控制。定额成本法正是为了弥补以上不足所采用的一种成本计算辅助方法。

定额成本法基本程序如下。

（1）事前制定产品的消耗定额、费用定额和定额成本，以作为降低成本的目标。

（2）在生产费用发生的当时将符合定额的费用和发生的差异分别核算，加强对成本差异的日常核算、分析和控制。

（3）月末在定额成本的基础上加减各种成本差异，计算产品的实际成本，为成本的定期分析和考核提供数据。

因此，定额成本法不仅是一种产品成本计算方法，还是一种对产品成本进行管理的方法。

采用定额成本法，需要事先制定产品的消耗定额、费用定额，并据此制定产品的定额成本。产品定额成本的制定过程，也是对产品成本进行事先控制的过程。产品的消耗定额、费用定额和定额成本既是对生产耗费、生产费用进行事中控制的依据，也是月末计算产品实际成本的基础，还是进行产品成本事后分析和考核的依据。

定额成本法主要适用于定额管理制度比较健全、定额管理基础工作比较好、产品生产已经定型、各项消耗定额比较准确和稳定的企业。

11.3.2　标准成本法

标准成本法以预先制定的标准成本为核心，用标准成本与实际成本进行比较，核算和分析成本差异。标准成本法的重点工作是按标准成本记录和反映产品成本的形成过程和结果，借以实现对成本的控制。

标准成本按制定所依据的生产技术和经营管理水平，分为理想标准成本、正常标准成本和现实标准成本。

理想标准成本是现有生产条件所能达到的最高水平的成本，这种成本难以应用于实际；正常标准成本是根据正常的工作效率、正常的生产能力利用程度和正常价格等条件制定的标准成本，它一般只用来估计未来的成本变动趋势；现实标准成本，是根据适用期合理的耗费量、合理的耗费价格和生产能力可能利用程度等条件制定的，切合适用期实际情况的一种标准成本。

标准成本法基本程序如下。

（1）制定产品各成本项目的标准成本。

（2）按标准成本进行产品成本核算。

（3）计算各成本项目实际成本与标准成本的差异，并分类归集。

（4）计算分析各种成本差异，月末编制成本差异汇总表，并计入当期损益。

标准成本法适用于产品品种较少的大批量生产企业，不适用于单件小批量生产和试制性生产的企业。标准成本法可以简化存货核算的工作量，尤其适合于存货品种变动不大的企业。

11.3.3　目标成本法

目标成本法是现代企业成本管理的一种重要方法，在市场竞争环境中，竞争者之间的产品质量差异正在逐步缩小，企业对产品市场价格的影响越来越有限，为实现预定的利润，必须从成本控制入手。

传统成本管理思路用公式体现为：

$$售价 - 产品目标成本 = 利润$$

目标成本管理思路用公式体现为：

$$产品目标成本 = 售价 - 利润$$

直观地看，目标成本是基于产品售价，在考虑必要利润因素后倒推出的产品预期成本。但是，目标成本法的内涵远远不限于此，倒挤出目标成本仅仅是设计目标成本的开始。

从具体内涵来看，目标成本法是确定目标成本及围绕目标成本落实而展开的一系列成本控制活动的总称，不仅是成本控制方法，也是在既定营销政策下进行利润规划的一种方法。

目标成本管理过程由价格引导，关注顾客，以产品和流程设计为中心，从产品开发的最初阶段开始，贯穿产品整个生命周期，而不是简单地在产品制造过程中降低成本。

目标成本法是一种以市场为导向、对有独立的制造过程的产品进行利润规划和成本管理的方法。目标成本法以大量市场调查为基础，根据客户认可的价值和竞争者的预期反应，估计出在未来某一时点市场上的目标售价，然后减去企业的目标利润，从而得到目标成本。

目标成本法的特点是改变了成本管理的出发点，即从生产现场转移到产品设计与规划上，从源头抓起，具有大幅度降低成本的功效。

第十二章
如何做好企业费用管控

  费用看似简单，但企业的费用管控水平可以反映企业管理的方方面面：签字流程和权限额度可以体现企业内部控制水平；费用审核与归属可以反映风险管控意识；通过费用方向可以透视企业运作效能。所以，企业应做好费用管控工作。

12.1 费用分类管控

企业生产运营会产生各种费用，但在实务当中，很多企业轻视费用管理，甚至未对费用进行明细分类。对此，企业必须从费用分类管控开始，着手建立起企业的费用管控体系。

12.1.1 费用管控概述

相比于采购、生产、销售，费用业务具有以下特点。

（1）发生频繁。从会计凭证数量来看，费用报销及其前端借支业务凭证数量占凭证数量总额的 60% 甚至 70% 以上。

（2）涉及面广。费用涉及业务看似只有报销及前段借支业务，但种类异常繁杂。

（3）涉及人多。企业几乎所有员工都有可能涉及费用报销。

在实务当中，企业费用管理现状却不容乐观。

（1）轻视费用管理。虽然费用业务量在业务总量中占比较高，但部分管理者觉得费用业务简单重复、毫无技术含量，所以存在轻视费用管理的思想。

（2）费用标准模糊。费用业务细而繁杂，需要的标准林林总总，但现实中，部分企业的费用标准模糊，导致费用业务执行中的审核审批随意性较大。

（3）费用项目交错。费用明细项目分类随意，没有规划布局，设置随意。

（4）费用审核不实。费用单据看似层层审核，但责任未明确划分，出现问题没人担责。

12.1.2　费用明细分类

一般而言，费用可以根据大类和明细进行划分。

（1）费用大类。常见的费用大类包括制造费用、研发支出、销售费用、管理费用、财务费用等类别。

（2）明细分类。费用可根据费用大类的特性设置明细分类，也可设置一套各费用大类可共用的费用明细。费用大类要保持四大一致，即编码一致、名称一致、顺序一致、内容一致。如此一来，一方面便于财务人员记忆，另一方面也有利于报表的编制。

不同的企业适用不同的费用明细分类，但无论如何，企业都要遵循相应的分类原则。

（1）列举法原则。费用明细的核算内容表示方式包括描述法和列举法，为防止费用业务执行中的理解歧义，要求用列举法列示费用核算内容。

（2）同类项原则。一般而言，同类费用明细排列在一起，如将工资薪酬类费用明细全部排列在一起。

（3）重要性原则。重要的费用详细记录明细项目并单独列示，非重要的可合并展示，零星琐碎的、不可预见类别的可归类到其他项目。一般而言，其他项目的费用金额不得超过费用总金额的5%。

（4）从外原则。对于数据信息来源于外部的费用明细，必须按照外部单据的排列方式设置费用明细项目。如人工薪酬中的社保类明细项目排列顺序必须和社保局的缴费清单一致。

（5）协同性原则。费用大类及费用明细设置好后，费用业务涉及部门及人员都必须遵照执行，经办人员在费用业务办理中必须严格按大类和明细类的要求分类归属。

12.2　费用标准管控

企业运营中涉及的费用纷繁复杂，企业要对如此复杂的费用进行有效管理，就必须建立相应的费用标准管控体系，尽可能将企业各类费用纳入相应的费用标准当中。在运营过程中，企业也应根据实际情况及时对费用标准进行调整。

12.2.1　费用报销标准分类

费用报销标准包括：无标准凭票实报实销、有标准凭票实报实销、标准内凭票据实报销、限额标准包干使用。

1. 无标准凭票实报实销

无标准指无法制定标准或无须制定标准。无法制定标准指公司无法把控该项费用的标准制定，只能按有权机关公布的标准执行，比如水费、电费，公司能做的只有减少消耗量；无须制定标准主要指高管的实报实销类费用。

2. 有标准凭票实报实销

有标准凭票实报实销指概括性设定项目标准，具体以实际票据金额为准进行报销。如差旅费设定"某层级员工可乘坐航班商务舱、高铁特等座"，实际出差时以航班商务舱、高铁特等座实际票据金额为准报销。

3. 标准内凭票据实报销

标准内凭票据实报销指设定项目的单位标准上限，经办人员在标准内凭合法票据报销，超标部分不得报销，经特批的超标费用可报销。如规定市内办事误餐费为每餐30元，经办人员在30元以内凭票报销，超过30元的只能报销30元，特殊情况下超过30元的经特批可全额报销。

4. 限额标准包干使用

限额标准包干使用指设定项目的单位标准，经办人员包干使用，可不需要对应票据，一般适合于杂费。

12.2.2　费用标准确立

标准确立是费用管理的核心，有了标准，经办人、审核人、审批人的设定也就有章可循。但现实中，多数企业确定费用标准毫无章法，导致费用相关的小事却占用企业较大的沟通成本。

为什么难以确立费用标准呢？因为费用具有差异化特点，即同一项业务，时间不同、地点不同可能产生的费用也不同，所以费用标准难以确立。比如差旅费中的住宿费标准，出差城市不同、同一城市地点不同、酒店档次不同、出差时间不同，实际可能发生的住宿费用就千差万别。企业无法穷尽所有可能性并为之确立标准，但是费用管控又必然需要标准。怎么办呢？企业可以根据以下原则确立费用管控标准。

1. 标准参照原则

参照可获知的同行业、同地域、同等规模、相似风格的企业的标准，结合本企业实际情况，建立费用标准。

2. 合理标准原则

费用种类多样化、区域水平差异化，势必要求不能追求所谓的精准标准，而是根据管理风格把握合理标准即可。

比如午餐费每餐 30 元，这是估计出来的、参照制定的标准，任何理论计算都无法支撑为什么是 30 元，而不是 29 元或 31 元。

3. 松紧适宜原则

人们系皮带时，不宜过紧，过紧感觉不舒服；不宜过松，过松没有效果，所以系皮带的原则就是松紧适宜。

标准确立也是如此。既然无法寻求到准确的标准，甚至连合理性都无法确保，那么松紧适宜原则是费用标准确立的宏观指向。按照松紧适宜原则设定的标准不能满足现实中的所有费用行为，绝大多数行为产生的费用不超过该标准即可。

以差旅住宿标准为例，按区域、按人员层级确立差旅住宿标准，如果人人产生的差旅费都不超标，只能说明确立的标准过高了；如果几乎所有人产生的差旅费都超标，只能说明确立的标准过低了。那么什么样的标准才是一个合格标准呢？就是在综合判断基础上，大多数业务产生的费用不会超过确立的标准，即使因特殊原因超标，也可采取特批申请的方式报销。

怎么才算松紧适宜呢？或者说如何检验标准是松紧适宜的呢？此时可采取一个宏观指向标准，即大多数通过原则或者说 9 ∶ 1 原则。一项标准确立后，100 项费用业务中，90 项业务产生的费用不超标，10 项业务产生的费用超标；10 项业务中可能有 6 项是因情况特殊，超标的费用可以特批报销，剩余 4 项业务产生的超标费用，则由相关人员自行负担。9 ∶ 1 原则是个大概原则，不同企业可根据实际情况确定大概数据原则。

12.2.3　费用标准调整

费用标准并非一成不变的，而是根据实际状况适时调整的，这种调整频次要适度，一般每年组织一次对各项标准进行合适度确认的讨论。

费用标准的调整也不是只能上调不能下调，要根据实际状况而定。例如，单位通信费较很多年前已经降低许多，那么通信费的标准就是逐渐下调的。

12.2.4　超标费用特批

鉴于标准确立、业务执行的现实状况，超过标准的费用业务偶有出现，对待超标费用可采取特殊批准方式。特批主要原则包括以下内容。

（1）情况说明原则。经办人员必须就超标事项书面说明，简要的可在报销单据上说明，复杂的可单独书面说明。

（2）文字审批原则。正常业务环节中审核审批人签名即表示同意，对于超标费用，审核审批人除了签名，可以用简要文字表明意见。

（3）高阶特批原则。高阶特批指由正常审批最高层级的上一级层级审批。正常业务总经理审批即可，超标业务需由董事长审批。

（4）环节适度原则。有的情况下，超标费用实质上属于正常费用，只是因标准限定、情况特殊等原因造成的，所以对于满足特批要求的超标费用的特批要求和流程不能过于复杂，环节适度即可。

12.3　费用报销管控

费用报销管控，核心目的是完善财务管理、规范相关费用报销流程、合理控制费用开支。

12.3.1　借支与请款

借支与请款是企业费用报销管理中的常见情形，企业应当明确二者的异同，并进行有效管理。

1. 借支与请款的异同

（1）借支。借支指公司员工因公务事由需提前借出款项的行为。借支人必须是公司员工，严格来讲，必须是和公司存在劳动合同关系的人员；借支事由必须是公司公共事务所需，而非个人或其他非公司事务所需。

（2）请款。请款即申请款项支付，包括采购类请款和非采购类请款。采购类请款又分为材料类请款和工程设备类请款等，非采购类请款指除上述请款以外的其他零星类请款。当然，公司也可根据自身实际划分请款类别并执行请款程序。

请款的申请人必须是公司员工，非公司员工不得申请，即使外部相关者现场办理，也必须由公司员工发起申请。

请款事由和借支事由一样，必须是公司公共事务所需，而非个人或其他非公司事务所需。但请款的收款方可以是其他公司，也可以是非员工的其他自然人。

借支与零星类请款的对比如表 12.3-1 所示。

表12.3-1　借支与零星类请款的对比

项目		借支	零星类请款
共同点	申请人相同	均为与公司存在劳动合同关系的员工	
	申请事由相同	均为处理公司公共事务的需求	
	处理流程相同	申请审核审批流程基本相同	
	会计科目相同	会计科目一般为"其他应收款"	
不同点	收款方是否确定	收款方待定	收款方确定
	金额是否确定	金额待定	金额确定
	挂账对象不同	挂在员工个人名下	挂在收款方名下
	后续发票催收对象不同	直接找相关人员催收	查询确知相关人员才能催收

2. 借支原则

相比于各项要素确定的请款，借支业务的流程较为模糊，因此，企业在借支管理时必须遵循以下原则。

（1）一事一借原则。为便于管理核算统计，借支人每一次借支只能根据一件待办事务申请，不得多事混同借支。借支人经办事项比较繁杂的，可申请备用金借支。

（2）清前借后原则。为催促经办人抓紧办理报销冲账手续，一般情况下，前期借支事项未清理完毕，不予办理后期借支事项。紧急情况下，经特批可在欠款未清情况下办理借支手续。

（3）金额控制原则。借支主要用于办理零星业务，金额不确定、收款方不确定是其特点。总体上讲，借支金额一般不大。

（4）大额预约原则。金额较大的借支须提前与财务部门预约，以便及时准备。

（5）催收清理原则。有些经办人借支后，就不管后续发票催收及报销冲账事务，导致个人借支长期挂账。财务部门应定期与经办人对账，一般一个月对账一次。经办人为对账催收处理直接责任人，其部门负责人为催收领导责任人。

12.3.2　审核与职责

中小型公司费用借支与报销流程一般包括：经办人填写单据—部门负责人审核—财务会计审核—财务部负责人审核—总经理审批—出纳办理。

一般而言，在公司费用借支与报销流程里，虽然每个节点都需要相关人员签字，但不同人员签字的意义不一样。

（1）经办人签字表明承诺真实性。

（2）部门负责人签字表明业务真实、费用合理、金额准确。

（3）财务会计从细节把关，查明借支业务是否存在未清借支，请款业务是否进度合理、金额准确，报销业务是否费用合理、金额准确、票据合规。

（4）财务部负责人签字在于表明知晓业务及进行预算管控。

（5）总经理签字表明知晓业务、审批业务。

（6）出纳签字在于表明签批齐备。

12.3.3　报销与冲账

在报销与冲账管理中，企业一定要树立这样的观点——审批完毕的报销单据等同于资金。在现金或者现金支票报销情形下，报销单据和资金实时两讫；在网银报销情形下，报销单据和资金支付一般存在时间差。很多中小型企业的报销业务中，基于信任关系，报销人往往把审批完毕的报销单据交给出纳，出纳统一安排时间支付资金。

报销与冲账指经办人业务办理完毕，整理票据且经审核审批后办理报销领取现金或冲抵先期借支（或零星类请款）的行为，分为单纯费用报销、报销冲等额借支（或零星类请款）、报销冲借支／付垫付款、报销冲借支／收剩余款等4种情况。

一般而言，除即时钱票两讫的现金报销以外，单据交接和冲账收付现都会存在一定的时间差异，尤其是在网银时代，所以，收据就成为时间差异的证明性文件。

（1）所有报销冲账都须开具收据。有人认为，报销冲借支／收剩余款是现场两讫的，可以不需要收据。这种观点是错误的，是因为没有看到收据的另一作用，即便于个人记录自己的借支报销及余额，若没有收据，经办人常常要到财务部门查询账目。

（2）收据需有出纳和经办人签字。很多中小型企业的收据要么只有出纳一人的签字，要么谁的签字都没有，这种收据严重违背内部牵制原则。收据至少须经过出纳和经办人的共同签认。

（3）书写格式固定化。企业需要将报销与冲账的4种情况的书写格式固定化，如表12.3-2所示，否则容易引起歧义。以报销冲等额借支为例，张三报销一般冲自己的借支，但实务中不排除冲其他员工借支的可能，所以将书写格式固定下来，便于记忆、便于操作且减少歧义。

表12.3-2　报销与冲账的书写格式

类型	收据书写示范
单纯费用报销	收张三报销单据1 000元，银行支付1 000元
报销冲等额借支	收张三报销单据1 000元，冲张三借支1 000元
报销冲借支／付垫付款	收张三报销单据1 200元，冲张三借支1 000元，银行支付200元
报销冲借支／收剩余款	收张三报销单据800元，冲张三借支1 000元，收张三现金200元

以下列举了某公司费用报销管理规定。

第一章　总则

第一条　制定目的

为加强公司内部管理，规范公司员工费用报销行为，提高公司资金使用效率，特制定本管理规定。

第二条　实施范围

本管理规定适用于公司各部门正式员工费用借支及报销行为。

第三条　名词定义

正式员工：与公司签署正式劳动合同的员工，不含未转正的试用期员工。

公务借支：正式员工办理公司公务而需临时性借领资金的行为。

费用报销：正式员工办理公司公务完毕后整理票据凭证报销冲账的行为。

第四条　部门职责

经办部门：对借支与报销行为的必要性、合理性及资金需求进行审核，对归还借支或费用报销行为进行催促督查。

财务部门：对借支与报销行为是否符合本管理规定要求进行审核。

总经理：对借支与报销行为进行审批。

第二章　内部财务单据

第五条　内部财务单据概述

内部财务单据一般包括借支单、请款单、费用报销单、差旅费报销单、收据、粘贴单。

（一）借支单是申请公务借支的单据，一般用于收款单位（或人）、收款金额尚不明确且金额较小的款项支付。

（二）请款单是申请对外付款时的单据，原则上收款单位（或人）、收款金额已经明确的必须使用请款单。请款单的核心信息（收款单位、开户银行、银行账号、付款金额）有涂改则请款单无效。

（三）费用报销单是办理除差旅费报销事项外的单据。

（四）差旅费报销单是报销出差期间住宿、交通、伙食等费用的单据。

（五）收据是出纳收款（报销冲账）时向交款（票）单位（人）所开的单据。

（六）粘贴单是粘贴原始票据的单据。

借 支 单				
年　月　日				
部门名称		借支人		
借支事由				
借支金额￥		大写金额	拾　万　仟　佰　拾　元　角　分	

总经理　　　　财务经理　　　　部门经理　　　　会计　　　　出纳　　　　借支人

请 款 单				
请款部门	年　月　日			附单据　张
	收 款 单 位			入库及发票
	单位名称	开户银行	银行账号	
合同号	请款项目（品名）		请款内容	支付方式
合同金额		已付款项	本次付款	
人民币（大写）	佰　拾　万　仟　佰　拾　元　角　分			￥

总经理　　　　财务经理　　　　部门经理　　　　会计　　　　出纳　　　　请款人

费 用 报 销 单

部门		年 月 日		附件　张

序号	费用项目	摘要	金额	备注
1				
2				
3				
4				
5				
6				
合计（大写）		万 仟 佰 拾 元 角 分	¥	

预支款	¥	应退金额	¥	报销人	
		应补金额	¥		

总经理　　财务经理　　部门经理　　会计　　出纳

差 旅 费 报 销 单

部门		年 月 日		附件　张

出差人			出差事由		

出发				到达				交通工具	交通费		出差补贴		其他费用		
月	日	时	地点	月	日	时	地点		单据张数	金额	天数	金额	项目	单据张数	金额
													住宿费		
													市内交通费		
													伙食费		
													其他		

报销金额	¥				
报销金额（大写）	万 仟 佰 拾 元 角 分	预支差旅费	¥	补领	¥
				退还	¥

总经理　　财务经理　　部门经理　　会计　　出纳　　报销人

收　据			
年　月　日			
简要事由			
报销单据（元）		冲个人借支（元）	
交回现金（元）		支付现金（元）	

出纳　　　　　　　　　　　　　　　　　　　经办人

粘　贴　单					
			项目	金额	张数
		1			
		2			
		3			
		4			
装订线		5			
				合计	合计
			部门	经办人	
注：①票据分类并从右至左粘贴； ②重要信息不得粘贴至装订线以内； ③票据可粘贴至满页； ④大张票据折叠； ⑤粘贴后不得超出各边线； ⑥票面平整，薄厚均匀。					

第六条　单据粘贴要求

（一）粘贴原则：分类明确、票面平整、薄厚均匀、关键信息外露。

1.分类明确指一张粘贴单可包含多张原始票据，应按原始票据类别分类，以便审核审批。

2.票面平整指粘贴好票据的粘贴单应整体平整，不能大起大伏。

3.薄厚均匀指粘贴好票据的粘贴单应薄厚均匀，以便装订。

4.关键信息外露指粘贴后，各票据关键信息，如单位抬头、金额、品名、数量、单价、起止日期、开票日期等必须外露，以便审核。

（二）票据左边沿涂抹胶水粘贴在粘贴单上，按照从左到右的顺序将票据呈鱼鳞状粘贴平整，粘贴后确保文字正向排列，开口向右，符合阅读习惯。

（三）每张票据必须与粘贴单和相邻票据相黏合。

（四）票据粘贴后不要超过粘贴簿上、下、右三边，大张单据应折叠。

（五）附件张数以自然张数为准，并在粘贴单空白处注明各类别张数、各类别金额、总张数、总金额、经办人部门、经办人姓名。

（六）票据较多的，可分开粘贴，不允许以订书针固定单据。

（七）对于不符合要求者，会计人员有权要求其重新粘贴。报销后出纳人员须在所有单据上加盖核销或付讫印章以示单据已办理报销手续。

第三章　借支与请款

第七条　借支与请款事由

借支与请款事由包括办公用品购买借支、差旅费用借支、会议费用借支、车辆使用费借支、业务费用借支等。

第八条　借支与请款要求

（一）一事一借、前款不清则后款不借。特殊情况经总经理明确签署意见后可在前款未清的情况下办理后款借支。

（二）各部门必须就本部门固定类业务确定借支人并书面告知财务部门，借支人变动时须重新书面告知财务部门，否则财务部门不对该确定借支人以外的其他人员办理此业务借支。

（三）财务部门须就各部门常规性借支人员借支限额予以确定，原则上不超过该员工月薪酬。特殊情况需超出的，由各部门提出申请，财务部门审核、总经理审批后执行。

（四）为节约管理资源，精简业务梳理，原则上 1 000 元及以下小额公务现金支出由经办人垫付，业务完毕后报销。

（五）收款单位明确、收款金额明确的须按照零星类请款流程办理，不得按借支流程办理。

（六）10 000元及以上大额借支须提前一天与出纳人员预约，大额借支的支付方式首选通过网上银行打入借支人银行卡中，如需打入非借支人本人银行卡，借支人须特别注明"请打入××银行×××人×××卡中"。打入非借支人本人银行卡并不能免除借支人的还款及报销义务。

第九条　借支与请款程序

借支与请款流程与各部门职责				
序号	部门	岗位	工作概要	工作职责
1	经办部门	经办人	单据填写	据实填写借支单（或请款单）
2	经办部门	部门经理	单据审核	审核业务必要性，金额合理性。未通过，则业务取消或返回1
3	财务部	往来会计	单据审核	审核是否存在未清借支。未通过，则业务取消或至5（总经理特批通过后至3）
4	财务部	财务经理	单据审核	审核是否预算内借支，未通过，则业务取消或至5（总经理特批通过后至4）
5		总经理	单据审批	审批
6	财务部	出纳	付款发起	审核权签是否完整，通过则发起网银支付，未通过则退回借支人
7	财务部	资金审核	付款审核	审核权签是否完整、金额是否相符，通过审核则网银支付，未通过则退回出纳

第十条　报销核对与催还

（一）借支人办理业务完毕应及时取得相关票据，并在取得票据三日内办理报销冲账手续。

（二）财务部每月末编制员工借支余额对账表交员工签认，部门负责人对催收账款负有直接及领导责任。

（三）借支款项无法确认使用时间导致超过15天未使用的，经办人应归还借支款项，业务重新启动时另行办理。

员工借支余额表						
年 月 日 至 年 月 日						
部门名称						
序号	员工姓名	期初余额	本期借支	本期还款	期末余额	员工签认
1						
2						
3						
4						
5						
6						
7						
8						
9						
10						

部门经理   复核   编制

第四章 报销与冲账

第十一条 费用分类及归属表

费用分类及归属表		
编号	费用明细	费用描述与说明
01	工资	应付员工工资
02	职工福利费	按国家政策法规列支
03	教育经费	按国家政策法规列支
04	工会经费	按国家政策法规列支
05	养老保险	按国家政策规定企业负担部分
06	医疗保险	按国家政策规定企业负担部分
07	失业保险	按国家政策规定企业负担部分
08	工伤保险	按国家政策规定企业负担部分
09	生育保险	按国家政策规定企业负担部分
10	住房公积金	按国家政策规定企业负担部分
11	标书费	各类招投标标书制作费（不含投标保证金）
12	中标服务费	各类招标中标服务费

续表

编号	费用明细	费用描述与说明
13	办公费	办公用品、办公耗材、报刊、邮递、复印打印、登记、年检及其他办公费
14	市内交通费	因公外出市内车、船费
15	通信费	固定电话费、手机话费
16	车辆使用费	公司车辆市内（市外开支计入差旅费用）各项开支，包括：车辆保险费、保养费、油费、维修费、过路过桥费、停车费
17	差旅费	因出差发生的各项开支：交通费（乘坐火车、飞机及其他交通工具产生的费用）、住宿费、伙食费、出差津贴。差旅期间非上述费用，如业务招待费单独报销并列入对应明细费用
18	业务招待费	招待外部往来单位发生的各项交际应酬费，包括：餐饮费、礼品费
19	会议费	召开会议发生的场地租赁费、会场布置费、参会人员的住宿费、工作餐费、交通费
20	机物料	车间机物料消耗
21	研发耗材	研究开发过程中的各种材料消耗
22	包装材料	耗费的各种包装材料、桶、罐等
23	维修费	设备、房屋、建筑物等日常维修费用（不含车辆维修费）
24	劳动保护费	劳保工服、防暑降温用品及费用等
25	检验检测费	房屋、设备及产品的检验检测费用等
26	租赁费	固定（办公）房租、临时房租及其他租赁费
27	水电及物业费	水电费、保洁费、绿化费、安保费等
28	劳务费	临时用工劳务费用
29	保险费	购买财产保险及员工商业保险的费用
30	广告宣传费	通过经工商部门批准的专门机构（媒体）向公众介绍商品、企业信息等发生的广告费用及未通过媒体的广告性支出，包括印有企业标志的礼品、纪念品及各项展览费等
31	运输装卸费	材料、产品运输费用、装卸费用及其他杂费
32	咨询服务费	与咨询服务相关的费用等
33	审计费用	与审计相关的费用
34	诉讼费用	与诉讼相关的费用
35	折旧	固定资产折旧费
36	摊销	低值易耗品、无形资产等摊销
37	研究开发费	研究阶段各项支出，开发阶段不符合资本化的各项支出
38	残保金	残疾人就业保障金
39	其他	除上述费用明细外的其他费用（慎用，金额不超过费用总额的5%）

第十二条　原始单据整理

（一）原始票据内容要齐全，包括单位、日期、业务内容、数量、单价、总价、经办人、开票单位发票专用章或财务专用章等内容。要求数量、单价之积与总价相符，总价大小写金额相符，票面无涂改。发票须有税务部门监制章，行政事业单位（含解放军武警部队等）收据视同发票，须有财政部门监制章。

（二）购买固定资产、低值易耗品、办公用品、图书、劳保用品要附经批准的申请单，报销部门应附出入库单或领用单据。

（三）经办人遵照费用分类及归属表对原始单据分类。

（四）经办人遵照单据使用与粘贴要求粘贴整理原始票据。

第十三条　财务单据填写

（一）费用报销单的费用项目必须从费用分类及归属表的费用明细中选取。

（二）费用报销单据内容明细、小写金额及小写金额合计由经办人填写，会计人员计算并填写大写总金额。差旅费报销单除出差补贴外，其他项目由经办人注明小写金额，会计人员核算并计算总金额，填写大写金额。

（三）报销人须用黑色钢笔或水性签字笔签字，禁止用圆珠笔或铅笔。

（四）附件张数不含内部财务单据，包括所有原始单据及证明性文件，按自然张数计。

第十四条　报销与冲账流程

报销与冲账流程与各部门职责				
序号	部门	岗位	工作概要	工作职责
1	经办部门	经办人	单据整理	据实填写（差旅）费用报销单并附必要合规票据
2	经办部门	部门经理	单据审核	审核业务真实性、费用合理性、金额准确性。未通过则返回1
3	财务部	相关会计	单据审核	审核费用合理性、金额准确性、票据合规性。未通过则返回1或至5（总经理特批通过后至3）

续表

序号	部门	岗位	工作概要	工作职责
4	财务部	财务经理	单据审核	审核
5		总经理	单据审批	审批
6	经办部门	经办人		经办人将审核后的单据交财务部出纳
7	财务部	出纳	账务处理	出纳收单（款）并开收据，双方签认后各自留存一份，不涉付款则结束，涉付款则至8
8	财务部	出纳	付款发起	审核权签是否完整、金额是否相符，通过则发起网银支付，未通过则退回报销人
9	财务部	资金审核	付款审核	审核权签是否完整、金额是否相符，通过审核则网银支付，未通过则退回出纳

第十五条　费用报销要求

（一）经办人办理完业务并取得合法票据后应在三个工作日内办理报销冲账领（还）款手续。

（二）出纳应向经办人开具内部收据，内部收据须由出纳和经办人签认。内部收据为报销附件，必须注明报销金额、冲账金额、付（收）款金额等信息。

（三）重要票据有背签。日常费用超过2 000元、业务费超过5 000元的单张发票须由经办人、部门负责人、审批人在票据背面签字以示同意。

（四）差旅费用遵照公司差旅费用管理规定办理报销手续。

（五）报销时间要求。每周一、周四办理报销业务，其余时间不办理，特殊单据经总经理特批后可在非报销日办理。

（六）零星费用汇总。以部门为单位，对单次百元以下票据月度汇总报销，特殊情况经部门负责人同意可独立报销，特殊处理次数原则上不超过两次。

零星费用汇总表					
部门名称					
序号	费用项目	经办人	摘要	金额	备注
1					
2					
3					
4					
5					
6					
7					
8					
9					
10					
合计					

部门经理　　　　　　　　　　　　填报人

第五章　附则

第十六条　解释修订

本管理规定由公司财务部拟定，经总经理办公会讨论通过。

本管理规定由财务部负责解释。

本管理规定自×××× 年 ×× 月 ×× 日起实施。

×××× 有限公司

12.3.4　风险与抽核

费用经办人员众多、费用单据种类繁多、发生地点各不相同等因素决定了，费用真实性逐单审核难以实现，因此，费用出现"跑冒滴漏"现象的可能性较大。

为有效避免费用管控中的小微风险，树立诚信开支理念，企业可借鉴 ABC

管理法，按金额标准或随机抽样方式定期抽取费用报销单据，组织业务部门及财务部门审查，一旦发现舞弊，必须视舞弊金额给予惩处。

由于所有费用报销单据都可能被抽取，抽核及处罚的措施可有效防范费用管理中的舞弊。

12.4　常见费用管控

车辆费用、业务费用、办公费用、差旅费用等费用都是企业常见的费用类型，本节将对这些常见费用的管控进行讲解。

12.4.1　车辆费用管控

一般而言，企业行政部门作为车辆（含租赁车辆）的归口管理部门，主要负责车辆信息登记、资质保管、车辆调度、运行管理以及费用控制等工作。

1. 车辆管理范围

必须明确哪些车辆属于车辆管理范围，一般而言包括职务配车、公务车辆及租赁车辆。职务配车指为高管或特殊人才配备的专属车辆，公务车辆指承担公共事务的车辆，租赁车辆指外部租赁车辆。

2. 车辆里程盘点

司乘人员每次出车必须登记起始地点、起始公里数，综合部管理人员在起始时间审核确认。

综合部每月末组织登记车辆的总公里数，据此推算出本月车辆行驶里程，财务部参与并审核签认。

3. 车辆油费管控

车辆加油卡统一由车辆管理员负责办理，一车一卡。如果多车一卡，加油站点或石油公司必须提供清晰列举出每辆车的加油明细清单。

4. 车辆维修管控

车辆日常保养维修必须到企业比价选择的指定维修保养点，特殊情况，如长途出差期间的保养维修，请示综合部负责人后可就近维修保养。

5. 报销周期管控

车辆使用费按车按月报销，不允许采用一月多次、多月一次等方式报销。报销以前月车辆使用费时应书面说明原因，相关票据应由部门负责人背签。

12.4.2 业务费用管控

业务费用指接待与外联过程中为拓展业务发生的招待类费用，包括客户来访、客户拜访、商务宴请等费用。

综合部门为接待与外联事务的归口管理部门，负责企业对外常规性联系和公共关系处理。对口业务部门向综合部申报后，即可按企业接待与外联规定自行接待。

1. 业务标准管控

业务招待费用的主体人员一般都属于企业高级管理层或部门负责人级别，同时业务招待活动中突发情形较多。很多企业管理者认为业务标准难以制定，即使制定了也难以执行，导致业务费用管控成为面子工程。

越是难以把握，财务部门或综合部门越要根据企业实际制定一套合理的标准。

2. 业务台账管控

对业务费用，不仅要进行申请控制、预算控制，还要做好台账登记，便于企业高层审阅。

3. 报销人员管控

如果不进行报销人员管控，业务费用主体往往会安排部门其他人员作为报销人员，借以转移视线，所以必须明确可以报销业务费用的人员。

12.4.3　办公费用管控

对办公费用的管控主要体现在对办公用品的管控上。行政部门是办公用品的归口管理部门，负责办公用品采购、保管、发放等控制。

办公用品的管控比较简单，企业需要遵循以下管控思路。

（1）大件办公用品独立管控。如新来员工需购置计算机，独立申请购置即可。

（2）公用办公用品集中管控。如打印纸张、硒鼓等由综合部统一采购。

（3）日常办公用品总量管控。日常办公用品，如笔记本、纸张、签字笔等具有品种杂、数量多、单价低、总价低的特点，从成本效益原则来讲，适合进行总量控制，即匡算单人单月各项办公用品耗用标准，集中采购，按月领取，按部门人数进行总体把控。特殊部门，如技术部门等部门的办公用品耗用标准可结合部门特点给予提高。

12.4.4　差旅费用管控

差旅费用有三大特点：易出现突发情形；开支环境多样；难以复原发生过程。这三大特点导致差旅费用管理的多样化、复杂化。

企业千万不要轻视差旅费用的管理，事实上，差旅费用管理逻辑清晰、严格的企业，其主体管理一定也有较高水平。

第十三章
如何做好企业集团财务管控

　　随着企业规模的不断扩大，企业逐渐形成多个实力强大、具有投资中心功能的组织以及多个相关外围组织，企业集团的组织形式也随之形成。而要对庞大的企业集团进行有效管控，管理者就必须以集团财务管控为核心，确保集团各成员企业的协同发展。

13.1　企业集团管控

企业集团通常表现为以大企业为核心、以诸多企业为外围、多层次的组织结构。企业集团管控涉及产权安排、人事控制、商务协作等诸多内容，企业集团必须根据自身实际情况选择合适的集团管控模式。

13.1.1　企业集团概述

企业集团是以一个或多个实力强大、具有投资中心功能的大型企业为核心层，以若干个在资产、资本、技术上有密切联系的企业为外围层，通过产权安排、人事控制、商务协作等纽带所形成的一个稳定的多层次经济组织。

1. 企业集团层次

企业集团在结构形式上，表现为以大企业为核心、以诸多企业为外围、多层次的组织结构；在联合的纽带上，表现为以经济技术或经营联系为基础、实行资产联合的、高级的、深层的、相对稳定的企业联合组织；在联合体内部的管理体制上，表现为企业集团中各成员企业，既保持相对独立的地位，又实行统一领导和分层管理的制度，建立了集权与分权相结合的领导体制；在联合体的规模和经营方式上，表现为规模巨大、实力雄厚，是跨部门、跨地区，甚至跨国多角化经营的企业联合体。

2. 企业集团结构成因

企业集团的结构成因包括自我裂变和外部吸收两种类型。

（1）自我裂变一般指核心企业因为业务扩展、市场培育等因素设立具有独立核算资格的实体，将内部相关业务移至该独立实体。

（2）外部吸收一般指企业集团为打通上下游产业链、找寻新多元增长点或其他目的，通过并购重组等方式吸收外部实体，将其纳入企业集团。

13.1.2　企业集团管控的意义

企业集团管控的意义在于促进战略目标的实现和防范委托代理危机两个方面。

（1）促进战略目标的实现。企业在经营过程中一定要把握住核心的战略，如实现多元发展、延长和完善产业链、实现资产增值等，完善的企业集团管控可以促进战略目标的实现。

（2）防范委托代理危机。集团（或母公司）与分/子公司通常存在明显的差距或行业跨度较大，如果不能有效实施集团管控，企业集团易面临委托代理危机。换言之，完善的企业集团管控可以有效防范委托代理风险。

13.1.3　企业集团管控模式

一谈到企业集团管控，自然就会想起迈克尔·古尔德提出的 3 种管控类型：财务管控型、战略管控型和操作管控型，具体如表 13.1-1 所示。

表 13.1-1　迈克尔·古尔德提出的 3 种管控类型

具体架构	财务管控型	战略管控型	操作管控型
管控目标	财务投资获益	战略优化协同	管理优化协同
财务手段	获利指标管控	财务报表管控	财务协同管控
通俗表述	单独过日子，要交赡养费	家庭单元独立核算	生产小队集体劳作

一般而言，管控方式的选择取决于集团（或母公司）对管控对象的控制力度，通俗地讲，就是母公司持股比例的大小。

从管控模式来看，战略管控型似乎更受企业集团青睐，既能激发事业部（子公司）的工作热情，又能使其处于控制范围内，便于集中管理。但这仅仅是理论设想，与现实差距较大。这是为何？因为战略管控型的管理模式处于财务管控型与操作管控型的中间地带，虽然理论上可以实现，但实际上很难把握这个度，要么力所不及，要么矫枉过正，很容易就变为操作管控型。

13.2 企业集团财务管控

企业集团和单独企业相比，具有投资层次多、多元化经营、跨区域经营、规模巨大等特点。从财务管理的角度来看，企业集团必然面临战略管控、资源整合、并购重组、合并报表、关联交易、子公司控制等更为复杂的财务管控要求。

严格地讲，能成为集团成员企业的唯一标准就是被控制，或者说单纯财务投资的企业实际上不属于成员企业。对集团成员企业的管控，无论选择哪种模式，都无法回避财务管控，财务管理是基础，财务管控是核心。

企业集团财务管控的主要目标是实现八大协同，包括：内部控制协同、架构协同、人员协同、资金协同、预算协同、核算协同、信息协同、考核协同。通俗地讲，企业集团财务管控的目标就是规则要一致、机构要对应、人员要统管、资金要协调、预算计划要同步、算法要默契、信息要集中、奖惩要一体。

13.2.1 内部控制协同

内部控制体系是企业管理运营的基础。除因资本运作而引起的过渡类成员企业外，对于那些在可预见未来都将处于控制中的成员企业，必须达到内部控制协同。

1. 内部控制协同的意义

（1）利于沟通。既然都是成员企业，业务上的沟通协调在所难免，内部控制体系就相当于企业集团的度量衡，统一才利于沟通。

（2）便于监控。监控不是不信任，而是有效怀疑，内部控制协同便于企业集团对成员企业进行各项监控。

（3）利于消除双重成本。如果不能做到内部控制协同，那么成员企业，尤其是吸收合并的成员企业在管理中有可能遵循两套内部控制体系，导致管理成本翻倍，运管人员苦不堪言，所以，内部控制协同能有效消除双重管理成本。

2. 内部控制协同的内容

内部控制协同的内容包括制度协同、流程协同、表据协同，也就是整个规则体系协同。

内部控制体系内容庞杂、体量较大，一次性实现新成员企业的内部控制协同的难度很大，正确的做法是：首先确保核心规则的协同，其次逐步实现细节规则的协同，最后实现全方位协同。

13.2.2 架构协同

架构协同包括业务部门架构协同和财务部门架构协同。对于业务部门，架构能协同的一定要协同，具有业务特殊性的成员企业在集团允许下可以保持其固有业务部门架构，但是财务部门架构一定要协同。成员企业应按照企业集团财务管控要求，建立与集团财务中心对口的财务职能部门或架构。

13.2.3 人员协同

人员协同意义重大，人员不协同，相当于没有管控。企业集团财务管控对财务人员的控制模式包括财务人员委派制、财务人员自由制、财务负责人委派制。

（1）财务人员委派制，是指成员企业的全部财务人员，都由集团委派或以集团名义聘用、管理、考核。其优点在于财务人员独立性强，集团通过财务人员对成员企业进行管控的力度大；缺点也是财务人员独立性强，难以融入成员企业，与成员企业的沟通协调成本较大。

（2）财务人员自由制，是指成员企业的全部财务人员，都由成员企业自行聘用、管理、考核，集团财务部门仅对其实行有限业务指导。其优点在于财务人员与成员企业联系密切，便于沟通协调，集团通过财务人员对成员企业进行管控的力度小；缺点是财务人员与成员企业联系密切，利益相关，难免会做出成员企业利益优先而非企业集团利益优先的决定。

（3）财务负责人委派制，是指成员企业的财务负责人员由集团委派或以集团名义聘用、管理、考核，一般财务人员由成员企业自行聘用、管理、考核。该控制模式综合了财务人员委派制和财务人员自由制的优点，也克服了其不足。但这种控制模式也存在不足，具体如下。

①财务负责人委派制的实质是财务负责人轮岗，难免造成财务负责人出现短视行为。

②财务负责人由集团聘用管理，难以融入成员企业及其财务部门，管理力度难以确保。

③存在财务负责人被影响甚至被同化的风险。

实务中，大多数企业集团选用根据财务负责人委派制改良的核心关键财务人员委派制。在该控制模式下，原则上财务部门负责人、财务骨干、出纳人员由集团委派，其他财务人员由成员企业在财务部门负责人牵头的基础上聘用、管理、考核。

13.2.4　资金协同

资金是企业运营的基础，是企业集团最重要的财务资源，资金统筹运用已然成为集团利益共享的基础，所以资金协同是企业集团财务管控的一个核心要素。

企业集团对成员企业进行资金管控有两大主要目的：一是保证资金安全；二是便于集团内部有效调拨，从企业集团高度提高资金使用效率。

企业集团资金管控的主要模式包括财务公司、结算中心两种类型，财务公司模式一般适用于超大型企业集团，结算中心模式一般适用于地域比较集中的企业集团。不管哪一种模式，都要求成员企业的资金必须由集团集中管控。

资金协同体系下，资金需求方可向集团财务部门提出资金使用申请，由集团财务部门统筹安排调度，资金需求方同时按照一定的结算利率承担和支付资金成本。

13.2.5　预算协同

预算控制是实施其他财务控制的基础工具，所以对于企业集团财务管控来讲，其意义尤为重大。集团对成员企业的控制活动基本上是靠预算来进行的，也是通过预算来进行检查的。没有预算协同，就无法全面实施企业集团财务管控。

1. 预算编制政策协同

预算编制政策是预算编制的指导性文件，包括预算期间、预算范围、预算程序、预算方法等方面的具体性规定。

2. 预算编制模板协同

模板是实现预算协同的一件利器，好的模板，录入简单、自动迅速归集、计算结果准确。集团财务部门应以此为目标组织设置企业集团的全面预算管理模板。

成员企业必须严格按照集团财务部门组织设置的全面预算管理模板来编制预算，便于集团全面预算数据的迅速归集汇总。同时，集团财务部门组织设置模板时既要考虑通用性，也要考虑独特性。

3. 预算差异分析协同

预算既然是事前预测与控制，则必然与实际情况存在差异，产生差异并不可怕，可怕的是成员企业对差异的掩饰甚至隐瞒。

成员企业财务部门必须按期计算预算与实际情况的差异，并对差异进行分析，对重大差异还必须进行专项分析。成员企业必须将预算差异分析报告及时上报集团财务部门。集团财务部门必须对预算差异分析报告进行审核，对重大差异（性质和金额较重大的差异）还必须派人员亲临现场复核检查。

13.2.6　核算协同

核算协同的内容主要包括以下几点。

（1）会计基础政策要一致，包括会计年度、记账方法、记账本位币等政策。

（2）会计核算政策要一致，包括销售收入确认原则、应收账款确认及坏账准备计提、成本归集与分摊、存货核算与计价、固定资产计价与折旧、无形资产计价和摊销等政策。

13.2.7 信息协同

信息协同指信息软件工具协同及其传递的会计信息协同。成员企业必须纳入集团的信息化平台系统，也就是说，成员企业的相关系统必须对接到集团的服务器系统平台，成员企业内部的计算机作为信息平台客户端，成员企业所做的任何操作，包括信息及路径均准确无误地被集团信息化平台系统收录。

13.2.8 考核协同

考核协同的内容包括考核对象协同和考核体系协同两个方面。

1. 考核对象协同

成员企业的考核对象的确定要按照集团考核范围和要求执行，一般指成员企业的管理层，包括总经理、副总经理、财务总监等。

2. 考核体系协同

考核成员企业的考核对象，需要一套完整的考核指标体系。该考核指标体系不仅包括各类考核指标，还包括具体考核指标的计算口径、目标值设定、指标权重关系、考核结果计量核定、考核结果与考核对象利益挂钩等内容。

理论上，成员企业考核对象的考核依据只有本企业的指标体系，实务中，既有本成员企业的考核指标体系，也有企业集团的考核指标体系，所有被考核对象既分享自身企业的成长，也分享整个集团的成长。

13.3   审计稽核管控

庞大的组织规模，必然导致集团管控难点增加，其中蕴含的风险也随之增加。对此，企业集团还需建立完善的审计稽核管控体系，避免集团管控风险的发生。

13.3.1   集团管控风险

随着集团规模扩大、产业增加，集团管控风险也逐渐彰显。对于成员企业，集团既要充分信任，促使其大步向前，又要适时制约，防范管控风险。

集团管控风险一般包括以下几个方面。

1. 防范"独立王国"

成员企业将自身作为企业集团的一部分，但也倾向于独立存在，所以集团要防范成员企业成为"独立王国"，脱离集团控制。

2. 防止心理问题

成员企业，尤其是被并购类成员企业虽然被纳入企业集团，但其团队，尤其是管理层团队可能会存在排斥心理，或是消极心理。

3. 财务被同化

财务负责人委派制的实施，能够确保财务核心人员的独立性，便于集团直接掌握成员企业财务状况。但长此以往，也可能会出现被委派的财务人员被同化的情形。

4. 数据被虚化

数据关乎企业形象，更关乎企业利益。即使采用了诸多控制手段，但数据被虚化、指标被美化的风险依然存在。

13.3.2   内部稽核监管

为了有效防范集团管控风险，企业内部必须建立严格的稽核监管制度。

1. 内部审计机构

企业集团应专门设置内部审计或内部稽核机构，对成员企业进行内部审计监管。

集团内部审计机构设置模式包括 3 种。

（1）设置独立于集团财务部门的内部审计机构，直接由集团最高决策者领导。

（2）在集团财务部门下设内部审计机构，直接由集团财务最高层领导。

（3）在集团纪检部门下设内部审计机构，直接由集团纪检最高层领导。

上述 3 种模式各有利弊，企业集团根据规模大小、管控风格等具体情况设置即可。

2. 内部审计内容

内部审计内容主要包括内部控制审计、年度内部审计、任期经济责任审计、专项审计等。

3. 内部审计计划

集团内部审计部门要制订年度审计计划，包括定期计划和不定期计划，应确保不定期计划占据一定比重，以对成员企业形成潜在制约与压力。内部审计计划要确保成员企业都有被审计的概率。

13.3.3　外部审计监督

由于内部审计人员素质、能力水平的限制，企业集团在不断完善内部稽核监管的同时，也要引入外部审计监督机制。

外部审计监督机构以会计师事务所为主导，辅以资产评估事务所、税务师事务所等机构。

外部审计监督机构由集团负责招标并承担费用，审计费用及现场费用全部保持独立，不由成员企业负担。

为了确保外部审计监督的服务质量，集团一般应与规模较大、人员素养较高的外部审计监督机构合作。在外部审计监督机构进行审计监督时，集团内部审计机构也应现场跟进，一方面可形成外层监督，另一方面可提高自身稽核水平。

需要注意的是，外部审计监督机构形成的审计工作底稿必须交集团机构审计机构备存。集团不应长期与同一外部审计监督机构合作。

第十四章
企业税种解析与纳税筹划

随着经济发展我国税收制度不断健全、完善，企业作为国家税收的主要来源，承担着加速社会发展、促进经济发展的使命。纳税是企业必须履行的义务，在履行该义务的过程中，企业管理者应当全面了解税种并进行纳税筹划，为我国市场增强活力，为企业发展积聚动能。

14.1 不同税种的纳税筹划思路

纳税筹划是企业管理者必备的财务管理技巧，它既可以在法律允许范围内有效减轻企业的税收负担，又可以提升企业资金的利用价值。

企业管理者通过合理的纳税筹划，可以实现企业经营效益最大化，并维护企业合法权益。

14.1.1 企业所得税纳税筹划

2018 年 12 月，全国人民代表大会常务委员会对《中华人民共和国企业所得税法》（以下简称《企业所得税法》）进行了新修订，企业所得税的筹划思路与方法也随之发生了变化。笔者结合企业经营的实际情况，总结出了以下几种企业所得税纳税筹划方法。

1.优化企业组织形式

《企业所得税法》采取的是法人所得税制，企业组织形式对缴纳企业所得税有着多层面的影响。比如，企业在设计分支机构时，设立分公司与设立子公司对企业缴纳企业所得税产生的影响完全不同。子公司属于独立法人，所以其具有独立的纳税义务，如果母公司盈利，子公司亏损，因公司无法用自身的盈利弥补子公司的亏损，母公司仍需要根据自身利润情况缴纳企业所得税；如果子公司盈利，母公司亏损，子公司需要根据自身的利润情况缴纳企业所得税。

分公司则不同，分公司不是独立法人，母公司可将其利润、亏损合并后缴纳企业所得税，设立分公司具有盈亏相抵的作用，可以有效降低总公司的企业所得税。

但这并不代表设立分公司便是企业的最好选择，如果总公司与分支机构全部盈利，管理者可以选择设立子公司。因为子公司属于独立法人，如属于小型微利企业，可享受优惠政策，还可以减按 20% 的税率缴纳企业所得税，此时，采用这种组织结构可以帮助企业减轻税负。

由此可见，在设置分支机构时，管理者要根据企业整体、分支机构的预期经营情况确定组织结构。预期分支机构可以在短时间内盈利，则选择设立子公司；预期分支机构盈利周期较长或具有明显经营风险时，则选择设立分公司。

2. 合理列支费用

管理者对费用列支的管理需要针对列支标准、期间、数额与限额四点，并且对费用列支明确规定以下内容。

（1）企业购销商品时要取得正规发票。

（2）企业支出费用时要取得正规发票。

（3）我国税法对纳税人某一纳税年度可扣除费用的申报有严格的时间规定，所以企业费用发生时一定要及时入账，以减少企业不必要的税费。

（4）企业长期摊销费用的摊销期要适当缩短，在法律允许范围内选择最短年限，提高前几年的摊销额，可以递延纳税时间。

3. 优化存货计价方法

企业存货实际成本的计算方法主要分为先进先出法、加权平均法和个别计价法三种，不同的计价方法对应交企业所得税有不同的影响。

正常情况下，多数企业会选择加权平均法进行计价。采用这种计价方式，各期存货的价格比较均衡，在存货价格发生较大变动时，可以起到良好的缓冲作用，使企业产品成本保持稳定。

在物价持续下降的情况下，企业管理者可以选择先进先出法对存货进行计价，以提高企业本期销货成本，减少企业当期收入，减少当期应交企业所得税。

在物价持续上涨的情况下，企业管理者可以选择加权平均法对存货进行计价，使用加权平均法有利于产品单位成本平均化，在一定程度上避免应交企业所得税突然增加，从而避免出现现金短缺的情况。

事实上，我国现行税法为企业存货计价方法提供了更多选择，管理者选择正确的纳税筹划思路便可以减轻企业所得税税负，有利于企业运营。

4. 运用固定资产折旧

根据企业固定资产性质和使用情况，管理者可以合理确定固定资产的预计净残值，在企业所得税税率不变的情况下，企业固定资产预计净残值越低，企业的折旧总额便越高，企业在固定资产折旧期间，需缴纳的企业所得税则越少。

管理者需要注意的是，预计净残值一定要在合理范围内，且一经确定，不能变更。

固定资产折旧为税前准予扣除的项目，管理者应当充分运用，在企业收入稳定的情况下，管理者可以从固定资产的折旧方法选择、折旧年限预估、预计净残值等方面进行纳税筹划。

5. 选择销售方式

企业选择的销售方式不同，确认企业收入的时间也不同，管理者可以通过选择不同销售方式的方法控制企业收入确认时间，合理提前确认收入或合理推迟确认收入，从而起到减轻税负的效果。目前，我国企业所得税法规定的销售方式及收入实现时间的确认主要包括以下几种情况[⑤]。

（1）托收承付。销售商品采用托收承付方式的，在办妥托收手续时确认收入。

（2）预收款。销售商品采取预收款方式的，在发出商品时确认收入。

（3）销售商品需安装和检验的。销售商品需要安装和检验的，在购买方接受商品以及安装和检验完毕时确认收入。如果安装程序比较简单，可在发出商品时确认收入。

（4）支付手续费方式委托代销。销售商品采用支付手续费方式委托代销的，在收到代销清单时确认收入。

（5）售后回购。采用售后回购方式销售商品的，销售的商品按售价确认收

---

⑤ 摘自《国家税务总局关于确认企业所得税收入若干问题的通知》（国税函〔2008〕875号）。

入，回购的商品作为购进商品处理。有证据表明不符合销售收入确认条件的，如以销售商品方式进行融资，收到的款项应确认为负债，回购价格大于原售价的，差额应在回购期间确认为利息费用。

（6）以旧换新。销售商品以旧换新的，销售商品应当按照销售商品收入确认条件确认收入，回收的商品作为购进商品处理。

（7）商业折扣。企业为促进商品销售而在商品价格上给予的价格扣除属于商业折扣，商品销售涉及商业折扣的，应当按照扣除商业折扣后的金额确定销售商品收入金额。

（8）现金折扣。债权人为鼓励债务人在规定的期限内付款而向债务人提供的债务扣除属于现金折扣，销售商品涉及现金折扣的，应当按扣除现金折扣前的金额确定销售商品收入金额，现金折扣在实际发生时作为财务费用扣除。

（9）销售折让和退回。企业因售出商品的质量不合格等原因而在售价上给的减让属于销售折让；企业因售出商品质量、品种不符合要求等原因而发生的退货属于销售退回。企业已经确认销售收入的售出商品发生销售折让和销售退回，应当在发生当期冲减当期销售商品收入。

（10）买一赠一。企业以买一赠一等方式组合销售本企业商品的，不属于捐赠，应将总的销售金额按各项商品的公允价值的比例来分摊确认各项的销售收入。

从以上方式中可以看出，销售确认关键为交货时间点，所以企业管理者可以将收入确认的时间作为企业所得税的筹划关键，根据企业实际经营情况，结合不同销售方式收入确认的时间标准选择恰当的方式。管理者把握、调整企业交货时间点，可以有效调整企业税负。

6. 充分利用费用扣除标准

结合修订后的《企业所得税法》《财政部 国家税务总局关于企业手续费及佣金支出税前扣除政策的通知》《中华人民共和国企业所得税法实施条例》（以下简称《企业所得税法实施条例》）对企业所得税税前扣除费用的相关规定，我们将各项内容及扣除标准进行总结，如表14.1-1所示。

表 14.1-1　允许在企业所得税税前扣除的费用及标准

序号	内容	扣除标准
1	工资、薪金	企业发生的合理的工资薪金支出，准予扣除
2	职工福利费	不超过工资薪金总额的 14% 的部分，准予扣除
3	工会经费	不超过工资薪金总额的 2% 的部分，准予扣除
4	职工教育经费	根据《财政部 国家税务总局关于企业职工教育经费税前扣除政策的通知》（财税〔2018〕51 号）规定，自 2018 年 1 月 1 日起，企业发生的职工教育经费支出，不超过工资薪金总额 8% 的部分，准予在计算企业所得税应纳税所得额时扣除；超过部分，准予在以后纳税年度结转扣除。集成电路设计企业和符合条件的软件企业（动漫企业）：单独核算，据实扣除
5	"五险一金"	按照政府规定的范围和标准缴纳的"五险一金"，准予扣除
6	业务招待费	按照发生额的 60% 扣除，但最高不得超过当年销售（营业）收入的 0.5%
7	广告费和业务宣传费	一般企业（烟草企业不得扣除）：不超过当年销售（营业）收入的 15% 的部分，准予扣除；超过部分，准予在以后纳税年度结转扣除。化妆品制造或销售、医药制造、饮料制造（不含酒类制造）企业：不超过当年销售（营业）收入的 30% 的部分，准予扣除；超过部分，准予在以后纳税年度结转扣除
8	公益性捐赠支出	不超过年度利润总额 12% 的部分，准予扣除；超过部分，准予结转以后三年内在计算应纳税所得额时扣除
9	手续费和佣金	一般企业：不超过与具有合法经营资格中介服务机构或个人（不含交易双方及其雇员、代理人和代表人等）所签订服务协议或合同确认的收入金额的 5% 的部分，准予扣除；保险企业可以扣除不超过当年全部保费收入扣除退保金等后余额的 18%（含本数）的部分；超过部分，结转以后年度扣除；电信企业手续费及佣金支出，计算扣除限额的基数为企业当年收入总额。与一般企业的区别在于，虽然都是 5% 的扣除比例，但计算基数不一致

　　管理者需要根据企业实际经营情况及时增加表 14.1-1 所示的费用项目，以充分扣除，减轻企业税收负担。不过管理者一定要注意我国企业所得税法规定的允许扣除的比例，不要超过限额，做到合理节税。

14.1.2　增值税纳税筹划

　　增值税作为我国第一大流转税，一直是我国税务机关重点管理的税种，且国家税务总局一直在不断更新增值税的相关政策与法规。企业管理者进行增值税纳税筹划，首先需要了解现行的增值税相关政策和法规。

　　2019 年，国家税务总局颁布的《财政部 税务总局 海关总署关于深化增值税改革有关政策的公告》（财政部 税务总局 海关总署公告 2019 第 39 号）中提出了增值税的新改革方向，具体内容如下。

为贯彻落实党中央、国务院决策部署，推进增值税实质性减税，现将 2019 年增值税改革有关事项公告如下。

一、增值税一般纳税人（以下称纳税人）发生增值税应税销售行为或者进口货物，原适用 16% 税率的，税率调整为 13%；原适用 10% 税率的，税率调整为 9%。

二、纳税人购进农产品，原适用 10% 扣除率的，扣除率调整为 9%。纳税人购进用于生产或者委托加工 13% 税率货物的农产品，按照 10% 的扣除率计算进项税额。

三、原适用 16% 税率且出口退税率为 16% 的出口货物劳务，出口退税率调整为 13%；原适用 10% 税率且出口退税率为 10% 的出口货物、跨境应税行为，出口退税率调整为 9%。

2019 年 6 月 30 日前（含 2019 年 4 月 1 日前），纳税人出口前款所涉货物劳务、发生前款所涉跨境应税行为，适用增值税减免退税办法的，购进时已按调整前税率征收增值税的，执行调整前的出口退税率，购进时已按调整后税率征收增值税的，执行调整后的出口退税率；适用增值税免抵退税办法的，执行调整前的出口退税率，在计算免抵退税时，适用税率低于出口退税率的，适用税率与出口退税率之差视为零参与免抵退税计算。

出口退税率的执行时间及出口货物劳务、发生跨境应税行为的时间，按照以下规定执行：报关出口的货物劳务（保税区及经保税区出口除外），以海关出口报关单上注明的出口日期为准；非报关出口的货物劳务、跨境应税行为，以出口发票或普通发票的开具时间为准；保税区及经保税区出口的货物，以货物离境时海关出具的出境货物备案清单上注明的出口日期为准。

四、适用 13% 税率的境外旅客购物离境退税物品，退税率为 11%；适用 9% 税率的境外旅客购物离境退税物品，退税率为 8%。

2019 年 6 月 30 日前，按调整前税率征收增值税的，执行调整前的退税率；

按调整后税率征收增值税的，执行调整后的退税率。

退税率的执行时间，以退税物品增值税普通发票的开具日期为准。

五、自 2019 年 4 月 1 日起，《营业税改征增值税试点有关事项的规定》（财税〔2016〕36 号印发）第一条第（四）项第 1 点、第二条第（一）项第 1 点停止执行，纳税人取得不动产或者不动产在建工程的进项税额不再分 2 年抵扣。此前按照上述规定尚未抵扣完毕的待抵扣进项税额，可自 2019 年 4 月税款所属期起从销项税额中抵扣。

六、纳税人购进国内旅客运输服务，其进项税额允许从销项税额中抵扣。

（一）纳税人未取得增值税专用发票的，暂按照以下规定确定进项税额：

1.取得增值税电子普通发票的，为发票上注明的税额；

2.取得注明旅客身份信息的航空运输电子客票行程单的，为按照下列公式计算进项税额：

航空旅客运输进项税额＝（票价＋燃油附加费）÷（1+9%）×9%

3.取得注明旅客身份信息的铁路车票的，为按照下列公式计算的进项税额：

铁路旅客运输进项税额＝票面金额÷（1+9%）×9%

4.取得注明旅客身份信息的公路、水路等其他客票的，按照下列公式计算进项税额：

公路、水路等其他旅客运输进项税额＝票面金额÷（1+3%）×3%

（二）《营业税改征增值税试点实施办法》（财税〔2016〕36 号印发）第二十七条第（六）项和《营业税改征增值税试点有关事项的规定》（财税〔2016〕36 号印发）第二条第（一）项第 5 点中"购进的旅客运输服务、贷款服务、餐饮服务、居民日常服务和娱乐服务"修改为"购进的贷款服务、餐饮服务、居民日常服务和娱乐服务"。

七、自 2019 年 4 月 1 日至 2021 年 12 月 31 日，允许生产、生活性服务业纳税人按照当期可抵扣进项税额加计 10%，抵减应纳税额（以下称加计抵减政策）。

（一）本公告所称生产、生活性服务业纳税人，是指提供邮政服务、电信服务、现代服务、生活服务（以下称四项服务）取得的销售额占全部销售额的比重超过50%的纳税人。四项服务的具体范围按照《销售服务、无形资产、不动产注释》（财税〔2016〕36号印发）执行。

2019年3月31日前设立的纳税人，自2018年4月至2019年3月期间的销售额（经营期不满12个月的，按照实际经营期的销售额）符合上述规定条件的，自2019年4月1日起适用加计抵减政策。

2019年4月1日后设立的纳税人，自设立之日起3个月的销售额符合上述规定条件的，自登记为一般纳税人之日起适用加计抵减政策。

纳税人确定适用加计抵减政策后，当年内不再调整，以后年度是否适用，根据上年度销售额计算确定。

纳税人可计提但未计提的加计抵减额，可在确定适用加计抵减政策当期一并计提。

（二）纳税人应按照当期可抵扣进项税额的10%计提当期加计抵减额。按照现行规定不得从销项税额中抵扣的进项税额，不得计提加计抵减额；已计提加计抵减额的进项税额，按规定作进项税额转出的，应在进项税额转出当期，相应调减加计抵减额。计算公式如下：

当期计提加计抵减额＝当期可抵扣进项税额 ×10%

当期可抵减加计抵减额＝上期末加计抵减额余额＋当期计提加计抵减额－当期调减加计抵减额

（三）纳税人应按照现行规定计算一般计税方法下的应纳税额（以下称抵减前的应纳税额）后，区分以下情形加计抵减：

1.抵减前的应纳税额等于零的，当期可抵减加计抵减额全部结转下期抵减；

2.抵减前的应纳税额大于零，且大于当期可抵减加计抵减额的，当期可抵减加计抵减额全额从抵减前的应纳税额中抵减；

3.抵减前的应纳税额大于零，且小于或等于当期可抵减加计抵减额的，以当期可抵减加计抵减额抵减应纳税额至零。未抵减完的当期可抵减加计抵减额，结转下期继续抵减。

（四）纳税人出口货物劳务、发生跨境应税行为不适用加计抵减政策，其对应的进项税额不得计提加计抵减额。

纳税人兼营出口货物劳务、发生跨境应税行为且无法划分不得计提加计抵减额的进项税额，按照以下公式计算：

不得计提加计抵减额的进项税额＝当期无法划分的全部进项税额 × 当期出口货物劳务和发生跨境应税行为的销售额 ÷ 当期全部销售额

（五）纳税人应单独核算加计抵减额的计提、抵减、调减、结余等变动情况。骗取适用加计抵减政策或虚增加计抵减额的，按照《中华人民共和国税收征收管理法》等有关规定处理。

（六）加计抵减政策执行到期后，纳税人不再计提加计抵减额，结余的加计抵减额停止抵减。

八、自 2019 年 4 月 1 日起，试行增值税期末留抵税额退税制度。

（一）同时符合以下条件的纳税人，可以向主管税务机关申请退还增量留抵税额：

1. 自 2019 年 4 月税款所属期起，连续六个月（按季纳税的，连续两个季度）增量留抵税额均大于零，且第六个月增量留抵税额不低于 50 万元；

2. 纳税信用等级为 A 级或者 B 级；

3. 申请退税前 36 个月未发生骗取留抵退税、出口退税或虚开增值税专用发票情形的；

4. 申请退税前 36 个月未因偷税被税务机关处罚两次及以上的；

5. 自 2019 年 4 月 1 日起未享受即征即退、先征后返（退）政策的。

（二）本公告所称增量留抵税额，是指与 2019 年 3 月底相比新增加的期末留抵税额。

（三）纳税人当期允许退还的增量留抵税额，按照以下公式计算：

允许退还的增量留抵税额＝增量留抵税额 × 进项构成比例 × 60%

进项构成比例，为 2019 年 4 月至申请退税前一税款所属期内已抵扣的增值税专用发票（含税控机动车销售统一发票）、海关进口增值税专用缴款书、解缴税款完税凭证注明的增值税额占同期全部已抵扣进项税额的比重。

（四）纳税人应在增值税纳税申报期内，向主管税务机关申请退还留抵税额。

（五）纳税人出口货物劳务、发生跨境应税行为，适用免抵退税办法的，办理免抵退税后，仍符合本公告规定条件的，可以申请退还留抵税额；适用免退税办法的，相关进项税额不得用于退还留抵税额。

（六）纳税人取得退还的留抵税额后，应相应调减当期留抵税额。按照本条规定再次满足退税条件的，可以继续向主管税务机关申请退还留抵税额，但本条第（一）项第 1 点规定的连续期间，不得重复计算。

（七）以虚增进项、虚假申报或其他欺骗手段，骗取留抵退税款的，由税务机关追缴其骗取的退税款，并按照《中华人民共和国税收征收管理法》等有关规定处理。

（八）退还的增量留抵税额中央、地方分担机制另行通知。

九、本公告自 2019 年 4 月 1 日起执行。

特此公告。

财政部　税务总局　海关总署

2019 年 3 月 20 日

截至 2022 年，我国现行的增值税缴纳标准、退税标准以及递减政策都以此公告的规定为准。

2019 年 10 月，国家税务总局发布了《国家税务总局关于增值税发票管理等有关事项的公告》，自 2020 年 2 月 1 日起，我国所有小规模纳税人可自行开具增值税专用发票。

根据现行的增值税改革、优惠政策相关的法律条文，我们将增值税纳税筹划方法总结如下。

1. 根据增值税税率进行纳税筹划

增值税税率分为基本税率和低税率两种，企业管理者可以根据企业经营产品的实际情况选择低税率。

2. 根据免征增值税项目合理避税

现行的增值税相关条例中明确规定了几类免征增值税项目，企业管理者可以将企业经营范围与之结合，进而合理避税。

3. 根据增值税专用发票进行筹划

增值税专用发票的使用是企业财务部门纳税筹划的关键，且需要管理者对专用发票进行适当选择。比如企业要从两笔交易中选择一种，A 交易需要开增值税专用发票但产品价格较高，B 交易不需要开增值税专用发票但价格较低，这时管理者就要对比进项税额与价格差异，如果进项税额大于价格差异，那么当然选择 A 交易。

4. 调整销售价格

目前常见的增值税纳税筹划方式便是产品的价格调整。因为增值税的销项税额与产品销售额直接挂钩，产品销售额越高缴纳的销售税额越高。所以一些企业会通过"低价＋长期合作"的方式降低销售额。这种方式可以令企业获得长期客户，也可以令客户享受低价，也可以使企业达到纳税筹划的目的，这就形成双赢的局面。

5. 适当调整委托加工费

现在轻资产企业常用调整委托加工费的方式进行纳税筹划。轻资产企业运营过程中会大量委托其他生产商加工产品，提高委托业务量便可以增加企业进项税额，从而达到纳税筹划的目的。

企业经营过程中，管理者要根据实际经营情况最大限度地为企业进行纳税筹划，以增加所有者权益与未分配利润。企业增值税的纳税筹划需要管理者对相关法律、政策有充分的了解，并结合企业经营情况选择适合的方式减轻企业税负。

14.1.3　其他税种纳税筹划

随着我国税法的不断改革与完善，企业管理者需要掌握的纳税筹划技巧也越发多样。常见的税种除企业所得税、增值税之外，还有个人所得税、印花税、附加税等，其中附加税对企业整体纳税情况的影响并不大，而个人所得税与印花税则是企业管理者需要深入了解的重要税种。

1. 个人所得税纳税筹划

个人所得税纳税筹划的方式主要有三种。

（1）根据奖金进行筹划。《国家税务总局关于调整个人取得全年一次性奖金等计算征收个人所得税方法问题的通知》（国税发〔2005〕9号）中有明确规定，企业员工取得的奖金的情况不同，需要缴纳的个人所得税也不相同。所以，企业管理者可以督促财务部门提前计算出员工的全年奖金，然后根据奖金数额以及员工的实际情况调整发放方式，这样企业便可以帮助员工合理进行纳税筹划，实现员工利益的最大化。

（2）根据工资进行筹划。企业可以将纳税员工的部分工资以补贴形式方法，采用这种方式可以降低员工工资总额，个人所得税自然随之减少。

（3）根据住房公积金进行筹划。在合理的范围内，管理者可以适当降低纳税员工的工资，同时提高员工的住房公积金缴纳金额。降低纳税员工工资可以帮助其节税，而住房公积金不仅可以用于购买房产，也可以提现，所以，住房公积金也是管理者对个人所得税进行纳税筹划的重点。

2. 印花税纳税筹划

2021年6月10日，第十三届全国人民代表大会常务委员会第二十九次会议通过《中华人民共和国印花税法》。

印花税主要与企业经营过程中签订合同的金额有关，其纳税筹划方法主要有以下两种。

（1）合理订立合同金额。《中华人民共和国印花税法》中明确规定，印花税应该按合同所列金额计算，如果企业订立合同的金额较大，但实际履行的金额较小，则造成了不必要的浪费。所以，企业管理者在经营过程中应合理订立合同金额，确保不多交企业印花税。

（2）根据不同印花税税率订立经济合同。比如企业同一份合同中包含融资租赁与加工承揽两个项目，则可以将合同拆分成两个，因为融资租赁合同与加工承揽合同适用的印花税税率不同。确保更多合同项目按照低税率缴纳印花税可以有效为企业节税。

14.2　增值税管控

增值税是对商品流转过程中产生的增值部分征收的流转税，是企业需要管控的主要税种。如果缺乏合理的增值税管控，则企业会承担过重的增值税负担。

14.2.1　什么是增值税

增值税是以商品（含应税劳务）在流转过程中产生的增值额作为计税依据而征收的一种流转税。增值税是价外税，由消费者负担，有增值才征税、没增值不征税。

（1）增值税实行税款抵扣。根据销售（营业）额按规定的税率计算出销项税额，扣除取得该商品或劳务时所支付的增值税，也就是进项税额，其差额就是增值部分应交的税额。

（2）增值税实行以票控税。增值税实行凭票扣税，只有取得并认证的进项税额，才能在税务系统被抵扣。企业可通过增值税发票抵扣链条的有序运行来实施增值税管控。

14.2.2　增值税税率

自 2019 年 4 月 1 日起，我国实行的增值税税率政策如表 14.2-1 所示。

不过，在不同时期，因为政策变动等原因，增值税税率也会做调整。比如在2021—2022年，国家对中小企业的增值税税率进行减征，税率最低为1%。所以企业在纳税筹划的时候要根据实际情况进行操作。

表14.2-1　增值税现行税率及适用范围

适用范围	税率
纳税人销售货物、劳务、有形动产租赁服务或者进口货物	13%
纳税人销售交通运输、邮政、基础电信、建筑、不动产租赁服务，销售不动产，转让土地使用权，销售或者进口粮食等农产品、自来水、饲料等货物	9%
纳税人销售金融服务，现代服务（包括研发和技术服务、信息技术服务、文化创意服务、物流辅助服务、鉴证咨询服务、广播影视服务、商务辅助服务和其他现代服务），生活服务（包括文化体育服务、教育医疗服务、旅游娱乐服务、餐饮住宿服务、居民日常服务和其他生活服务）	6%

14.2.3　增值税计税方法

不同的纳税人适用不同的增值税计税方法。

1. 纳税人分类管理

增值税纳税人分为一般纳税人和小规模纳税人两类。

（1）一般纳税人是指年应征增值税销售额超过财政部、国家税务总局规定的小规模纳税人标准的企业和企业性单位。

（2）小规模纳税人是指年销售额在规定标准以下，并且会计核算不健全，不能按规定报送有关税务资料的增值税纳税人。自2018年5月1日起，增值税小规模纳税人标准为年应征增值税销售额500万元及以下。

小规模纳税人会计核算健全、能够提供准确税务资料的，可以向主管税务机关申请一般纳税人资格认定，不作为小规模纳税人。

除国家税务总局另有规定外，纳税人一经认定为一般纳税人以后，不得转为小规模纳税人。

2. 不同纳税人增值税计税方法

一般纳税人适用一般计税法计税，小规模纳税人适用简易计税法计税。

（1）一般计税法。一般计税法的应纳税额是指当期销项税额抵扣当期进项税额后的余额。应纳税额计算公式：

$$应纳税额 = 当期销项税额 - 当期进项税额$$

当期销项税额小于当期进项税额不足抵扣时，其不足部分可结转下期继续抵扣。

销项税额是指纳税人提供应税服务按照销售额和增值税税率计算的增值税税额。销项税额计算公式：

$$销项税额 = 销售额 \times 税率$$

一般计税法的销售额不包括销项税额，纳税人采用销售额和销项税额合并定价方法的，按照下列公式计算销售额：

$$销售额 = 含税销售额 \div（1+ 税率）$$

进项税额，是指纳税人购进货物或者接受加工修理修配劳务和应税服务，支付或者负担的增值税税额。

（2）简易计税法。简易计税法的应纳税额是指按照销售额和增值税征收率计算的增值税税额，采取简易计税法的企业不得抵扣进项税额。应纳税额计算公式：

$$应纳税额 = 销售额 \times 征收率$$

简易计税法的销售额不包括应纳税额，纳税人采用销售额和应纳税额合并定价方法的，按照下列公式计算销售额：

$$销售额 = 含税销售额 \div（1+ 征收率）$$

14.2.4　增值税规划

增值税开征以来，税务机关都是从票入手，以票管税、以票控险、以票提效。企业自身要做好增值税规划，但也要确保合规，规避税务风险。

增值税为价外税，增值税税额在纳税主体体外循环；换言之，纳税主体更像代收代付主体，即替国家代收代付部分税款。这也决定了增值税规划空间极小。所谓增值税规划其实是严格规范增值税，包括：选择能开具增值税专用发票的合作方，在合法范围内，选择能开具较高税率的增值税专用发票的合作方，具体见表 14.2-2。

表 14.2-2　增值税规划

金额单位：元

名称	金额	项目	一般纳税人 13%	小规模纳税人 3% 专票	小规模纳税人 3% 普票	不开票 0%
同等含税价	1 000	购进成本	884.96	970.87	1 000	1 000
		可抵进项	115.04	29.13	0	0
		合计付出	1 000	1 000	1 000	1 000
同等不含税价	1 000	购进成本	1 000	1 000	1 000	1 000
		可抵进项	130	30	30	0
		合计付出	1 130	1 030	1 030	1 000
不开票的购进成本不得在企业所得税前扣除，按 25% 的企业所得税税率计算，多缴纳 250 元企业所得税						

所以，一般纳税人可开具增值税专用发票，可抵扣进项税额，选择一般纳税人供应商，可以获得更多的增值税进项抵扣；小规模纳税人只能按照 3% 开具专票或开具普通发票，选择小规模纳税人供应商，拥有更大的议价空间。

14.3　企业所得税管控

进行企业所得税管控，是企业精细化管理、优化企业经营状况的重要手段。

14.3.1　什么是企业所得税

企业所得税是指对企业（居民企业及非居民企业）和其他取得收入的组织以其生产经营所得为课税对象所征收的一种所得税。企业所得税相关计算公式为：

$$企业所得税 = 应纳税所得额 × 税率$$

$$应纳税所得额 = 收入总额 - 不征税收入 - 免税收入 - 各项扣除 - 以前年度亏损$$

14.3.2　企业所得税税率

根据企业所得税相关政策，企业所得税税率标准有以下区别。

（1）一般企业所得税基本税率为 25%。

（2）国家需要重点扶持的高新技术企业、技术先进型服务企业（中国服务外包示范城市）等国家扶持的科技行业企业减按 15% 的税率征收。

（3）软件行业企业和非居民企业适用 10% 的企业所得税税率。

（4）个人独资企业免征企业所得税，这类企业征收个人所得税即可，避免重复征税。

需要注意的是，自 2021 年 1 月 1 日至 2022 年 12 月 31 日，小型微利企业所得税适用 20% 税率：对年应纳税所得额低于 100 万元（含 100 万元）的小型微利企业，其所得减按 12.5% 计入应纳税所得额，按 20% 的税率缴纳企业所得税；对年应纳税所得额超过 100 万元但不超过 300 万元的部分，减按 25% 计入应纳税所得额，按 20% 的税率缴纳企业所得税。

小型微利企业的评定条件包括：从事国家非限制和禁止行业；年度应纳税所得额不超过 300 万元；从业人数不超过 300 人；资产总额不超过 5 000 万元。小型微利企业无论是采用查账征收方式还是采用核定征收方式均可享受优惠。

14.3.3　企业所得税缴纳

企业所得税缴纳大部分按照季度预缴、年度汇算清缴的原则实施。纳税人每季度末 15 日内向税务机关申报本季度企业所得税，年度终了汇总计算全年企业所得税。

14.3.4　企业所得税要点

企业所得税是企业税费的重要组成部分，企业需要明确企业所得税的相关要点。

1. 应纳所得税与应纳税所得额

这两个概念相近，也经常引起误解。简单来说，应纳所得税是应缴纳的所得税金额，应纳税所得额是计算所得税的基数。用公式来理解：

$$应纳所得税 = 应纳税所得额 × 所得税税率 - 减免税额 - 抵免税额$$

2. 应纳税所得额与利润总额

应纳税所得额是按照所得税税收法律法规计算的所得税计算基数，利润总额是按照会计准则计算的税前会计利润。用公式来理解：

$$应纳税所得额 = 利润总额 + 会计与税法差异调整额$$

3. 职工福利费

《企业所得税法实施条例》第四十条规定：企业发生的职工福利费支出，不超过工资薪金总额 14% 的部分，准予扣除。

《国家税务总局关于企业工资薪金及职工福利费扣除问题的通知》（国税函〔2009〕3 号）第三条规定，企业职工福利费应当包括以下内容。

（1）尚未实行分离办社会职能的企业，其内设福利部门所发生的设备、设施和人员费用，包括职工食堂、职工浴室、理发室、医务所、托儿所、疗养院等集体福利部门的设备、设施及维修保养费用和福利部门工作人员的工资薪金、社会保险费、住房公积金、劳务费等。

（2）为职工卫生保健、生活、住房、交通等所发放的各项补贴和非货币性福利，包括企业向职工发放的因公外地就医费用、未实行医疗统筹企业职工医疗费用、职工供养直系亲属医疗补贴、供暖费补贴、职工防暑降温费、职工困难补贴、救济费、职工食堂经费补贴、职工交通补贴等。

（3）按照其他规定发生的其他职工福利费，包括丧葬补助费、抚恤费、安家费、探亲假路费等。

4. 工会经费

《企业所得税法实施条例》第四十一条规定：企业拨缴的工会经费，不超过工资薪金总额2%的部分，准予扣除。

5. 职工教育经费

《企业所得税法实施条例》第四十二条规定：除国务院财政、税务主管部门另有规定外，企业发生的职工教育经费支出，不超过工资薪金总额2.5%的部分，准予扣除；超过部分，准予在以后纳税年度结转扣除。

对一般企业来说，根据《财政部 国家税务总局关于企业职工教育经费税前扣除政策的通知》（财税〔2018〕51号）规定，自2018年1月1日起，企业发生的职工教育经费支出，不超过工资薪金总额8%的部分，准予在计算企业所得税应纳税所得额时扣除；超过部分，准予在以后纳税年度结转扣除。

对特殊行业来说，职工培训费可以100%全额扣除，如集成电路设计企业和符合条件软件企业的职工培训费、航空企业实际发生的飞行员养成费、核力发电企业培养核电厂操纵员发生的培养费用等，都可以全额扣除。

6. 业务招待费

《企业所得税法实施条例》第四十三条规定：企业发生的与生产经营活动有关的业务招待费支出，按照发生额的60%扣除，但最高不得超过当年销售（营业）收入的5‰。

7. 广告费和业务宣传费

《企业所得税法实施条例》第四十四条规定：企业发生的符合条件的广告费和业务宣传费支出，除国务院财政、税务主管部门另有规定外，不超过当年销售（营业）收入15%的部分，准予扣除；超过部分，准予在以后纳税年度结转扣除。

参考国家税务总局的释义，符合条件的广告费和业务宣传费支出将从广告的制定主体、播放渠道、相应票据依据等多方面予以明确。

纳税人申报扣除的广告费支出，必须符合下列条件：广告是通过经工商部门批准的专门机构制作的；已实际支付费用，并已取得相应发票；通过一定的媒体传播。

纳税人申报扣除的业务宣传费，指未通过媒体的与其生产经营活动相关的广告性支出，并取得能够证明该支出确属已经实际发生的真实、合规凭据。

广告费一般指通过媒体传播，如利用图书、报纸、杂志、广播、电视、电影、灯、路牌、招贴、橱窗、霓虹灯、灯箱等形式，为介绍本企业的商品、经营服务项目、文体节目或通告、声明等进行宣传所产生的费用。

业务宣传费也是一种广告推广费，是企业开展业务宣传活动所支付的费用，主要是指未通过媒体的广告性支出，包括：印有企业标志的礼品、纪念品；新产品上市新闻发布会；企业印刷的各种产品宣传册（不包括说明书）；一些活动的冠名费用；在一些内部刊物上刊登的广告；为推广产品召开宣讲会而发放的会议用品；为展览会消耗的宣传资料、参展样品；为宣传企业产品而发生的群发短信费用等。

8. 坏账准备

《企业所得税法实施条例》第五十五条规定：企业所得税法第十条第（七）项所称未经核定的准备金支出，是指不符合国务院财政、税务主管部门规定的各项资产减值准备、风险准备等准备金支出。

对于坏账的处理方法，会计准则规定可以采用备抵法和实际冲销法两种，税收法规规定只能用实际冲销法，即有充分证据佐证坏账真实发生，才能予以抵扣应纳税所得额。

换言之，如果企业采取备抵法计提坏账准备，因税收法规是不认可备抵法的，所以必须就计提的坏账准备金额调增应纳税所得额。

例如，企业会计利润 100 万元，其中计提坏账准备 20 万元，无其他任何影响因素和差异存在，那么应纳税所得额为 120 万元（100+20）。

9. 公益性捐赠

《企业所得税法实施条例》第五十一条规定：企业所得税法第九条所称公益性捐赠，是指企业通过公益性社会组织或者县级以上人民政府及其部门，用于符合法律规定的慈善活动、公益事业的捐赠。

《企业所得税法实施条例》第五十三条规定：企业当年发生以及以前年度结转的公益性捐赠支出，不超过年度利润总额 12% 的部分，准予扣除。

关于公益性捐赠，必须注意以下几点。

（1）间接捐赠。必须通过公益性社会组织或县级以上人民政府及其部门，而不能直接捐赠。

（2）会计利润。公益性捐赠扣除限额的计算基础可以理解为规范的会计利润，而不是应纳税所得额。

（3）超过部分可以转至以后年度扣除。

10. 利息支出

《企业所得税法实施条例》第三十八条规定，企业在生产经营活动中发生的下列利息支出，准予扣除：

非金融企业向金融企业借款的利息支出、金融企业的各项存款利息支出和同业拆借利息支出、企业经批准发行债券的利息支出；

非金融企业向非金融企业借款的利息支出，不超过按照金融企业同期同类贷款利率计算的数额的部分。

《企业所得税法实施条例》第四十九条规定，企业之间支付的管理费、企业内营业机构之间支付的租金和特许权使用费，以及非银行企业内营业机构之间支付的利息，不得扣除。

14.4 税收风险管控

长久以来，很多企业对税费管控都秉持着尽量少纳税、不纳税的错误认知，这样的认知也催生出各种税收风险，导致企业不仅可能承担相关处罚，还可能面临声誉损害。因此，企业必须正确认识税收，并对税收风险进行有效管控。

14.4.1　税收认知风险

税费是每位纳税人都应当缴纳的费用。但在日常管控中，很多企业对税收存在一定的认知风险。

1. 人情税务

部分企业认为税务是靠人情管理的，可以借助人情世故达到降低税费的目的。然而，我国税收具有强制性、无偿性和固定性，所谓的人情税务认知，不仅不会降低企业税费，反而会导致企业面临合规风险。

2. 不合理的纳税筹划

部分企业会专门安排财税人员进行纳税筹划培训，想要通过纳税筹划的方式，使企业少交税。但现实却是，很多企业往往因为财税人员欠缺税务常识，进行不合理的纳税筹划，才会多缴税，甚至面临处罚。

14.4.2　税收常见风险

基于对税收的正确认知，企业必须正确处理税费管控中的常见风险。

1. 按开具发票确认收入的风险

（1）事项描述。大量的中小企业普遍存在按发票开具时间确认收入归属期间的问题，即什么时候开具发票就什么时候确认收入。

（2）事项分析。按照开票时间确认收入，往往延后了销售收入确认及增值税的缴纳时间。无论是企业会计准则还是税收法律法规，关于销售收入确认及纳税义务发生时间的规定，均未将已开具发票作为条件之一。企业这样做主要是源自误解。

上述处理造成销售收入延期确认和增值税延期缴纳，存在较大税收风险，且造成销售统计与财务核算的时间性差异，增加了企业运营分析的工作量。

（3）解决方案。解决该类风险需从两个角度着手。

①严格按照企业会计准则及税收法律法规的规定确认收入并开具发票。

②对于发货与开票时间存在差异的行业，企业应与税务机构协商，按照发

货时间确认收入并计缴增值税。

2. 虚开增值税发票的风险

（1）事项描述。企业向甲客户销售 A 产品，甲客户不需要开具发票；企业向乙客户销售 B 产品，乙客户除了要求企业开具 B 产品发票，还希望企业按更高的金额开具发票。于是企业将销售 A 产品的发票开给乙客户。

（2）事项分析。很多企业往往认为上述处理不属于虚开增值税发票，因为企业发票金额与收入金额一致。实际上，只要是没有真实业务交易的开票行为，都涉及税务风险。

（3）解决方案。企业需要明确业务交易过程中的"实物流""发票流""资金流"三流的真实一致性。当然，对于因债务抵转等导致资金流不一致的，须获得三方抵债协议或委托收款书。

第十五章
业财融合：财务与七大业务融合及价值表现

现代企业中，财务不再只是简单的财务统计与核算，它需要进入更深层次的企业管理之中，与战略、投资、研发、生产等诸多领域进行融合，这样财务才能创造更大的价值，为企业发展护航。

15.1 财务参与战略管控的价值表现

做好战略管控，是保证企业发展方向、运营模式的重中之重。过去，多数企业忽视财务对战略管控的影响，导致战略管控看起来大而全，实际上却不符合企业发展的规划，产生入不敷出、账目无法收回、与竞争对手实力相差太大等问题。这种战略规划总是在不断调整之中，造成极大的人员成本和时间成本浪费。

将财务纳入战略管控体系中，企业会发生明显的变化。

1. 将资金流动放在第一位

没有资金流动，企业的所有战略都无从可谈。财务参与战略管控时，企业将会重点关注资金流动的状态，通过资金流数据分析，确认企业资本、组织、流程、数据、信息、人员是否符合战略规划，哪些层面的设计不合理导致企业资金低效或无效。让战略规划符合资金流动的特点，这样才能保证战略管控落地。

2. 梳理企业战略的财务逻辑

财务参与企业战略管控，企业将会制定财务战略，包括融资战略、投资战略、收益战略，从资金上保证企业发展战略，确保企业的资源配置合理，实现优势放大、短板拉长，并实施新型成本管理方式及创新资本管理方式，让企业的资本运营形成良性循环。

3. 促进企业战略规划的落地

实现战略规划的几乎所有环节都涉及财务支出、人员招聘、人员培训等，这些都需要资金作为后盾。财务参与战略管控中，企业将会结合集团战略制定财务战略，通过战略目标—经营计划—全面预算—审计分析—绩效管理—薪酬驱动—目标改进这一循环来支撑战略目标实现，并在内部建立财务预警机制和风险管理系统，实时捕捉企业发展出现的问题并做出改善建议，保障企业的可持续发展。

财务对战略管控的价值，就是分析企业内外环境因素对资金流动的影响，结合客观实际对资金进行全局性、长期性与创造性的谋划，并确保其能够稳定执行。这样，企业制定的战略规划才能落地，真正得以贯彻。

15.2　财务参与投资管控的价值表现

项目投资是企业的支出内容。财务参与投资管控，主要具有以下两方面的作用。

1. 杜绝无序超支

企业投资活动通常具有非常大的波动性，经常出现三超现象，即概算超估算、预算超概算、决算超预算。这与建设前期工作深度不够、缺乏财务或专业人员参与有关，也与投资数据缺乏科学性有关。

引入财务进行投资管控，则会大大降低该类风险。财务人员严格按照已核准的各单项工程、单位工程标准进行设计，引入限额设计制度，在优化设计成本的同时，考虑投资成本，保证投资项目处于可控状态，避免资金无序超支。

2. 挤压"水分"

在投资项目的收尾阶段，财务人员通过各种外部力量，多层挤压"水分"。财务人员通过监理、工程部、预结算、外审等审核流程实现对项目投资成本的多次压缩，同时，还会对财务支出再次进行审核，细化每一个人的责任，并以此为依据进行奖惩，将投资成本最小化。

在过往的企业投资行为中，财务人员的工作仅仅是合同归档、账务处理、付款等，这只是财务的基础职责，忽视了财务参与投资控制管理的重点和关键。而让财务真正进入投资活动的核心层面，对预算、投资计划进行完善的财务测评，将会大大提高投资管控的科学性与透明度，最终实现控制投资目标的目的。

15.3　财务参与研发管控的价值表现

企业进行研发活动，同样应将财务纳入其中。财务尽管并不直接涉及研发领域，但会通过以下方面保证研发管控的效果。

1. 优化日常报销体系

研发工作的单项报销金额并不大，但是由于相关科研人员的原材料采购、出差学习的频率较高，存在报销较难的问题。当财务参与研发管控，财务经理会直接走进研发项目，实际了解到研发存在的各种需求，根据项目的要求优化报销体系，例如针对 A 项目设定专项报销，有效推进研发工作。

研发工作是企业竞争力提升的关键。保证研发可以有序进行，研发人员能够不被琐碎的事情干扰，会给企业带来很大的价值。

2. 协助研发成果申报

研发部门对处理行政工作的经验往往不足。财务部门参与研发管控，会直观了解到某项研发成果带来的经济价值，积极进行专利申请；对价值巨大的研发成果，还可以积极申请国家专项扶持基金等。财务部门能够计算出研发成果给企业带来的直接效益，协助研发成果申报，这不仅有利于优化财务体系，还有利于树立良好的企业形象。

3. 确认项目是否符合利益

所有的创新研发只有一个目的：给企业创造更大的利益。财务参与研发，会从立项阶段开始分析项目的前瞻性、市场的走向、消费者的变化等，确认其是否符合企业当下的战略规划，再决定是否进行该项目的研发。很多企业都有这样的误区：如谷歌、苹果等公司大力推进创新项目，所以我们也要大肆花钱搞研发。但是，谷歌、苹果的创新是建立在企业实力与长远规划上的，没有现金流做支撑，研发很容易半途而废；未基于行业分析和长远规划的创新就是激进式创新，容易产生后续资金不足，导致创新项目无法落地。符合企业的战略规划，满足企业当前发展利益的创新研发才有价值，才不会对企业运营产生负面效果。

15.4 财务参与销售管控的价值表现

企业销售管控中，财务参与会呈现以下价值表现。

1. 协助销售人员明确销售目标

销售部门确定的销售目标，往往仅考虑本部门的需求，忽视企业的总体规划。而财务参与销售管控，可以明确每位销售人员每月应销售多少产品才能保证企业正常营运资金需要，这样就能制定更加明确的销售目标，保证销售符合企业的预期。

2. 为销售提供动态信息

实际工作中，财务部门负责所有地区的销售收入账，所以财务部门能总体了解一定时期内不同区域的产品销量是多少、哪些地区存在销量增加的潜力。将这些数据提供给销售部门，有利于企业的销售面覆盖三四级城市，扩大销售范围。

3. 参与销售价格的决策

销售部门的价格制定，往往从市场角度出发。而财务参与价格制定，会以保证企业一定经济效益为前提，综合考虑变动成本、固定成本、销售及税收等因素，尽可能做到市场与企业的平衡。例如，实际操作中，企业会给老客户更高的信用额度，实现薄利多销。灵活的价格策略，能够在保证正常现金流的基础上，协助销售部门提升销售业绩。

4. 开发灵活多样的结算方式

财务部门可以根据企业的自身发展状况，协助销售部门开发灵活多样的结算方式。尤其对外贸出口企业，对客户进行信用划分，分别采用汇付方式、托收方式、信用证结算方式等，将会大大增加企业现金流的活力。相较于销售部门采用的单一结算方式，财务部门开发的结算方式更加灵活、更加符合现代企业的不同特点。

15.5 财务参与生产管控的价值表现

财务参与生产管控，将会产生以下价值。

1. 了解生产流程，提高生产效率

财务参与生产管控，势必要走进生产线，了解生产流程。在这个过程中，财务人员可以获取对生产工艺、生产成本的直观了解，通过与竞争对手的对比，发现生产流程中存在的漏洞，并提出合理的弥补意见。

多数企业将财务与生产管控融合后发现，财务经理对企业产品的理解更加深入，能够提出非常有价值的素材，促进提升产品品质与提高生产效率。财务参与生产管控的价值还会直接体现在销售模式与细节上——生产成本得到有效控制，有利于销售部门展开更灵活的销售模式。

2. 成立物控部，提高库房管理效率

库房管理是困扰很多企业的难题。多数企业的库房由生产部门独立运营，存在信息孤岛现象，容易出现库存积压过多或库房不足的问题。所以，一些企业将财务引入，与生产部门联合成立物控部，通过财务知识管理物料。物控部的工作，包括以下 3 个方面。

（1）出库时以物料比例进行发料，解决生产物耗过大的问题。

（2）入成品库时核查数据是否与发料数据相适应。

（3）各个仓库的安全库存的设定和管理。

财务与生产、库存相结合，能够有效整合整个产业链；生产与出库、库存相结合，能够大大提高生产与库存效率，有效降低生产成本。

15.6　财务参与采购管控的价值表现

采购成本占企业总成本的较大比例，财务参与采购管控，能够有效降低企业成本。

1. 确认采购预算

财务部门重要的工作，就是确认采购预算。对采购人员提交的采购表，财务部门必须严格核对数量、金额、型号等，并与市场价格做对比，确认采购计划符合要求、采购人员不存在徇私舞弊的情况。确认采购预算是财务部门的工作重点。

2. 审核供应商

供应商的生产水平、生产经营状况、信用度都会影响到最终采购结果。财务部门了解供应商是否存在严重欠款问题、原料市场占有率、生产规模等，可以确认供应商的供应能力和其他相关能力是否符合企业需求；通过财务审核，对供应商进行排序，避免采购不良供应商的产品、降低企业生产的不良率、降低企业成本。

3. 审核采购合理性，保证资金流动

财务参与采购，还会对采购的合理性进行确认，即分析采购是否必要、时间安排是否合适，以此对采购行为进行评价。这样企业就能有效避免采购人员多次采购造成的浪费，保证企业现金流健康。

15.7 财务参与人力资源管控的价值表现

人力资源管控涉及员工薪资、奖金体系、福利体系等，财务参与人力资源管控的价值表现如下。

1. 合理控制人力资源成本

财务针对本企业的人力资本进行分析，确认企业薪酬的增长速度是否过高或过低，或者是否存在层级过多、薪酬架构不合理的现象。财务将会从企业的规模、战略方面入手，确认企业的组织架构体系，计算最佳人力资源成本。企业基于此，进行薪金调整，降低无效成本，提高员工工作效率。

2. 协同制定合理的奖金体系

人力资源部门进行奖金体系的设置时，往往忽视企业现金流，仅仅只从激励效果本身入手，设定奖金体系。财务参与这项工作中后，会进行奖金预算设置，确定在不影响企业现金流的情况下，制定怎样的奖金体系能达到最佳效果，从而让奖金体系科学合理。